CHARLAS DE CAFÉ

© de la presente edición
del 2026:

Editorial Gráficas Maxtor
Fray Luis de León, 20
47002 Valladolid (España)
+34 983 090 110
info@graficasmaxtor.es
www.graficasmaxtor.es

I.S.B.N. 978-84-1171-137-1
depósito legal: DL VA 18-2026

DOS PALABRAS AL LECTOR

*El librito actual es una colección de fantasías, divaga-
ciones, comentarios y juicios, ora serios, ora jocosos, provocados durante algunos años por la candente y estimula-
dora atmósfera del café. A ellos se han agregado algunas
anécdotas personales y unos pocos comentarios, inspirados
en sucesos recientes o en nuevas lecturas (1).*

*Apresúrome a decir que no trato aquí de sentar doctrina
ni atacar creencias dignas de todo respeto. Rechazo, pues,
categóricamente la responsabilidad de muchas opiniones exageradas, frases hiperbólicas, expansiones bufonescas o sentimientos demasiado pesimistas. Fuera excesivo concederles
valor absoluto, ya que traducen estados de alma fugitivos,
suscitados por pareceres y sentimientos antagonistas.*

*Al escribir esta obrilla no he aspirado, sino en muy mo-
desta medida, a la originalidad. Nuestra memoria es una
trama tejida con ideas tomadas del espíritu de nuestros antepasados y contemporáneos célebres. Confieso, pues, que
las ideas aportadas por mi experiencia personal sobre la
"amistad", la "ingratitud", el "egoísmo", las "mujeres", el
"talento", el "amor", la "moral" y la "política", etc., están
impregnadas de reminiscencias clásicas (Platón, Cicerón,
Plutarco, Séneca, Teofrasto, Luciano, Quevedo, Gracián, La
Bruyère, etc.). Es más: al recorrer los primeros pliegos im-
presos del libro actual he encontrado algunas máximas y
aforismos coincidentes, hasta en la forma, con los expresa-*

(1)   Los pensamientos que llevan un asterisco fueron publicados hace años en un periódico titulado *Gente Vieja* (enero
de 1908). Algunos, pocos, referentes a la mujer, vieron la luz
en la magnífica revista titulada *Voluntad* y en algún periódico.

dos por escritores célebres de los siglos XVI y XVII y por tal cual ingenio contemporáneo (1). *Halagador para el amor propio resulta coincidir espontáneamente con el dictamen de preclaros pensadores; pero es una honra poco apetecible para quien persigue, dentro de su modestia, la verdad en la originalidad.*

Además, en el peregrinar de la vida todos hemos recorrido, poco más o menos, igual camino: unos, por el centro, mirando de frente y atentos a lo esencial; otros, discurriendo por las orillas y contemplando el paisaje, algo diverso para cada caminante, dada la inevitable diferencia del paralaje. No es, pues, de admirar que la mayoría de los viandantes hayamos recogido en nuestro viaje, salvadas las enormes dificultades de temperamento, instrucción y capacidad, muy parecidas enseñanzas.

Si bastantes de las fantasías, ocurrencias y pensamientos del texto, aun adobadas, según hemos procurado, con algunos granos de sal científica, no brillan por su novedad, ¿por qué se publican?

Tocamos aquí las fronteras de la patología del espíritu. Aparte la grafomanía, que suele exacerbarse en la senectud (el viejo, casi siempre solitario, tiende, por compensación, a convertir en diálogo el monólogo), han movido mi pluma dos impulsos: primeramente, la tendencia casi irresistible de todo pensamiento a revestir, como la "plántula" incluída en la semilla, una forma capaz de erguirse al aire y a la luz; y en segundo lugar, la esperanza, acaso quimérica, de que a despecho del fárrago de juicios inconsistentes, paradójicos o extremadamente pesimistas, encuentre el lector alguna apreciación exacta o algún consejo provechoso, fruto tardío, y frecuentemente amargo, de la experiencia.

Madrid, 1921.

---

(1) Muchos pensamientos de Sócrates, Platón, Horacio, Plutarco, Séneca, etc., se encuentran hasta en escritores tan originales como Montaigne, La Bruyère, Quevedo, Gracián, El Dante, Maquiavelo, Rochefoucauld, Rousseau, Chamfort, Stendhal, France, etc.

PROLOGO DE LA TERCERA EDICION

A propósito de esta tercera edición, séame lícito en respuesta a ciertas críticas, aunque incurra en pesadez, repetir a dichos lectores adustos, estomagados por inocentes estridores y desbarros filosóficos o religiosos, que la mayoría de las ideas contenidas en este librito son verdaderas humoradas, que fueron "real y positivamente" expuestas — con otras mil de que no guardo memoria — ante contertulios joviales durante cuarenta años de asidua asistencia a las peñas de café o de casino, donde, por mal de mis pecados, fuí incansable fantaseador e irrefrenable parlanchín. (Hace pocos años lo recordaba cariñosamente el doctor Rodrigo Pertegás en un diario valenciano.) Y en cuanto al espíritu del texto, insisto en que hasta aquellas observaciones o juicios disonantes, por demasiado severos, amargos o melancólicos, poseen algún sabor humorístico, conforme ha percibido muy bien el clarividente crítico y eximio escritor Grandmontaigne. No ocultaré, sin embargo, que ciertas apreciaciones tocantes a la pedagogía, al arte, a la guerra, etc., traducen convicciones actuales del autor; y digo "actuales", porque me reservo el precioso e inalienable derecho de evolucionar o de retrogradar al compás de las enseñanzas de los tiempos.

No tiro, pues, a adoctrinar, sino a entretener y, cuando más, a sugerir. En conseguirlo, aunque sea muy parcamente, cífrase todo mi empeño.

Madrid, agosto de 1922.

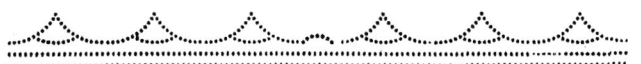

ALGO SOBRE LA CUARTA EDICION

Insisto todavía sobre el carácter frívolo de la mayoría de los pensamientos de este libro. Esta tendencia ha sido bien apreciada por algunos críticos perspicaces (el malogrado "Andrenio", don Manuel Bueno, Cristóbal de Castro, etcétera). A otros, en cambio, les ha sentado mal el tono, el estilo, el espíritu y las contradicciones del texto.

Tales escritores severos, cuyos talentos pongo por encima de mi cabeza, se han empeñado en tomar en serio todas las ocurrencias, ligerezas y contradicciones del autor. Acepto humilde los palmetazos. Permítaseme alegar, sin embargo, a guisa de excusa y aclaración, algunas razones.

Los títulos de las obras se escogen por algo. El Diccionario, juez inapelable en materia de lenguaje, define la palabra charla *"hablar mucho, sin substancia y fuera de propósito"; o también "platicar sin objeto determinado y sólo por mero pasatiempo". Y a esta acepción me atengo. ¡Qué diablos!... También los hombres de laboratorio necesitamos, de vez en cuando, para no anquilosarnos, explayar la imaginación por los amenos vergeles de la literatura, del arte, la política, el costumbrismo, etc., aunque en ellos, como novicios, desempeñemos harto modesto papel.*

¡Mis contradicciones! ¡Ojalá fueran mayores! Ello sería indicio de juventud, flexibilidad y pujanza. Cambiamos con los años y las lecturas. Y no sólo sucesivamente, sino simultáneamente. Nuestras ideas son comparables a un hormiguero, donde, al lado de obreras atareadas, conviven en buena armonía comensales extraños, porque no se les ocurre molestar a sus huéspedes, a cuyas expensas viven. Fijarse en dogmas cerrados es convertirse en monolito ingente

e inmoble, en un mar muerto, jamás agitado por el viento de la duda. Parodiando a Descartes, diría yo: "Vario, luego existo."

Estas reflexiones, repito, son aclaraciones y no contracríticas. Tan sumiso y sensible soy a las censuras justificadas, que después de conocerlas renuncié a reimprimir este librito, agotado hace más de cuatro años. Tienen, pues, razón mis censores.

Pero encuéntrome ante estos hechos anómalos y significativos: Se han publicado en América dos ediciones clandestinas, amén de alguna selección tendenciosa de pensamientos y anécdotas. Está en marcha una traducción inglesa (versión del doctor George Blakneley). Con el título de "Máximas escogidas" han visto la luz en los Estados Unidos ("Bulletin of New York Academy of Medecine", por H. Garrison, 1929), y en algún país europeo. Y sólo de los libreros españoles tengo pedidos desde hace tres años más de 700 ejemplares.

¿Qué debo hacer? Agotada la edición, no puedo someter las CHARLAS al radical auto de fe a que condené inexorable, hace más de veinte años, otra obrita frívola anatematizada, con razón, por un pontífice de la crítica ("Cuentos de vacaciones: narraciones pseudocientíficas"). En la duda, resuelvo, pues, imprimir esta cuarta edición. Reconociendo sus muchos defectos, he dulcificado y limado bastantes pensamientos, suprimido otros y adicionado algunos. Si mi edad y mis achaques lo consintieran, hubiera refundido y ampliado toda la obra.

Pero advierto que el prólogo se dilata más de la cuenta. Es mucho proemio para tan poco libro.

Madrid, septiembre de 1932.

CAPITULO PRIMERO

Hay personas por todo extremo excelentes y respetuosas; respetarán tu mujer, tu honra, tu fama y tu dinero, todo, menos una cosa: tu tiempo (*).

✿ ✿

Máxima antigua, defendida elocuentemente por Cicerón, es que "la verdadera amistad sólo es posible entre varones virtuosos". Tal es, en efecto, la forma más noble y elevada de la amistad. Mas ¿qué nombre daremos a esa íntima e irresistible simpatía que aproxima y solidariza, para tantos fines inconfesables, a vividores, farsantes y caciques?

Con tal constancia rige la ley de las afinidades morales electivas, que cuando en determinada Corporación figura un perillán, nada es más fácil que adivinar sus amigos y amparadores.

✿ ✿

Apártate progresivamente—sin rupturas violentas—del amigo para quien representas un *medio* en vez de ser un *fin*.

✿ ✿

Evita asimismo los amigos y protectores ricos y necios. A poco que los trates, te verás convertido en su amanuense o en su lacayo.

✿ ✿

Dice Carlyle "que es necesario amar para conocer". Máxima cierta cuando se trata de ciencia, arte o literatura. Pero en la amistad y en el amor fracasa a menudo. A veces nos amamos porque nos conocemos, y otras, acaso las más, nos amamos porque nos ignoramos.

☿ ☿

Acerca de la perfecta amistad se han escrito cosas admirables, aunque bastante exageradas. "Es un alma para dos cuerpos", decía Aristóteles (1). "La amistad verdadera — afirma Montaigne — es indivisible..., es darse por entero al amigo..., es desdoblarse, carecer de secretos." Y parece que el clásico francés encontró en La Boétie ese amigo ideal, perfecto y exclusivo. Ya Plutarco notó que los amigos "se nombran por parejas". Y añade todavía: "lo que más estorba adquirir un buen amigo, es nuestro empeño en poseer muchos".

Confesemos, sin embargo, que en el fondo de esta afección, absorbente y acaparadora, late un refinado egoísmo posesorio, contrario a los sentimientos de confraternidad debidos a nuestros semejantes. El corazón, bajo este aspecto, es comparable a una lente convergente que, al concentrar luz y calor en su foco, desarrolla en derredor extensa franja de frialdad y tinieblas.

☿ ☿

"La amistad — dice Cicerón, reflejando opiniones de algunos sabios griegos — es un perfecto acuerdo sobre todas las cosas divinas y humanas, junto con un sentimiento recíproco de benevolencia y afección."

Este juicio, formulado por el admirable orador romano, es demasiado exclusivo. A menudo nos apreciamos porque, dentro de esos sentimientos recíprocos de simpatía y respeto, nos sentimos algo diferentes. La conversación misma, indispensable al mantenimiento de la amistad, vendría a ser imposible. Sin alguna discre-

---

(1) No obstante lo cual, Diógenes Laercio le atribuye este dicho: "¡Oh, amigos, no hay amigos!".

pancia en la manera de concebir los problemas filosóficos, políticos o científicos — discordancia encaminada
a sostener el fuego sagrado del ingenio y de la contradicción mesurada—, la afección más viva y antigua se
extinguiría en el hastío.

✪ ✪

Evita la conversación del amigo cuya palabra, en vez
de ser trabajo, constituye placer. Los grandes parlanchines suelen ser espíritus refinidamente egoístas, que
buscan nuestro trato, no para estrechar lazos sentimentales, sino para hacerse admirar y aplaudir.

✪ ✪

El cultivo de la amistad pide mucho tiempo, solicitud
y esmero. Uno o dos buenos e íntimos amigos los tiene
cualquiera; cuatro o seis, pocas personas; una docena,
nadie. Sin embargo, todos debemos aspirar, ya que no
a la simpatía y al afecto, al respeto y consideración de
la mayoría de nuestros conocidos y compañeros.

✪ ✪

Aunque insistamos en el mismo tema, hagamos notar
que la multitud de relaciones sociales requiere cultivo
asiduo y servicios mutuos, cosas difícilmente compati-
bles con una vida de concentración intelectual y de labor
fecunda. Casi todos los grandes creadores fueron casi
solitarios.

✪ ✪

Importa declinar, en lo posible, los agasajos inmerecidos y las alabanzas hiperbólicas. Quienes te obsequian
o te encomian con exceso te consideran solvente y te
prestan esperando interés usurario.

✪ ✪

El odio puede ser desarmado por el amor, y acaba
por olvidar; mas la envidia sólo cesa ante la muerte;
y a menudo ni al borde del sepulcro se detiene.

✪ ✪

Obstáculos infranqueables para la amistad fraternal
y duradera son el tiempo y, sobre todo, el espacio. En

igualdad de circunstancias, el número de amigos y conocidos está en razón inversa de las dimensiones de la ciudad. El espacio aparta las almas acaso más que la envidia o el odio.

☼ ☼

Quien ambicionando puestos eminentes lamenta padecer adversarios, es comparable al cazador de tigres que se sorprendiera de recibir de vez en cuando un zarpazo. Pero, ¿no les tiras, y además, no son fieras?

En el mundo todos vamos de caza por un coto más escaso en perdices que en cazadores. Y cada pieza cobrada representa para los demás una esperanza desvanecida.

☼ ☼

Cuando veas un desconocido en ademán de abrazarte ponte en guardia; no en vano la Naturaleza ha hecho similares los ademanes de la amistad vehemente y los del sablazo expoliador.

☼ ☼

Aun en medio del dolor sincero nos tienta a veces el demonio de la vanidad. ¿Quién no ha oído decir con mal disimulada fruición reporteril al amigo de un enfermo ilustre: "¿No sabes la noticia? —¿Qué? —Fulano se muere. Acabo de verlo"?

☼ ☼

La amistad repugna la pobreza y el dolor como la planta la obscuridad y el aire enrarecido. Por tanto, si deseas conservar amigos, ocúltales tus penurias y pesadumbres.

☼ ☼

Aparte el comportamiento, sólo posees un reactivo eficaz para revelar el grado de estimación que inspiras a una persona: averiguar cómo habla de ti delante de tus impugnadores, émulos o adversarios.

☼ ☼

Cuando, a cambio de sincera amistad, recibas amargo desengaño, ¡nada de reproches! Consuélate diciendo: "Huélgome infinito de que te hayas desembozado y dejado clasificar. Ya no tendré sorpresas. Al fin, te he conocido."

❋ ❋

No perdones a tus hijos, servidores y amigos la primera falta grave, si no quieres ser víctima de la última.

❋ ❋

Agrádame la ingenua sinceridad del pobre mendicante. Al respondernos maquinalmente: ¡Dios se lo pagará!, expresa una verdad como un templo. ¡Ojalá que los amigos a quienes prestamos dinero o apoyo eficaz gastaran igual ingenua franqueza!... Sobre todo antes de prestárselo.

❋ ❋

¿Qué es la simpatía? Casi siempre un prejuicio sentimental fundado en la máxima vulgar: "el semblante es el espejo del alma".

Por desgracia, la cara es casi siempre una careta. Gracias a ella, la Naturaleza recata las más bellas cualidades u oculta los más repugnantes defectos.

Otro disfraz muy frecuente es la fácil y amena conversación. ¡Cuidado con los oradores! La elocuencia es a menudo una ganzúa.

❋ ❋

A quienes juzgan por las apariencias, cabría preguntarles: Si el cerebro apenas imprime sus circunvoluciones en el cráneo, ¿cómo las imprimirá en la faz? ¿En qué parte de ésta destacan los honrados callos del trabajo y la energía de la voluntad creadora? ¿Dónde está el repliegue fisonómico revelador de la solución de un problema científico?

Ya lo dijo el sublime Jesús: Sólo hay una regla segura para juzgar a los hombres: el fruto.

❋ ❋

El mucho hablar tiene, entre otros inconvenientes, el muy grave de impedir el conocimiento íntimo de nuestros interlocutores, convertidos, a causa de nuestra verborrea, en oyentes enigmáticos. Los tiranos del monó-

logo prepáranse inconscientemente grandes desengaños (1).

✿ ✿

Ansiamos parecer simpáticos; mas pocas veces nos
detenemos a averiguar si las personas con quienes gastamos prosa y finezas las merecen de veras. Conducta
prudente será, antes de franquearse y enternecerse con
alguien, hacerle hablar mucho para conocerle bien. Sa-
cudamos el cerebro del interlocutor, a fin de ver si suel-
ta necedades o frutos sabrosos. Y ajustemos nuestra conducta al valor del fruto recogido.

✿ ✿

Cada persona tiene una historia, que le impone cierta
consecuencia moral pocas veces desmentida. Y, sin embargo, somos tan ligeros que, sin informarnos de ella,
brindamos nuestro afecto a cualquier recién llegado,
con tal de que nos parezca agradable.

---

(1)   El caso de Anatole France, conversador ingeniosísimo e
infatigable, mostrando los secretos más íntimos de su alma ante
el insidioso y sacristanesco Brousson, constituye el mejor paradigma de este consejo. (Véase el pérfido y desleal libro *Anatole
France en pantoufles.*)

En su antipatía mal disimulada atribuye al insigne escritor errores que no pudo cometer, tales como suponer que confundió a
Quevedo con Avellaneda, y achacarle el dislate de fijar como fecha
del despertar del Vesubio el año 54 de nuestra Era, cuando hasta
los chicos del Instituto saben que el cataclismo de Pompeya y
Herculano y la heroica muerte de Plinio acaecieron el año 79 de
la Era cristiana, o sea el año 832 de la fundación de Roma. Claro que estos desatinos de Brousson pueden ser inocentes distracciones suyas; pero lo menos que debe hacer un biógrafo concienzudo, cuando padece flaqueza de memoria, es compulsar las citas
y consultar las enciclopedias. Compare el lector la citada obra de
Brousson con la excelente de P. Gsell *Conversations d'Anatole
France* (escrita en vida del autor) y con el tratado de *Historia
Natural* de Plinio, avalorado con un jugoso prólogo biográfico de
Littré, acerca del famoso compilador romano. Por cierto que en
el libro de Gsell (y esto corrobora la amnesia de Brousson) se expone por France un atinadísimo, luminoso y amenísimo parangón
entre Cervantes y Avellaneda. Y no cita a Quevedo para nada.
Y no olvidemos que la erudición y retentiva de France eran prodigiosas, como reconocen cuantos le trataron.

¿De qué está. hecho el agrado? De cierta prestancia física, de la conformidad real o aparente de gustos y opiniones, de la viveza y gracia en el decir y del ingenio y discreción al discutir o alabar; cosas todas que en nada garantizan la honorabilidad del hombre, ni su afecto y estimación hacia nosotros.

✿ ✿

Nos quejamos de los amigos, porque exigimos de ellos más de lo que pueden dar.

✿ ✿

La violencia verbal justificada contra nuestros adversarios constituye procedimiento breve y económico, pero acarrea amargos sinsabores. Heridos en lo vivo por la cruda verdad, los enemigos públicos se tornan secretos y la aversión franca conviértese en rencor taciturno avizorador de nuestros descuidos. Diríase que la fuerza viva del odio se transforma en energía de tensión, al modo de la luz que condensa sus energías en el veneno de la planta.

✿ ✿

Quien desee medrar a la sombra de protectores soberbios, imite al tamarindo brotado junto al mar, a cuyas furiosas galernas se dobla y opone la menor superficie posible. Pero semejante conducta repugnará siempre a los hombres dignos y altivos.

✿ ✿

¿Deseas congraciarte con émulos o adversarios? Fracasa pública y ruidosamente. El primer aplauso y, en todo caso, el más entusiasta e hiperbólico será el suyo.

✿ ✿

No incurras en la inocencia de regalar al vanidoso endiosado un libro afectuosamente dedicado; porque si la obra es buena, aumentarás su antipatía, y si es mala o mediocre, te pondrá en ausencia tuya como no digan dueñas. Y acuérdate de que nada hay más virulento que el microbio de la envidia literaria o el de la simple competición profesional.

✡ ✡

En punto a gratitud *post mortem*, allá se van los favorecidos pobres o los protegidos ricos. Media entre ambos, empero, esta desconsoladora diferencia: el llegado a rico regodéase con la muerte del bienhechor, cuya presencia le humilla; el miserable, al contrario, la deplora porque con su Mecenas pierde sus medios de existencia.

✡ ✡

¿Alardeas de carecer de enemigos? Veo que te calumnias. ¿Es que jamás dijiste a nadie la verdad ni realizaste un acto de justicia?

✡ ✡

Triste experiencia diariamente confirmada: la justicia en favor del mérito nos granjea un amigo (no siempre), pero nos procura, en cambio, multitud de enemigos.

✡ ✡

Casi siempre la alabanza otorgada por los demás representa el eco de las alabanzas que les hemos prodigado. Hacer justicia de balde es una de las cosas más peregrinas y admirables.

✡ ✡

Decía Erasmo "que la mayor desgracia que puede sufrir un hombre es que no le engañen". Yo completaría esta sentencia añadiendo: "que no le engañen bien".

Porque el oficio de engañar tiene sus normas y primores que pocos dominan. ¿Qué enfermo grave no se ha sentido esperanzado después de la visita de reputado médico?, y al revés: ¿Cuántos aduladores hay que, por no saber serlo, nos desazonan?

✡ ✡

Y a propósito de aduladores, permítasenos un ejemplo:

Regalamos un libro. El adulador avisado lo repasa,

aunque sea someramente, y escoge en el fárrago de vulgaridades algunas ideas estimables, ponderándolas discretamente. En cambio, el lisonjeador necio alaba sin
ton ni son, avergonzándonos con epítetos manidos y frases hechas, y demostrando que ni siquiera le hemos me-
recido el honor de la lectura.

✿ ✿

Muchos amargos desengaños ahorraríamos moderan-
do el necio afán de ser admirados o de pasar plaza de
amenos conversadores.

Ejemplo al canto:

Cuando llenos de inquietud preguntamos en el café
acerca de la ausencia definitiva de ciertos queridos contertulios, oímos desilusionados las siguientes respuestas:

—¿Qué es de Fulano?

—Como perdía una hora de trabajo todas las tardes,
ha adelantado la de la consulta.

—¿Y de Zutano?

—Una vez votado académico o catedrático, ha vuelto
a su antiguo Casino.

—¿Supongo que no habrá ocurrido lo mismo con
Mengano, que, además de ser rico, carece de aspiraciones académicas?

—Cierto; pero se ha hecho socio de la Gran Peña, y
prefiere el tresillo a la conversación.

—Está bien; mas Perengano debe de estar enfermo,
ya que ni juega al tresillo, ni charla apenas, ni ejerce
ninguna profesión. ¿Qué es de él?

—Muy sencillo; Perengano ha cambiado de tertulia,
por estar harto de paradojas y desatinos.

Y ponemos el grito en el cielo, desazonados y amargados, por ignorar que las más amenas divagaciones políticas, filosóficas o científicas no valen, a los ojos del
mundo, lo que una vanidad satisfecha, un billete de
cinco duros o una hora de tresillo.

✿ ✿

No es tu amigo el personaje que te escribe mediante

amanuense, o quien, al acordarte una entrevista, se despacha con vulgaridades y lugares comunes. En cambio, te estima quien, al platicar contigo, forja alguna frase feliz, expresa alguna observación oportuna o te gratifica con un buen consejo.

☼ ☼

El odio y la envidia siguen al afortunado como la sombra al cuerpo. Sólo que, según decía el admirable Séneca al aludir a la gloria, "la sombra va unas veces delante y otras detrás".

¿Naces rico y noble? Pues fueron aborrecidos tus antepasados.

¿Te haces rico y poderoso? Entonces te odiarán o te envidiarán contemporáneos y sucesores.

Sólo para los primeros reservamos nuestra indulgencia. Pero... la revolución social avanza, y es de presumir que tarde o temprano todos gozaremos de la santa fraternidad... en la indigencia.

☼ ☼

De todas las reacciones posibles ante una injuria, la más hábil y económica es el silencio.

☼ ☼

Hay tres clases de ingratos: los que callan el favor, los que lo cobran y los que lo vengan.

☼ ☼

No intimes con los amigos de tus adversarios: son espías escudriñadores de tus descuidos, torpezas y decadencias. Pero no los trates tampoco con despego o injusticia.

☼ ☼

—"¡Ah, si tú siguieras mis consejos!"..., nos dicen algunos amigos en tono de cariñosa reconvención. Remedando la contestación de Alejandro a Parmenion, podíamos responderles: "Con mucho gusto me allanaría a tus planes si tuviera tus virtudes, hábitos y talentos. Mas como mi psicología es diversa, debo obrar de manera diferente. No te soy superior; soy otra persona.

—¿Te enojas? Entonces estemos a la recíproca. En adelante seguiré tus consejos, mas con la condición ineludible de que tú aceptes los míos".

—¡Eso no!... ¡Tú eres un idealista incorregible!

—¿Ves cómo somos temperamentos antitéticos y necesitamos, por tanto, tratamiento diferente?

✿   ✿

¿Qué debemos preferir, el pedigüeño ingrato o el agradecido?

Contestemos sin vacilar: el ingrato, porque recibido el primer beneficio decisivo, se eclipsa y nos deja en paz; al revés del pobre agradecido, que nos acosa en cuantas tribulaciones se le ofrecen. Bien dijo Maquiavelo: "el favor obliga más a quien lo otorga que a quien lo recibe".

✿   ✿

No es ingrato quien quiere, sino quien puede. El ingrato suele poseer mentalidad vigorosa y altiva; salvados la tribulación o apuro momentáneos, entrégase ardientemente al trabajo y acaba por satisfacer sus ambiciones.

Claro está que aludimos aquí a los hombres laboriosos y activos, cuyo recio tesón triunfa de los reveses de la fortuna. Pero, en general, el ingrato es un tonto envanecido. Hay, sin embargo, honrosas excepciones. Confieso que en mi larga vida sólo he topado con cuatro o cinco agradecidos dotados de talento y de modestia.

✿   ✿

Los moralistas nos aconsejan a menudo evitar los enemigos. Tanto montaría condenarnos vitaliciamente a la obscuridad y a la miseria. Cuando no se ha nacido rico y es fuerza, por tanto, luchar por la existencia, la más hábil y piadosa conducta consiste en adormecer y atenuar la toxicidad de nuestros émulos y adversarios con el cloroformo de la cortesía y del halago.

Procedamos como el bacteriólogo, que en la imposibilidad de aniquilar al microbio opta por *embolarlo*, es decir, por convertirlo en saludable vacuna.

☼ ☼

Colaboradores inconscientes de toda obra grande, los contradictores sañudos aseméjanse a los tábanos: pican y chupan la sangre, pero desperezan la voluntad, favoreciéndonos con el tanto de dolor indispensable a la actividad creadora. Además, como afirmaba Catón y han repetido después innumerables moralistas y filósofos, "sólo los enemigos dicen las verdades". Y de vez en cuando la ducha fría de la ruda verdad constituye tónico insubstituíble.

☼ ☼

Si anhelas la independencia, procura que nadie, fuera de los individuos de la familia, pueda tratarte de *tú*. La potencia dominadora—y no siempre para bien—de este pronombre suele ser incontrastable. Por algo los tiranos dan dicho tratamiento a sus vasallos.

☼ ☼

La jovialidad de los amigos constituye el mejor antídoto contra los desengaños del mundo y las fatigas del trabajo. Invirtiendo el viejo refrán, debiéramos decir: "quien bien te quiera te hará reír".

☼ ☼

Cuando incurras en la peligrosa manía de dar consejos atiende, sobre todo, a las ideas y al carácter de la persona demandante. Desagradables sorpresas e inesperados disgustos serían fácilmente evitados si recordáramos—según se ha dicho hartas veces—que el hombre es un animal esencialmente ilógico, cuyas reacciones responden más a menudo a sus sentimientos que a sus intereses.

Prescindiendo de muchos inconvenientes, todo triunfo resonante constituye precioso reactivo revelador de enemigos y envidiosos. El deliberado silencio de éstos o su mal disimulada contrariedad, cuando no sus tímidas censuras, los delatará infaliblemente.

☼ ☼

Grave error de conducta constituye la descortesía hacia amigos y conocidos. A veces, empero, representa un mal menor, ya que haciéndonos dueños de todo nuestro tiempo, podemos consagrarlos por entero a la prosecución y perfeccionamiento de la obra personal. Y no temamos las represalias. Aprovechemos, sin embargo, la primera ocasión para dar sendas satisfacciones. Quienes nos conozcan y de veras nos estimen nos perdonarán en gracia del motivo; congraciados con ellos, poco importa que los tibios o los orgullosos nos desahucien.

¤ ¤

Con dolorosa sorpresa he comprobado muchas veces que ciertos odios implacables no reconocen otro origen que nuestra distracción al ser saludados o el olvido de contestar a una carta.

¤ ¤

Todo camarada ausente varios años debe considerarse, en el orden afectivo, como un hombre nuevo. Porque de diez veces, las ocho, sus recientes amistades han destruído la nuestra y han modificado viejas ideas. Prudente será no franquearnos demasiado con él antes de bucear atentamente en su corazón y en su espíritu.

¤ ¤

Semejantes a las muelas son los amigos y contertulios. Conforme avanzamos en edad, nos abandonan, y no siempre sin el dolor de la avulsión. Y aquí no valen artificios ortopédicos. La amistad y el amor son, por lo común, pasiones exclusivamente iniciadas en la juventud o, todo lo más, en la edad madura.

¤ ¤

—Veo que son ustedes muy amigos.
—No tanto..., es que ahora nos necesitamos.

¤ ¤

Cuando veas dos o más personas que pasean siempre juntas y trabajan o murmuran en corro, no cometas la tontería de inmiscuirte en el bloque sentimental ni de iniciar tentativas para disociarlo.

Sus elementos forman una combinación enérgicamente estable y coherente, a la manera del agua y la sílice. Y si necesitas de alguno de ellos, sírvete del bloque entero, como hace el albañil con los componentes minerales de la piedra berroqueña.

✿ ✿

Hay amigos vehementes que al despedirse equivocan nuestra diestra con un dinamómetro. Y sólo la sueltan cuando un suspiro de angustia les revela haber alcanzado la raya deseada.

✿ ✿

Hay pocos lazos de amistad tan fuertes que no puedan ser cortados por un cabello de mujer.

✿ ✿

—B., el ilustre y laureado artista, parece gran amigo tuyo.

—Cierto. Me estima y admira tanto, que ansía pintar mi último retrato para venderlo caro a alguna Sociedad estrafalaria, española o americana, antes que pase mi efímera celebridad.

✿ ✿

Conservemos como tesoro los amigos juiciosos que saben soportar el desaire de una pretensión injustificada.

✿ ✿

Sólo se recuerda el último favor... hasta que se convierte en penúltimo.

✿ ✿

Si eres heterodoxo o escéptico, no intimes demasiado con camaradas creyentes o intolerantes. El odio teológico se agazapa y disimula, pero no perdona jamás.

✿ ✿

Soslaya la tiranía de los compañeros que te imponen la amistad hacia sus amigos y el desvío y menosprecio hacia sus enemigos.

✿ ✿

Aun entre los amigos leales y económicamente independientes, el afecto mengua mucho con los años. La dura lucha por la vida, el ingreso en medios sociales diferentes, la ambición política y literaria, la justificada inquietud por el porvenir de los hijos, debilitan o anulan sentimientos que parecían inextinguibles.

☿ ☿

No te preocupes demasiado por las censuras acres o injustas. Parodiando a Descartes, debes decirte: "Molesto, luego existo. Y, por lo menos, sirvo para aumentar la bilis de mis émulos y adversarios." Lo más grave de la animadversión es el silencio, presagio y como anticipo de nuestra muerte moral. Máxime cuando por cuquería, olvido o comodidad, callan nuestros favorecidos, a quienes, contra viento y marea, hicimos peligrosa justicia.

☿ ☿

La prolongada ausencia, según apuntamos más atrás, es el mayor apagador del afecto. ¿Quién, puesto en candelero por el azar, no habrá recibido la carta angustiosa de algún condiscípulo que, después de cuarenta años de indiferencia y silencio, nos requiere con fervorosas manifestaciones de admiración y de cariño fraterno para que le coloquemos un hijo o le gestionemos pingüe sinecura?

☿ ☿

Pongamos en cuarentena la devoción de los jóvenes agraces que nos hacen la corte. Bien dijo Quevedo, aunque con motivo algo diferente: "¿Creí las sumisiones del que me hubo menester?"

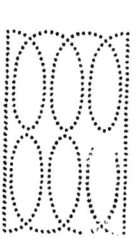

CAPITULO II

SOBRE EL AMOR Y LAS MUJERES

Creemos ser los protagonistas de la gran comedia de la vida, cuando en realidad servimos de humildes partiquinos. Aun en el fogoso dúo de amor somos meros delegados de la especie, que, en fin de cuentas, es la gran enamorada. Ella se sirve de nosotros como el cervecero de la levadura para continuar su industria y prosperar. Pero acerca de este asunto ha discurrido ya muy aguda y atinadamente Schopenhauer.

☼ ☼

Cuando durante la noche sorprendemos en espeso matorral un gusano de luz, percibimos bien la verdosa linterna, mas no vemos al humilde insecto que la lleva.

Así ocurre con las señoras mayores que pretenden atraer las miradas del público adornándose con suntuosas alhajas: nos deslumbran sus joyas y adornos; mas, ¡ay!, ni siquiera reparamos en la mujer, a menos de que, por acción del contraste físico y estético, nos produzca impresión de disgusto y repugnancia.

☼ ☼

Se ha dicho muchas veces que el amor, como el agua, corre de arriba abajo; es decir, del padre al hijo y del hijo al nieto. En esto muéstrase, como siempre, la Naturaleza exquisitamente utilitaria.

¿Para qué habría de fluir el amor en sentido retrógrado, es decir, en la dirección de los muertos?... (*).

☼ ☼

El primer amor del hombre — amor de mariposa —

tiene por objeto la flor. El segundo, más avisado y
práctico — amor de gorrión, o de *gorrón,* como diría
un aficionado a los retruécanos cursis —, sólo pica en
el fruto.

☼ ☼

Pese a los campeones del *masculinismo* (decir feminismo parece impropiedad, según notaba el malogrado
Jiménez Ocaña), la mujer es toda femenina desde la
punta del cabello hasta la planta de los pies. Y en ella
lo más deliciosamente femenino es el cerebro, que representa, ante todo, órgano soberano de atracción y de
reproducción; al revés del hombre, cuya sesera constituye vulgar herramienta de trabajo. Ello no obsta
para que haya muchas mujeres de esclarecido talento
y capaces de altísimas empresas. Pero ¿son verdaderas
mujeres?

☼ ☼

Considero como uno de los más irresistibles encantos de la mujer su asombrosa facilidad de palabra, muy
superior a la del varón. Y su insaciable curiosidad social, que le permite retener las virtudes, defectos y
debilidades de miles de personas de ambos sexos. Por
algo los anglosajones, raza perspicaz y práctica, han
aprovechado tan preciosos dones para funciones poli-
cíacas.

☼ ☼

En el diccionario de la mujer, *querer* no tiene, en
la mayoría de los casos, más acepción que *estimar,* es
decir, *valorar.* En igualdad de circunstancias, la hembra, fea o hermosa, preferirá siempre al varón que acre-
dite mayores capacidades financieras o más copiosas dis-
ponibilidades, con la única condición de satisfacer el
instinto de la maternidad, el más profundo y sagrado
de la vida. El supremo fin de los hijos santifica todos sus
egoísmos (1).

☼ ☼

_____

(1)   Esta idea ha sido magníficamente desarrollada por el doctor Marañón en una conferencia pronunciada en Bilbao.

La mujer implora casi siempre, de santos, jueces y ministros, gracia, pocas veces justicia. No la censuremos. Discúlpala el sacrosanto amor a la familia.

✿ ✿

De todos los bienes naturales, el más excelso y envidiable es la belleza corporal. Don gratuito de la vida, no exige cultivo ni trabajo; se impone y cautiva a todos sin discusión. Los demás dones tienen sus quiebras: el talento exige intenso laboreo y hacerse perdonar; la elocuencia necesita "oler al aceite de la lámpara" para no ser motejada de huero psitacismo; la erudición implica diarios desvelos y pasa a menudo por pedantismo; la virtud más acendrada es blanco de la calumnia; la prudencia dipútase por encogimiento o pusilanimidad, y, en fin, la sobriedad y la abstención, por avaricia. En cambio, la hermosura triunfa e impera con sólo exhibirse. Cierto que la fealdad procura denigrarla; mas en el fondo esta animosidad constituye inapreciable homenaje.

✿ ✿

La hermosura es una carta de recomendación escrita por Dios y leída y admirada por todos los corazones. Lo malo es que, de vez en cuando, el diablo la intercepta furtivamente y cambia la dirección. Y así, la hermosura destinada a la ventura de un discreto, llega a las manos del torpe o del mentecato; con que el idilio se convierte en comedia o en tragedia.

✿ ✿

Peligrosísima es durante la obra filosófica o científica la intercalación inoportuna de una pasión tormentosa hacia una mujer bella, pero vulgar e incomprensiva del sabio y acaparadora de toda su capacidad sentimental. Tal fué la desgracia del famoso A. Compte. Su pasión senil por Clotilde de Vaud enervó la fibra viril del pensador francés, arrastrándole hacia el vago sentimentalismo de la *religión de la humanidad*.

Frutos insípidos de estas pasiones tardías son la vulgaridad y la sensiblería. Castrado el entendimiento, se reblandecen medula y cerebro.

✿ ✿

Obedecer al amor es mostrarse sensible a la voz angustiosa de los gérmenes que piden turno en el banquete de la vida (*).

✿ ✿

Fabre nos conmueve al contarnos las crueldades del *escorpión*, que se come a su consorte, o de la *Mantis religiosa*, que devora al macho en pleno espasmo de amor.

¿Es que en nuestra propia vida no se dan, a veces, parecidas monstruosidades? ¡Cuántos amantes y maridos no mueren devorados por sus mujeres!

✿ ✿

Conocida es la frase atribuída a Corvisart, médico de Napoleón I.

Preguntando éste al galeno si un hombre de cincuenta y cinco años puede racionalmente esperar descendencia, contestó:

—Algunas veces.

—¿Y si el esposo tiene setenta?

—Entonces siempre.

He aquí un dicho tan agudo como injusto. Y revelador además de menguado conocimiento de la femenil fisiología. La demostración más elocuente de la fácil resignación sexual de la cónyuge del anciano la aporta la estadística, según la cual, la inmensa mayoría de tales matrimonios resultan estériles, no obstante el *interés*, casi siempre contrario, de la esposa.

✿ ✿

Lo que se llama en la mujer *matrimonio por compasión* no es sino la forma refinadísima del egoísmo. Nada halaga tanto al amor propio de ciertas sentimentales como la seguridad de sentirse adoradas como diosas; por conseguirlo se las ve cargar heroicamente con viejos averiados, calaveras impenitentes y hasta con pobres diablos, a condición de que éstos desempeñen fogosamente el papel de Don Juan y se muestren pasaderamente discretos y enérgicos.

Porque la pasional sólo se detiene espantada ante la necedad y la abulia.

✿ ✿

Se ha dicho muchas veces que nada hay más inútil que la experiencia. Tan triste verdad se corrobora cuando somos víctimas de una pasión avasalladora.

En la vida del enamorado, los prudentes consejos del viejo suenan como la voz atiplada de un eunuco que disertara sobre las excelencias del celibato (*).

✿ ✿

Fuera del amor de madre y de esposa (la madrecita joven del marido), todas las demás afecciones representan hartas veces memoriales de protección o pasatiempos de camaradería.

Y cuando en momentos de optimismo evoques las efusiones verbales y sentimentales del café, de la tertulia o del club, no olvides que el animal humano necesita divertirse en cuadrilla.

✿ ✿

La mujer es como la mochila en el combate. Sin ella se lucha con desembarazo; pero ¿y al acabar?

✿ ✿

¿Qué debes preferir, la mujer hermosa o la fea?

¡La hermosa, con tal de ser medianamente discreta! Porque si te sale casquivana y coqueta, de ella te librará cualquier Don Juan callejero; mas de la fea y necia, ¡ni el diablo!

✿ ✿

La vida es triste porque acaba triste. Y el trabajo, fuente de placer y de sana alegría, aporta a menudo también inquietudes y amarguras. He aquí por qué para el sabio una mujer jovial y optimista será siempre tesoro inapreciable, infinitamente superior a la belleza y al dinero.

✿ ✿

Suele envidiarse la fortuna de empresarios, potentados y tenores, porque disponen a su talante de un serrallo selectísimo de artistas.

A mí, por lo contrario, me asombra el estómago y la modestia de estos tenorios de guardarropía.

¿Qué ilusión puede causar a un hombre de buen gusto el beso automático de sobados maniquíes henchidos de orgullo y vanidad, y para cuyo funcionamiento es indispensable echar unas monedas o colgar un dije?

✿ ✿

Los seductores afortunados — se ha dicho hartas veces —, más que gallardos mozos, parécenme ante todo agudos psicólogos. Con una intuición maravillosa, que envidiaría un hipnotizador profesional, escogen sus víctimas entre las jóvenes románticas y fácilmente sugestionables. Estas ingenuas palomas, bellezas finas y deliciosamente nerviosas, a fuerza de oír la insistente y autoritaria sugestión: "ámame, porque te adoro", acaban por apasionarse del milano, sin que en el rendimiento final intervengan para nada el libre albedrío ni la atracción sexual.

¡Cuántas candorosas Adrianas lloran su abandono por haber ignorado su funesta debilidad mental y escuchado confiadas la fogosa romanza de un Lovelace sin entrañas!

✿ ✿

Nos extraña que ciertos salvajes compren a sus mujeres pagando a los padres un rescate en vacas o colmillos de elefante. Pero ¿es que entre nosotros la esposa no es a menudo comprada?

Porque el marido pudiente constitúyese en amparador de la familia de la esposa.

Ni aun el cónyuge de huérfana adinerada — aquí los términos se invierten, porque el marido es el comprado — se ve libre de cargas y pesadumbres. Sabido es que, salvo excepciones, las huérfanas jóvenes suelen ser organismos endebles y degenerados, y buena parte del caudal se disipa en médicos, balnearios y boticas.

Pero todo no se puede alcanzar en esta vida. En realidad, en la lotería del matrimonio sólo se conoce un premio gordo: la heredera rica, razonable y bien conformada, cuya familia falleció catastróficamente. Hay, empero, consoladoras excepciones.

¤ ¤

Quéjanse a menudo de su desgracia los matrimonios de obreros. Y, sin embargo, el esposo goza de un excelso privilegio, pocas veces concedido a los hombres de refinada cultura: la posibilidad de dialogar con su mujer. Equivalente a su marido en gustos y aspiraciones, la esposa del pobre desempeña el cuádruple oficio de confidente, consejera, camarada y amante.

¤ ¤

El beso, que los poetas consideran como sublime conjugación de dos almas, no es para el científico sino un simple intercambio de microbios labiales (1).

¤ ¤

En materia de mujeres, el hombre adolece, aparte la superstición de la forma, de la absurda superstición del color.

Según es notorio, predomina comúnmente el gusto por el tono complementario. El rubio-claro se agrada de la morena obscura, y el de cutis moreno verdoso se siente atraído por las encarnaciones níveas y rosáceas. Pero existen matices antipáticos, por ejemplo: el rojo de fuego o el rojo cobrizo del cabello, asociado a menudo con piel blanquecina salpicada de manchas. Víctimas de complicados atavismos, las pobres muchachas adornadas con tan policrómica librea me recuerdan,

_____

(1) Esta ocurrencia, harto trivial, publicada por mí hace más de treinta años, ha sido repetida después muy en serio y casi en trágico por ciertos higienistas alarmantes, que olvidan, sin duda, que las bacterias de labios y boca sanos son completamente inofensivas.

cuando aparecen en calles y paseos a caza del galán de
sus ensueños, la desgracia del rutilante geranio o de
la roja amapola, cuyos vistosos pétalos son sistemáticamente desdeñados por abejas y mariposas.

El pretendiente discreto deberá fiarse más en el contenido que en el continente. La felicidad del esposo
no depende del color del cabello femenino, sino de la
estructura y contenido sentimental y cultural del cerebro, es decir, de un órgano cuyo color es igual en
rubias y morenas. Menos dermatología y más psicología: tal debe ser la divisa del aspirante al matrimonio.

☼ ☼

Si Alfredo de Musset hubiera sido moreno, como
Pagello, el médico italiano de Venecia, es casi seguro
que sus amores con la rubicunda y caprichosa escri-
tora Jorge Sand hubieran durado algunos meses más.

☼ ☼

La piedra de toque de los celos, tan encomiada por
muchos como rasgo distintivo de la pasión sincera, nos
engaña en la mayoría de los casos; porque si hay celos de amor, los hay también, y harto más frecuentemente, de amor propio y hasta de móvil crematístico.

El criterio decisivo consiste en el coeficiente de abnegación y desinterés demostrado por los amantes.

☼ ☼

¿Cuál es la compañera más deseable? Si eres inteligente y apuesto, la más discreta y honesta; si posees
algunos defectos físicos y morales, la adornada con las
cualidades y virtudes antagónicas.

Así y todo, el atavismo, con sus excentricidades y
caprichos, nos depara sorpresas desagradables. A lo mejor esperamos *nuestro hijo*, y nos encontramos con un
vástago del hombre cavernario.

☼ ☼

A propósito de lo cual permítasenos una observación
humorística. Hay muchos esposos que tienen el mal

gusto de aborrecer a la suegra, de quienes se venga irónicamente el atavismo. Porque cuando menos se piensa se encuentran con que la esposa les regala un retoño, trasunto fidelísimo de la mamá política. Y reconocen contrariados que, para las efectos biológicos, en vez de casarse con la hija se casaron con la madre.

☼ ☼

—Ignoro por qué — decíame una señora inteligente y virtuosa — ponderan ustedes tanto la castidad de las mujeres cuando guardarla no cuesta el menor sacrificio. Son siempre ustedes los inductores al pecado, halagando pérfidamente las dos grandes flaquezas de nuestro sexo: la presunción de la hermosura y la propensión al lujo.

☼ ☼

Los celos iracundos de algunas hembras significan, antes que el temor de perder un amante, el recelo de que se cierre un bolsillo.

☼ ☼

Cuando el ilustre biólogo americano J. Loeb, y después de él Hertwig, Bataillon, Wilson, I. Delage, etcétera, produjeron experimentalmente en varias especies animales sexuadas la *partenogénesis* artificial (fecundación del óvulo con diversos agentes químicos o físicos), cuenta Perrier que ciertas frenéticas feministas felicitaron calurosamente al último sabio citado, diciéndole: "Por fin está próximo el día en que podamos procrear hijos sin el odioso y humillante concurso del hombre".

Pero, en su ingenua alegría, las enemigas de nuestro sexo se precipitaron un poco. Probado está, en efecto, que sin la colaboración masculina muchas hembras, hasta de vertebrados, pueden ser fecundadas; mas en condiciones tales, la descendencia se compone exclusivamente de machos.

Por donde, en su inconsciencia, el feminismo exaltado y extremoso aspira a estas dos frioleras: 1.ª Desaparición absoluta de la mujer, puesto que sin varón no se produce la hembra. 2.ª Aniquilamiento definitivo y radical de la raza humana.

¡Bonito porvenir!

✿   ✿

Personas frívolas suelen ridiculizar al matrimonio estéril, consolado de su soledad con la compañía de un perrito. Yo contemplo el trío zoológico con profundo enternecimiento. El mimado falderillo desempeña papel social importantísimo. Viene a ser algo así como la *guardia civil* de la lealtad conyugal. Derivativos de la pasión maternal, son perros, pájaros, gatos y macacos. Tonto será el marido que los rechace.

✿   ✿

El concepto excesivo del propio valer, tan contrario a las aspiraciones tiránicas del varón, suele ser desastroso en la mujer de mérito. ¡Da pena ver con qué angelical y ciega confianza se entrega al seductor profesional, absolutamente persuadida de que su afortunado dueño sabrá estimar la excelsitud de sus encantos y virtudes premiando con justas nupcias la suprema generosidad del rendimiento!

✿   ✿

Lo más triste de la fealdad femenina es que aleja desdeñosamente la curiosidad sentimental de los jóvenes, esterilizando y dejando sin empleo tesoros de talento, abnegación y ternura. Avara de sus dones, la Naturaleza complácese a menudo en compensar la belleza interior con la fealdad exterior.

✿   ✿

Todas las desdichas del matrimonio nacen de que la mujer no elige, sino que es elegida. Afortunadamente, en la mayoría de los casos la esposa acostúmbrase al marido como éste se habitúa a la cerveza y al tabaco.

✿   ✿

Los fatuos que se juzgan preferidos a causa de sus prendas personales, debieran meditar el sentido crudamente realista de la frase habitual entre comadres ya referida por Quevedo: "Mi hija está muy bien colocada." En efecto, para la mayoría de las mujeres casarse es *colocarse*.

☼ ☼

La amistad entre mujeres jóvenes suele ser afección efímera mantenida exclusivamene hasta que aparecen el novio o el esposo codiciados.

☼ ☼

Las uniones baratas e instantáneas son las que dejan recuerdos más caros y duraderos.

☼ ☼

En materia de amor cúmplese a menudo la ley del mínimo esfuerzo. Hay gentes tan perezosas que se casan con su prima, con su madrastra, hasta con su criada, por la sencilla razón de tenerlas muy a mano.

☼ ☼

Ya en serio, ya en tono humorístico, se han hecho muchas clasificaciones del beso. Una de las más sencillas es la siguiente: el *ósculo par*, frío, ceremonioso y ritual que las mujeres se dan en entrambas mejillas, y el *ósculo impar*, o beso de pasión, estampado en los labios por jóvenes de sexo diferente.

☼ ☼

Hay en los besos apasionados de ciertas hembras sensuales un no sé qué de amenazador y de salvaje. Recuerdan el feroz transporte amoroso de arácnidos e insectos.

En la frase vulgar "te comería" late quizá un vestigio de ancestral canibalismo.

☼ ☼

Para muchos es risible, y para mí profundamente conmovedor, el espectáculo de esas heroicas solteronas que exhiben, infatigables, en paseos y teatros, sus gracias marchitas, en busca de un novio siempre fugitivo. Al través de la piel macilenta paréceme oír el grito angustioso del último germen—excelsa promesa de eternidad—temeroso de hundirse en la nada.

¡Respeto y loor para esas heroicas mujeres que defienden el derecho a la perpetuidad de la raza, quemando en la batalla hasta el último cartucho!...

✿ ✿

Sólo hay en la mujer un época en que el amor, manifestación de instinto imperioso, surge limpio de toda codicia: la inocente edad de los quince a los dieciocho años.

Después..., todo pretendiente suele ser antes pesado que escuchado. Superfluo parece indicar que en esta operación comercial la romana está en las prudentes manos de la suegra. Toda precaución es poca, ya que el instinto sexual tiene a lo mejor impensados y peligrosos *ritornellos*.

✿ ✿

Me asombro de que los poetas elogien hiperbólicamente dos sentimientos tan fatales y necesarios, por instintivos, como el amor y la maternidad. En buena lógica, sus ditirambos debieran dirigirse, no a la obra casi automática de ciertos ganglios nerviosos, sino al supremo Artífice que los organizó y coordinó.

✿ ✿

A la manera del globo cautivo, el hombre culto se perdería en el azul si la mujer, que representa el lastre y la cuerda, no tirara prudentemente hacia abajo (*).

✿ ✿

Tengo para mí que entre todos los placeres selectos y refinados, ninguno es comparable al de oír de unos labios rojos y juveniles, trémulos de emoción, la exposición y defensa de nuestras concepciones y pensamientos.

✿ ✿

Reflexionando sobre la egoísta tendencia del hombre al celibato, amenizado con tal cual esporádica y peligrosa aventura, inclínase uno a estimar el *treponema pallidum* de la sífilis como el agente providencial del amor casto, o si se quiere, como la guardia civil contra la Venus ilícita.

Mas al recordar que el caballo y otros varios animales poseen también su correspondiente sífilis (1), nuestro ingenuo teleologismo a lo Pangloos queda perplejo. Decididamente, los microbios no distinguen entre hombres y animales. Ante la virulencia de las bacterias infecciosas todos somos unos.

¤ ¤

Asistimos a un salón aristocrático; oímos lugares comunes, frivolidades y hasta impertinencias e injusticias, y en vez de molestarnos quedamos cautivados y casi convencidos. Es que esas ligerezas emanan de la boca gorjeante de hermosa mujer.

Y nos retiramos persuadidos de que la belleza tiene siempre razón.

¤ ¤

Cuando un hombre declara "esto es mío", quédale siempre, a poco reflexivo que sea, sobre todo si considera el conjunto armónico de las colaboraciones sociales, la duda de si el objeto le pertenece por entero; mas cuando la mujer exclama "mi hijo, mi casa, mi dinero", el sentimiento de la propiedad se expresa tan categórica, exclusiva y profundamente, que no parece sino que tales cosas han surgido sin el concurso de ninguna otra criatura, por un acto de creación *ex nihilo*, algo así como una ofrenda graciosa de la Divinidad.

¤ ¤

Será acaso ilusión de la vejez; pero paréceme que la hembra clásica, de cuyas formas nos legaron Grecia y Roma modelos inmortales, se masculiniza progresivamente en nuestra edad de hierro, a impulsos del exótico deportismo en las ricas y de las torturas del obrerismo en la pobres. Esta impresión se acentúa cuando se viaja por Alemania, Inglaterra o Norteamérica. El seno gentil atenúase de día en día en las razas más

---

(1)   Enfermedad llamada *durina*, causada por el *Tripanosoma equiperdum*.

civilizadas, como presagiando el biberón compensador; el talle se alarga, perdiendo sus graciosas curvas, y el cerebro, inestimable joya femenil, hecha de adorable sensibilidad, de generosa pasión y de jovialidad atrayente, adquiere paulatinamente contextura viril, cuando no se convierte en lamentable artefacto de cocinar, escribir, calcular y perorar. Con razón hace notar *Azorín* la moderna tendencia a la unificación de los sexos.

¿Adónde iremos a parar con este desdichado fenómeno de desdiferenciación sexual? Mucho me temo que en lo futuro el ángel del hogar se convierta en antipático virago, y que el amor, supremo deleite de la vida, se transforme en onerosa carga impuesta por el Estado para fabricar a destajo y en serie obreros y soldados.

✿ ✿

Si no hubiera solteronas inteligentes e incasables y viudas desamparadas, osaría decir que al reclamar la mujer los privilegios políticos del hombre y el ejercicio de toda clase de profesiones mecánicas, reclama, sin pensarlo, el derecho a la fealdad y a la vejez prematura.

✿ ✿

Admirables son el afecto filial y el amor abnegado de la esposa y de la hija. Necio fuera, empero, exigir de la Naturaleza más de lo que buenamente puede darnos. Prescindiendo de los odios y discusiones de familia, harto vulgares, en los cuales la *fuerza de la sangre* sufre lamentables distracciones, ¿quién no ha sorprendido un gesto de fastidio en la hija que del bracero lleva el padre ciego o tullido, o la faz displicente y aburrida de la mujer acompañante de esposo paralítico?

¡Cuán trágicos son estos interminables silencios entre deudos, precisamente cuando hasta la palabra más frívola podría constituir distracción y consuelo para quien contempla de cerca la sima del sepulcro!

Estos silencios abrumadores y tristes, cuando ocurren entre amantes, constituyen signo inequívoco de desafecto o desilusión (1).

☼ ☼

Conocidísima es la poco galante salida de Schopenhauer: "la mujer es un animal de pelo largo y de entendimiento corto"; definición humorística que, entre otras excelencias, tiene la inestimable de convenir maravillosamente a la mayoría de los hombres. Para merecerla éstos, les bastaría con modificar un poco su *toilette:* gastar melena como los rusos.

☼ ☼

La reina de las hormigas da a la esposa ejemplo insuperable de recato y de modestia. Bella, esbelta y alada durante el efímero vuelo nupcial, arráncase las alas y reclúyese de por vida en el hogar para consagrarse, asistida de abnegadas obreras, al cuidado y multiplicación de la prole. El tan decantado feminismo de hoy no existe en la serie animal.

Reconozcamos con gusto, en honra del bello sexo, que la inmensa mayoría de las mujeres, guiadas por infalibles impulsos, siguen el ejemplo de los himenópteros. Algunas, muy pocas, al contrario, en vez de arrancarse las alas, afánanse por alargarlas y pulirlas; diríase que se preparan, con olvido del esposo y de sus hijos, a emprender nuevos *vuelos nupciales.*

☼ ☼

El ideal antiguo de juntar en un mismo sujeto los deleites de la amistad y del amor—ideal inspirador de tantos repugnantes extravíos—sólo tiene una solución

---

(1)   En libro reciente, encuentro este extraño pensamiento de la actriz señora Leblanc, adoptado por Maeterlinck: "No nos conocemos todavía (aquí conocer significa amar), puesto que no nos hemos atrevido a callarnos estando juntos." (Véase la obra de la gran enamorada: *Mi vida con Maeterlinck* y el célebre libro de éste: *El Tesoro de los Humildes).* El silencio anhelado llegó después, cuando calló el corazón, y el idilio, más intelectual que amoroso, degeneró en disimulada disputa literaria.

biológica honrada: elevar la cultura de la mujer para
que pueda ser consejera, amiga y amante del esposo.

✡ ✡

Si la sensualidad en la mujer fuera tan viva como
en el hombre, la raza humana habría degenerado rápidamente. La Naturaleza ha hecho casta a la esposa,
para hacerla fuerte y sana. Gracias a esta virtud, pocas
veces desmentida, el protoplasma humano consérvase
vigoroso y puede corregir, en cierta medida, las consecuencias de los excesos y vicios del varón.

✡ ✡

Cuando veo una señorita cursi a quien hace la corte
elegante extranjero, pienso para mi capote: ¡Pobrecilla! Qué amargo desengaño la espera cuando sepa, al
fin, que para su ensoñado príncipe ruso representa el
modesto papel de un Ollendorff!

✡ ✡

Sucede con el amor de la mujer como con el libre
albedrío. Ambos parecen absolutamente espontáneos y
obedecen, sin embargo, en la mayoría de los casos, a
motivos casi irresistibles. Restando del amor femenino
las tendencias orgánicas genéricas (instinto de la maternidad, deseo de hallar un protector y un guía) y los
móviles sociales (afán de brillar, ansia de prosperidad
económica, etc.), ¿queda algo capaz de halagar al varón en cuanto individuo? Queda bastante, pero no
mucho.

Los Narcisos y los Tenorios harían bien en moderar
su presunción y cultivar la idea de que, lejos de representar para determinada hembra el único ideal, constituyen simplemente órganos *intercambiables* en el mecanismo de la reproducción de la especie. Y ténganse
por dichosos si este intercambio no se produce en vida.

✡ ✡

"La mujer casada, la pierna quebrada y en casa". He
aquí un refrán, quizás de origen árabe, que, tomado
demasiado a la letra, ha tenido la funesta virtud de

convertir a la mayoría de las hembras españolas, desde los treinta años en adelante y a veces antes, en un piélago de grasa, donde naufragan sin remedio la gracia, la hermosura y la saludable actividad. Y no valen composturas, porque nada hay más insaciable que un estómago patológicamente distendido, ni menos airoso y deforme que un globo arrugado (1).

¡Cuán diferentes las rubias hijas del Norte, osadas y emprendedoras, que, a fuerza de actividad, consiguen conservar su esbeltez y su belleza plástica hasta las fronteras de la vejez!...

¤ ¤

Entre la señorita inteligente y la hermosa, pero vulgar y ñoña, la vacilación no es posible. Dejando a un lado la belleza, importa notar que el más preciado tesoro de la llamada *intelectual* consiste en la pléyade de hombres superiores que encierra acaso en estado potencial.

Esto justifica la preferencia de los discretos por la heredera de casta, en cuya estirpe brillaron ingenios preclaros o nobles caracteres.

¤ ¤

Acerca de la capacidad de las mujeres para el cultivo de las ciencias y de las artes se han hecho por el sexo fuerte críticas apasionadas, inspiradas en un criterio excesivamente aristocrático. Prescindiendo de los juicios despectivos que nuestra cara mitad mereció de griegos y romanos, de ciertos padres de la Iglesia y de los pueblos musulmanes y orientales, los detractores de la mentalidad de la mujer se cuentan por docenas. Mencionemos, *entre otros*, a nuestro Huarte, Chamfort, Rousseau, Voltaire, Napoléon, etc., a los que hay que añadir algunos modernos anatómicos y fisiólogos que alegan, en favor de dicha tesis, como argumento irre-

---

(1)   Recuérdense como ejemplos las encantadoras gordinflonas de Murcia, Alicante y Andalucía.

cusable, el volumen y peso exiguos del cerebro femenino (1).

Sin invocar la existencia de mujeres insignes en las
ciencias y en las artes (argumento repetidamente esgri-
mido), el sexo débil podría defenderse contra anatómicos, filósofos y literatos, con estos cuatro argumentos incontrovertibles:

1.º Buena parte de los genios y talentos superiores
poseyeron un cerebro pequeño o mediano, igual o apenas superior al promedio del de la mujer. De mí sé decir que, habiendo contemplado en la *Sociedad Real*, de
Londres, el vaciado de la cabeza de Newton, quedé admirado de la exigüidad de su capacidad craneal. Igual
decepción experimentará cualquiera al examinar el pequeño busto de Aristóteles—suponiendo, naturalmente,
que la copia conservada en los Museos sea de tamaño
natural—, en contraste con la voluminosa testa de Augusto, prototipo de inteligencia mediocre. Y entre nosotros, ¿quién no ha conocido talentos superiores ence-
rrados en modestas cajas craneales, y hasta en cabezas
reducidísimas? Acuden a mi memoria los pequeños bustos de Larra, Castelar, Sagasta, Silvela, Echegaray,
para no mentar sino a muertos ilustres (2). Y al revés,
cabezas enormes asócianse a menudo a capacidades intelectuales vulgares y adocenadas. No es, pues, la masa
bruta, sino la fina organización nerviosa—es decir, la
sutileza y prolijidad de las asociaciones *interneurona-
les*—, la condición esencial del intelecto superior. Ocurre en el hombre algo de lo que se observa en los animales. ¿Quién será capaz de parangonar la inteligencia de un himenóptero con la imbecilidad del conejo o

---

(1)   En nombre de las glándulas específicas de secreción interna de la mujer se ha procurado rebajar también el intelecto femenino. A pesar de no tenerlas, algo daría yo por escribir y pensar
como tres o cuatro escritoras españolas, veinte o treinta francesas
y doscientas o trescientas alemanas, escandinavas y anglosajonas.
(2)   Gambetta y Anatole France poseyeron también cerebros
de exiguo peso.

del cobaya, no obstante la enorme diferencia en la dotación de substancia gris?

2.º Descontando las áreas extensas adscritas en el cerebro masculino al gobierno y coordinación de la prepotente masa muscular y a la inervación del extenso revestimiento cutáneo, el contraste de peso entre ambos encéfalos atenúase notablemente.

3.º A menudo, varones de superior talento son fidelísimo trasunto físico y moral de la madre; fuera, por tanto, inverosímil admitir que la mujer sea susceptible de transmitir a la prole excelencias actuales o potenciales de que carece.

4.º Y citemos finalmente el argumento de la *educación divergente*. Aunque se demuestre—y ello desgraciadamente tiene algunos visos de verdad—que la mujer actual vale, tomada en conjunto, intelectualmente menos que el hombre, siempre podrán las feministas argüirnos: "Esperad: que la sociedad conceda a todas los jóvenes de la clase media el mismo tipo de educación e instrucción que al hombre, dispensando además a las más inteligentes de la preocupación y cuidado de la prole, y... entonces hablaremos."

Después de lo expuesto (y aunque lamentemos, según apuntamos más atrás, el cultivo exagerado del deporte y de rudas ocupaciones, deformadoras de la belleza femenil), huelga decir que vemos con simpatía el ejercicio de la mujer soltera de las funciones del comercio, administración, política y carreras literarias.

A pesar de lo cual, estimamos que la misión primordial del bello sexo es el hogar honrado (cuando puede creárselo); porque en él encontrará, con la satisfacción de sus instintos primarios, la máxima felicidad posible cifrada en la crianza y educación de los hijos.

Para ello no estorba, antes favorece, la obtención de un título profesional. La inmensa mayoría de mis discípulas, no todas agraciadas, han hallado un esposo inteligente que las ha librado de las preocupaciones y ajetreos inherentes al ejercicio de una carrera. Y es que la instrucción representa un atractivo más.

✿ ✿

Inspirándose en un criterio estrictamente zoológico, muchos naturalistas y filósofos han proclamado, después de alguna excursión tendenciosa por los campos de la zoología—donde hay argumentos para todos los gustos—, la fealdad esencial de la mujer, por comparación con el hombre.

Dichos escritores tratan de la plástica femenil a la manera platónica, como si en el espíritu humano y fuera de él existiera una idea absoluta, universal y conforme de lo bello, de que ciertas criaturas representarían concreciones más o menos acabadas. Parecen olvidar que el concepto estético sexual, variable en cada especie y en cada raza, es producto cerebral relativo y contingente.

No existe una belleza, sino dos bellezas correspondientes a cada sexo antípoda. La mujer encuentra hermoso al hombre más acentuadamente viril, y el hombre se extasía ante la hembra que ofrece afinados y como quintaesenciados los atributos esenciales de la feminidad. Y si interrogamos a las demás razas, nuestra decantada belleza viril conviértese en fealdad. Para un chino que se pinta los dientes con betel, el europeo posee dentadura de perro y aspecto de mono desollado. Negros y pieles rojas ven en el blanco una especie de diablo albino misterioso y antipático. Prueba inequívoca de la relatividad de nuestro concepto estético.

✿ ✿

Schopenhauer fué un precursor de los modernos eugenistas. En su afán de mejorar la raza humana, propuso medidas tan radicales y expeditivas como la castración de idiotas y criminales—amén de la pena de muerte— y el encierro a perpetuidad en conventos *ad hoc* de histéricas y de bobas.

Olvidó el filósofo de Dantzig que el hijo representa un ser nuevo, no siempre semejante a sus progenitores, y que talentos y hasta genios surgen diariamente de padres necios, vulgares o mediocres.

✿ ✿

Afirmaba Voltaire, y han repetido después varios escritores, entre ellos Schopenhauer, "que, necesitada de un amo, la mujer joven se somete a un amante y la vieja a un confesor".

Dando por exacto el concepto—que nos parece harto aventurado—, no le queda al marido futuro sino esta solución: escoger esposa de la cual pueda ser a un mismo tiempo amante y director espiritual.

✿ ✿

En su arsenal dialéctico contra la esquivez o la tacañería de amantes, padres y maridos, la mujer posee un argumento más que el hombre: el beso. Con él cierra definitivamente la boca del más hábil polemista y abre el bolsillo más recalcitrante.

✿ ✿

Asómbrame la intrépida y sublime inconsciencia con que la mujer persigue el matrimonio, donde la esperan a menudo, con la maternidad ansiada, la desilusión del amor, la fealdad física y no pocas veces la enfermedad y la muerte prematura. Lo que poéticamente llamó Renán la "herida del amor", es una llaga dolorosa que suele sangrar toda la vida.

Mas la esposa fiel acepta siempre con optimismo y alegría estos sacrificios, que la elevan sobre la conducta del esposo, por lo común algo egoísta y veleidosa.

✿ ✿

Incontables filósofos, poetas y novelistas han deplorado amargamente la pretendida ligereza y versatilidad de la casada. Séame lícito, empero, en tan escabroso asunto, disentir de la opinión general. Considero más piadoso y justo pensar con Goethe "que donde reinan las mujeres reinan la moral y el decoro".

Además, la fisiología viene en apoyo de la fidelidad femenina. Aun las hembras más libres, viciosas y cas-

quivanas, conceden al esposo intrépido una tregua de
lealtad—pocas veces quebrantada—, que se cuenta desde la boda hasta la cría del primer hijo. ¡Una fidelidad de más de año y medio!

—¡Muy poco!—diréis—. ¿Cuántos esposos jóvenes se
obligarían a lo mismo?...

☼ ☼

Por pequeña que sea una mujer, siempre alcanzará,
si posee talento, belleza y simpatía, al corazón del hombre.

☼ ☼

Procuro ser justo con el bello sexo y, sin embargo,
encuentro en él algunas debilidades que me descon-
ciertan: una de ellas es esa comezón irresistible de lucir
alhajas valiosas y trajes costosísimos. Goethe se mostró
psicólogo sagaz al significar que las ingenuas Margari-
tas ríndense mejor al brillo de los diamantes que al per-
fume de las flores. Verdad es que muchos jóvenes alardean de igual flaqueza.

Semejante afición a las joyas preciosas me la explico
mejor en el hombre que en la mujer. En éste responden
a un móvil utilitario: son los arreos y las armas del seductor.

¡Pero en la mujer casada!...

¿Es que las ricas joyas constituyen el espejuelo de cazar palomos torcaces?

Suponerlo fuera, además de inexacto, injurioso.

¿Revela el insano afán de causar, según opinión corriente, envidia y despecho a las amigas y conocidas?

Ello sería muy humano, aunque poco piadoso, tratándose de damas irreprochables.

Prefiero creer en una exigencia imperiosa del instinto
ornamental, que ya Heriberto Spencer advirtió, y antes
que él Azara, en los salvajes, donde hasta la sucinta in-
dumentaria representa codiciado atavío. Nuestra cara
mitad propendería, pues, a constelar sus orejas, cuello y
manos, con perlas, oro y pedrería, con la misma encantadora inconsciencia con que se adornan de policromas

plumas o de nacaradas escamas, respectivamente, el loro
y la mariposa.

☼ ☼

En igualdad de circunstancias, el coeficiente de honradez de actrices y cupletistas está en razón inversa del
diámetro de sus brillantes.

☼ ☼

La risa en el hombre sólo tiene una acepción, o a lo
más dos: el contento y la ironía. Pero en la mujer constituye casi un diccionario. Con ella lo expresa todo, con
la ventaja inestimable de no soltar prenda y estar dispensada de pensar.

Si, como ha dicho Buffon, la risa es privilegio del
hombre, convengamos en que la mujer es lo más humano que existe.

☼ ☼

Nuestras adorables adolescentes son víctimas resigna-
das de la moda, a la cual se adaptan sin reparar en sus
defectos físicos y en el tono de sus cabellos y piel.

La tiranía de los modistos parisinos impuso hace algunos lustros a nuestras bellas la exhibición de *clavícu-
las y pectorales.*

En el teatro y en las *soirées* exigía, y creo que exige,
amplio y rasgado descote posterior (amén del provocativo anterior), revelador de la *columna vertebral*, los
trapecios y los *omoplatos*. En otras ocasiones, ha de-
cretado la desnudez del brazo hasta el *deltoides*. Ahora
priva la moda de lucir por calles y paseos el *tendón de
Aquiles* y el *cuadríceps de la pierna*, bien que velados
por sutilísima tela de araña; con lo cual muchas infelices, ignaras en cuanto a estética femenina, en vez de
curvas atrayentes ostentan fúnebres canillas o amora-
tados sabañones. Si la imposición de los modistos sigue
por este camino, ¿qué extensión de anatomía inédita
quedará reservada al futuro marido? ¿Cuál será en lo
por venir el paralelo del pudor?

☼ ☼

Huye de las jóvenes frívolas y presuntuosas que sueñan con trenes fastuosos, trajes deslumbradores y joyas rutilantes. De cien veces, las ochenta son cortesanas en estado de canuto.

Reserva, en cambio, tus homenajes para las doncellas modestas que adoran a los niños, se entregan alegres al tráfago del hogar y a las inexcusables exigencias de la higiene casera. Y ten por seguro que las muchachas cuyo orgullo se cifra en tener la casa como una "tacita de plata" suelen tener también un corazón de oro.

☿　☿

Aunque el caso sea raro, se ven mujeres listas, y hasta bellas, casadas con ricos imbéciles. ¿Para elevarlos o para rebajarlos y burlarlos? Lo último parece más probable que lo primero. Al revés del asno de Apuleyo, que recobró la forma humana comiéndose una rosa, estos infelices se comen una rosa para convertirse en asnos.

Sin embargo, hay mujeres angelicales que se casan por compasión. Esta restricción, sugerida por la experiencia, nos prueba que la mujer es múltiple y escapa a menudo a nuestros casilleros psicólogos.

☿　☿

Es lástima que se hayan perdido, durante el proceso evolutivo, ciertas admirables propiedades fisiológicas. Una de ellas es la *autotomía* (1) de los cangrejos, gracias a la cual (de haberse propagado hasta la especie humana) lograríamos esquivar el acoso, tanto de ingleses como de latosos y pedigüeños.

Pero hay otra propiedad cuya pérdida resulta todavía más lamentable: el cambio de color por impulso de la voluntad, a imitación de calamares y camaleones.

Si la mujer gozara de tan utilísimo privilegio, perderían algo las perfumerías, pero, en cambio, ganaría bastante la felicidad conyugal. Merced al oportuno jue-

---

(1)   Capacidad que poseen algunos crustáceos de desprenderse instantáneamente de una pata o pinza agarrada por un enemigo.

go de los *cromatóforos* (1), toda esposa podría convertirse alternativamente en rubia o en morena, según cam-
biaran, por efecto de la moda o del hastío, las aficiones
cromáticas del marido.

☼ ☼

Sabido es que, por lo regular, todas las pasiones iniciadas con extremada violencia suelen terminar pronto
y desastrosamente. Rasgado el velo de Maya, se cae en
el desencanto y la desilusión. Y en vez de "deletrear
en las estrellas—según decía el enamoradizo Goethe—
el nombre de la adorada", se piensa si no sería preferible leerlo de corrido en una lápida sepulcral.

☼ ☼

La bella dentadura en la mujer—el consabido collar
de perlas de los poetas—es como una promesa de permanente jovialidad y de buena digestión.

A propósito de lo cual se me ocurre que si el brote
de la primera dentición hace llorar, el de la tercera—es
decir, la comprada—hace reír.

☼ ☼

Conmuévese todo corazón sensible ante la esposa
enamorada que se pinta, pule y acicala para agradar
y atraer a su marido. Bien miradas las cosas, el carmín,
el agua oxigenada y las cremas y polvos de arroz constituyen el incienso ofrendado en el altar conyugal.

Por desdicha, semejantes artificios escenográficos producen solamente ilusión a distancia, en plena rúa, lejos
del marido, en cuyo obsequio se preparan.

Por eso suelen ser contraproducentes.

☼ ☼

Siempre me incliné a estimar el baile o como una
especie de gimnasia grotesca, sin más finalidad que facilitar la circulación de la sangre y promover el des-

---

(1)   Células pigmentarias cuyas expansiones, encogiéndose o
expandiéndose, aclaran u obscurecen el tono de la piel. En el ca-
maleón y en los cefalópodos, los cromatóforos poseen colores variados y sus contracciones hállanse regidas por el sistema nervioso.

arrollo pulmonar, o también como un juego provocativo, legado de edades bárbaras, encaminado a despertar
la sensibilidad del hombre, un poco adormecida por las
fatigas del trabajo.

Hoy pienso que todo hábito refractario a la acción
del tiempo debe de poseer alguna ventaja positiva para
la especie. Y he acabado por corregir mi antigua opinión.

Conócense, según es notorio, dos clases de belleza:
la estática y la dinámica. En recepciones y teatros, la
doncella núbil exhibe predilectamente su hermosura de
estatua, traducida por la línea y el color. Mas sólo
cuando danza revela plenamente su belleza dinámica,
es decir, la gracia, la agilidad y el donaire.

Encendida la faz y refulgentes los ojos por la emoción, toda joven que baile parece expresar a su pareja:
"Repara en mí; no soy solamente una bella escultura;
poseo, además, el sentido del ritmo y de la música. Mis
pulmones son incansables; mis articulaciones, ágiles y
vigorosas, y en mi pecho late un corazón a prueba de
fatigas y emociones. Acéptame, porque soy sana y fuerte y no me intimidan, antes me atraen con imperio, los
dolores y sacrificios de la maternidad."

✿ ✿

La belleza de la mujer es, aparte la raza, un don de
la civilización y de la higiene. Por referencias de los
exploradores de países exóticos, sabemos que entre los
salvajes la hembra es infinitamente más fea y repug-
nante que el varón.

✿ ✿

El gran defecto del bello sexo es su excesiva suges-
tibilidad. De cada cien adulterios—aludo a las mujeres
de cultura incompleta—, sesenta son meras sugestiones
literarias.

Esperemos que la educación física e intelectual cura-
rán a la mujer de esta flaqueza, de que también, aunque en menor grado, adolece el varón.

✿ ✿

La mujer agraciada llegaría a ser bellísima aprendiendo belleza. ¿Dónde? En los museos y en los libros de higiene.

✿   ✿

La mitad de la gracia femenina, como la mitad del talento del varón, son creaciones de la propia voluntad ilustrada por la cultura.

✿   ✿

Cuando no son odiosos egoístas, los tenorios de casadas tienen condición de chicos: sólo hallan deleite en los juegos peligrosos.

✿   ✿

En los dramas del adulterio extraña advertir que el marido asesina a la sugestionada y suele dejar libre al sugestionador.

✿   ✿

Todos los hombres, por enfermos, deformes o viejos que sean, con tal de emplear hábilmente el arte del agrado y la fascinación de las joyas, pueden conquistar el afecto y la adhesión de alguna mujer agraciada.

¿Hasta qué punto? ¿Y con qué intenciones?

He aquí una incógnita que sería imprudente y temerario despejar. Aténgase el averiado triunfador a las apariencias. Ellas son lo más bello y consolador de la vida.

✿   ✿

Aunque los matices y diseños ornamentales de las creaciones de la vida son casi infinitos, parece que cuando ésta desea producir un máximo efecto estético, según ocurre con las plumas del pavo real o las alas de la mariposa, dibuja ojos de contornos policromos.

Ejemplo elocuentísimo nos ofrece la mujer. ¿Qué adorno más irresistible que unos ojos relampagueantes, negros, verdes o azules, realzados por doble curva concéntrica de pestañas obscuras y de párpados suavemente violáceos?

✿   ✿

Mucho mejoraría la raza humana si en la elección

del novio interviniera algo más el cerebro y menos el estómago.

✿ ✿

En esta época de feminismo militante y bullicioso me extraña mucho que la mujer no reivindique para sí y para sus hijos el derecho, no sólo de renunciar al apellido del esposo, sino el de llevar en primer término el de la madre (1).

¿Razones? Numerosas. He aquí algunas de índole biológica:

1.ª En el acto de la procreación, la madre colabora con una cantidad de protoplasma y karioplasma (2) enormemente superior a las aportadas por el padre.

2.ª Corriendo a cargo de la madre la nutrición del

---

(1) En España, por lo menos en la clase media y el pueblo, menos bastardeados por las modas exóticas que las familias aristocráticas, la mujer conserva ambos apellidos. Imposible evitar, sin embargo, que el materno se pierda a la segunda generación.

Los estudios biológicos modernos han aportado un hecho singular, halagador para la mujer. El sexo está preestablecido, resultando del azar de la fecundación. Vaya aquí una explicación esquemática:

En el hombre, y en la mayoría de los vertebrados e invertebrados del sexo masculino, existen dos tipos de células fecundantes: unas, dotadas del equipo corriente de *cromosomas* (material de herencia). Estas, al penetrar en el óvulo, determinan la sexualidad masculina. Otras, dotadas por añadidura de un *cromosoma* más, el *cromosoma X*, en el acto de la fecundación producen embriones del sexo femenino. De aquí dos importantes deducciones: *a)* el sexo está preformado en el licor seminal, y *b)*, el desarrollo de la mujer exige mayor dotación de materia hereditaria que la del varón. Es de creer que el *cromosoma* complementario *X* presida a la organización de los órganos sexuales femeninos (el esqueleto, la laringe, la piel, el cerebro y las cualidades morales, instintos, etc.). Con lo cual no se excluye la intervención ulterior de la *hormona ovárica* ni de otros factores, para la producción de los caracteres sexuales secundarios, algunos relativamente tardíos.

Siento que el carácter de este libro no me permita mayores desarrollos acerca de los términos de un problema tan cardinal y lleno de interesantes sugestiones.

(2) Aludo a los bastoncitos cromáticos del núcleo ovular, materia preferente, si no exclusiva, de los caracteres hereditarios.

feto y la crianza del hijo, es imposible no admitir (aun haciendo caso omiso del proceso material del crecimiento) que buena parte de la arquitectura química y celular específica de aquélla se transmiten a la prole.

3.ª De acuerdo con las precedentes proposiciones, el vástago, sobre todo si goza de gran talento, se parece más a menudo a la madre que al padre; con lo que no pretendo ignorar el fenómeno contrario ni la combinación, en variables proporciones, de los caracteres de ambos progenitores.

4.ª En la serie zoológica se da con frecuencia, natural o experimentalmente, la *partenogénesis* (generación virginal), es decir, la procreación sin padre, pero no la generación sin madre (en los animales sexuados).

5.ª No pocos sabios especialistas en tan interesantes problemas biogenéticos afirman muy formalmente que la partenogénesis recae, en ocasiones, hasta en la mujer misma, cuando tiene la desgracia de sufrir un cónyuge *parasifilítico*, alcohólico, agotado, etc. En casos tales, según apuntamos en otro lugar, el esposo no aporta a la fecundación ningún factor hereditario, sino que se limita a estimular el desarrollo del óvulo. Tan singular efecto se ha conseguido en los batracios y en otros vertebrados, provocando experimentalmente la entrada en el óvulo de un corpúsculo seminal despojado de sus *cromosomas* (materia de la herencia), ora mediante el radio, ora usando meros productos químicos. (Esta fecundación artificial, probada por Loeb y su escuela, se ha obtenido, sobre todo, en muchos invertebrados.)

Conque ya lo saben las feministas fervientes. He aquí un bello programa a realizar. Y no se trata sólo de una cuestión de palabras, como argüirá algún leguleyo o partidario de la inferioridad esencial de la mujer (sentimiento ancestral conservado en todos los pueblos de Oriente, donde la esposa y concubina representan, según es notorio, la *cosa* del amo, quien, además de tiranizarla, la aprecia por debajo del caballo y del camello), sino una cuestión de dignidad femenina y de biología fundamental. Es preciso, en fin, que la mujer moderna adquiera la conciencia plena de su raza, singularmente de la representada por la línea materna.

✿ ✿

Alardean a menudo de enemigos de las mujeres solterones demasiado amigos de las mismas.

✿ ✿

La mujer suele enamorarse del talento, y el talento viril, de la hermosura. Establécese de esta suerte felicísima compensación biológica. En cuyo fenómeno selectivo, el instinto femenino demuestra exquisita perspicacia, porque la belleza pasa y el talento, con sus magníficos frutos económicos, perdura.

✿ ✿

Gran acierto fuera a la mujer realzar su virtud con la dulzura, el agrado y la indulgencia. Muchos vicios y rarezas tendría lord Byron; pero ¿no los irritaron y exacerbaron quizá la altivez y austeridad puritana de su esposa?

✿ ✿

La mujer egoísta cotiza en el joven el porvenir probable; en la gente madura, el presente próspero, y en el viejo verde, el cuantioso capital acumulado. Refinado financiero, el genio de la especie pregúntase: ¿Ganará dinero? ¿Lo gana? ¿Lo ganó?

✿ ✿

La solterona fea y buena tiene dentro de la familia noble y cristiana misión que cumplir: cuidar y acompañar a sus padres ancianos o enfermos. ¡Cuántos extravíos sentimentales del viudo solitario serían evitados por la abnegación y el cariño de una hija indiferente a los pérfidos llamamientos del amor codicioso!

✿ ✿

La gordura excesiva, garantía de bondad y pachorra en el hombre, como ya dijo Cervantes aludiendo al ventero pacífico, suele serlo de fidelidad en la mujer.

Dejando a un lado el impudor artístico que supondría la exhibición de formas larvares, harto tiene el corazón de las orondas matronas con irrigar varias arrobas de panículo adiposo.

✿ ✿

N., casamentero infatigable, deseando convencer a cierto amigo solterón de las ventajas del matrimonio, le arguyó, a guisa de prueba irrefutable:

—¿No comprendes que, llegada la vejez, necesitamos una mujer paciente que cuide de nuestros catarros y con quien podamos impunemente desahogar el mal humor?

✿ ✿

Las mujeres coquetas incapaces de amar y que pulen y acicalan su cuerpo como una joya preciosa, sufren a menudo, por una suerte de compensación sentimental, una especie de locura de amor y de sacrificio en cuanto la suerte les depara el esposo o el hijo anhelados.

✿ ✿

Considero calumniosa la especie, muy extendida entre el vulgo, acerca de la poliandria de la alta aristocracia. Ni pasa de la categoría de chuscada sin gracia el argumento aducido por ciertos maldicientes "de que por algo los hijos de las familias encopetadas y linajudas sacan aficiones a criar caballos y a guiar coches o automóviles". No; la mejor prueba de la virtud conyugal de las damas de abolengo está en la lenta, pero segura degeneración de sus retoños, de conformidad con las leyes que rigen las uniones consanguíneas y los efectos del ocio sistemático. Danse, empero, excepciones, y se darían más a menudo si, a ejemplo de las aristocracias francesa e inglesa, los nobles españoles renovaran la gastada savia, contrayendo matrimonio con robustas burguesas, o todavía mejor, con lozanas bellezas de pueblo o de la clase media.

✿ ✿

La mujer venera a sus padres, estima y a veces ad-

mira a su marido; pero sólo adora verdaderamente a
sus hijos.

Aun este amor preponderante sigue trayectoria aproximadamente parabólica. Mantiénese pujante durante
la primera fase de la vida pueril, es decir, durante la
feliz edad de las muñecas y de los tambores; decae un
poco en la edad de los novios, y desciende y casi se
extingue (nunca del todo) cuando los hijos, contraído
matrimonio, forman nuevos hogares y abandonan a sus
progenitores.

La parábola del afecto sigue en las solteronas dirección casi contraria (me refiero a las personas bien nacidas). Se adora y venera a los padres cuanto más ancianos. Y el hogar común, objeto de filial piedad, subsiste
mientras vive la madre, corazón de la familia. Desaparecido el ángel del hogar, la prole suele dispersarse como
colmena sin reina.

☿   ☿

Créese el hombre enteramente emancipado cuando se
le libra de una cadena pesada y visible, y se le sujeta,
en cambio, con muchas cadenas invisibles e imponderables. Por ejemplo: lo que los extremistas del feminismo llaman *emancipación de la mujer,* no es, a menudo, sino la imposición del formidable yugo del trabajo
agotante, sin la compensación consoladora del amor y
de la familia.

☿   ☿

Es dable conjeturar las costumbres y hasta la moral
de un país por los brazos y pies de sus muchachas. Brazos robustos y pies grandes denotan inclinación a los
ejercicios corporales, a la vida de aire libre y a la austera disciplina del trabajo.

Por eso, cuando oigo a un extranjero celebrar el dimi-
nuto pie de las españolas, me pregunto alarmado: ¿Es
un cumplido o una burla? Y mis dudas crecen recordando (aparte mi experiencia personal) la opinión de
cierto autor francés, corroborada por H. Taine: "Anda

más una inglesa en ocho días que una parisiense en un año." Y que una andaluza en dos, añadiría yo.

✿ ✿

Los misóginos debieran recordar que la más ignorante y rústica de las mujeres puede engendrar un hombre de genio.

✿ ✿

No huyas de las mujeres durante la juventud, si no quieres correr ridículamente tras de ellas en la vejez.

✿ ✿

Lo que el hombre genial roba al amor constituye el tesoro de la especie.

✿ ✿

Cultive la hermosa su entendimiento como si fuera fea, porque la hermosura pasa y la instrucción y el buen consejo quedan. Y con ellos el respeto y el cariño del esposo y de los hijos. Antigua es esta máxima. Ya Sócrates aconsejaba a los jóvenes deformes que disimularan la fealdad con la sabiduría. Y el consejo es todavía más oportuno en las jóvenes.

✿ ✿

Toda mujer refinada, que dispone de tiempo, debe renovarse, espiritual y físicamente. La rutina y la costumbre apagan las pasiones más vehementes. Es preciso evitar, como diría Stendhal, la *descristalización* de la belleza; es decir, la pérdida de las perfecciones y primores, añadidos por nuestra fantasía apasionada.

✿ ✿

Al modo como la abeja suele preferir las modestas florecillas campestres, pobres de librea, pero henchidas de olorosas esencias, así el hombre inteligente se inclina a menudo a la mujer físicamente vulgar, con tal de que exhale la penetrante fragancia de la educación y del talento. Pero de esta virtud subyugante, de la mujer culta y avisada, hemos tratado ya.

✿ ✿

¿Analizas el amor? Luego ya no lo sientes. Como el

anatómico, los grandes definidores de esta pasión sólo disecan cadáveres.

✿ ✿

El amor excesivo daña muchas veces a la fecundidad. Y no aludo a las prácticas anticoncepcionistas. En los países más prolíficos, como la China y el Japón, el amor-pasión apenas existe. Si hemos de prestar fe a los conocedores de tales países, el amor viene a ser allí algo así como un rito doméstico enfadoso y obligatorio. Los orientales, harto simplistas, parecen casarse a fin de que la raza perdure y bullan siempre en el hogar retoños mantenedores del culto sagrado de los antepasados. Y ocurre preguntar, ¿no habremos, los occidentales, deformado la atracción sexual a fuerza de refinarla y sublimarla?

✿ ✿

Las jóvenes enamoradas se suicidan, alguna vez, por el novio esquivo o segado en flor; nunca, o casi nunca, por el esposo fallecido.

¡Triste demostración de la superioridad de la esperanza sobre la realidad, de lo soñado sobre lo vivido!

✿ ✿

Asegura el doctor Voivenel *(La maladie de l'amour)* que el amor es una enfermedad. Quizá lo sea, sobre todo cuando toca en las fronteras de la pasión exaltada. De todos modos, hay que confesar que, después de padecido, no quedamos escarmentados ni indemnes.

✿ ✿

Me sorprende el pensamiento despectivo de Santo Tomás de Aquino cuando sostiene "que la mujer es un ser accidental y frustrado, indigno de entrar en la creación primitiva". La frase parece excesiva y harto injusta. Sin negar la existencia de hembras frustradas y hasta patológicas, todavía pienso que la mujer normal es la sal de la vida. Supremo estímulo de la civilización y del heroísmo, en ella convergen todos los refinamientos del arte y del progreso.

Por ella y para ella, como se ha dicho tantas veces, se inventa, se pelea y se muere.

☼ ☼

"La virtud de las mujeres es cuestión de temperamento", sentenció temerariamente el agudo e implacable La Rochefoucauld.

Más crudamente aún, declara el bárbaro doctor Campagnon: "En amor sólo hay la moral de la química (individual) y la química de las glándulas de secreción interna." Ciertamente, la *hormona ovárica* tiene su importancia, sobre todo en la época crítica de la mujer. Pero hay otros factores más decisivos, insertos y actuantes en la estructura cerebral. Influyen, infinitamente más, los mandatos de la educación, el sentimiento, de la propia estima y el terror de desclasificarse socialmente, perdiendo para siempre el respeto y el cariño de padres, hijos y marido. Y, por encima de todo, en los matrimonios bien avenidos triunfa la ternura inagotable de la esposa.

CAPITULO III

EN TORNO DE LA VEJEZ Y DEL DOLOR

Lo más deplorable de la vejez extrema es la pérdida de la individualidad física y moral y la flaqueza de la memoria.

✿ ✿

Aseguraba Peter, y han repetido después muchos patólogos, que el hombre tiene la edad de sus arterias.

Pero no explican por qué el corazón y las arterias envejecen. Con frecuencia, su cansancio prematuro traduce el número de los desengaños sufridos y la amplitud y alcance de la obra realizada. Una cañería que funciona a alta presión, se deteriora rápidamente.

✿ ✿

La gloria tardía, en plena senectud, aporta al espíritu cierta tranquila y dulce melancolía. Sobre el cielo arrebolado del atardecer ya no cantan las alondras, pero se agitan los murciélagos. Y por encima de todo destacan dos grandes dolores: nos falta el beso de amor de los padres y el beso de Judas de los enemigos. Por desgracia, esta última amargura no siempre falta.

✿ ✿

Hay una enfermedad crónica, necesariamente mortal, que todos debiéramos evitar y que, sin embargo, todos deseamos: la ancianidad. Ya Gracián decía: todos desean llegar a viejos y, en siéndolo, no quieren parecerlo.

✿ ✿

La felicidad y el contento van siempre asociados a la conciencia de la actividad eficaz: en la adolescencia, al proceso de formar un alma pensante; en la juventud, a la procreación de los hijos; en la madurez, a la generación y alumbramiento de ideas. Sólo mientras creamos olvidamos injusticias y pesadumbres. Pero el sabio decrépito no crea; limítase a vegetar y a releer. Por eso es desgraciado.

✿ ✿

Rasgo característico de la vejez es el pensar que con nuestra ruina debe precisamente coincidir la del Universo. El *laudator temporis acti* de Horacio es mero síntoma del progresivo apagamiento sensorial. Diríase que al través de la incipiente catarata senil se entenebrecen el mundo físico y moral. Queda, sin embargo, un poderoso resplandor interior; pero éste ilumina casi exclusivamente recuerdos asociados al triunfo pretérito de nuestros sentidos y a las arrogancias y proezas de nuestra juventud. En esto, como en otras cosas, la Naturaleza *muéstrase piadosa*.

✿ ✿

Franqueadas las fronteras de la vejez, aprendemos esta melancólica verdad, tan celebrada por los antiguos, singularmente por Cicerón: que la única ventura tranquila consiste en la contemplación de la Naturaleza desde un rincón solitario. ¡Cuánto envidio la sabia conducta del naturalista Fabre, que, aislado en su *Harmas* de *Serignan*, consagró su existencia al estudio de los instintos de los insectos, desentrañando la geometría trascendental de arañas y avispas, la prodigiosa ciencia quirúrgica del *Sphex* y del *Cerceris* o, en fin, las maravillosas previsiones maternales del escarabajo!

Y en estos plácidos coloquios con el mundo de la vida, el ermitaño de Serignan vivió dichoso y robusto hasta los noventa y seis años.

Mas para adoptar esta filosófica actitud es preciso ser tan rico de talento como de modestia, y subordinar abnegadamente a un pensamiento central y permanente todas las energías del espíritu.

✿ ✿

¡Dichosos los hombres que ofrendan su vida a una idea grande, porque ellos perdurarán en ella y por ella!...

✿ ✿

Conforme avanzamos en la senectud disminuyen los amigos y aumentan los desdeñosos y censores, que son cuantos codician nuestros puestos oficiales y nuestra modesta reputación. Contratiempos soportables si a ellos se redujeran todos los abandonos. Lo terrible es que hasta nuestro cuerpo, el inseparable compañero de glorias y fatigas, nos repudia. Desertan las células nobles (1) y nos rodean los microbios. El alma, de cada vez más aislada, experimenta algo semejante a la angustia del explorador del desierto, que cruza solitario la trágica llanura interminable, agotadas sus provisiones, caídos sus camaradas y perseguido de cerca por cuervos que husmean el cadáver...

✿ ✿

Considero como una de las más grandes insidias de la vida la supervivencia de ciertos instintos cuando los órganos encargados de su realización caducaron irremediablemente. Numerosos son los casos de aves e insectos (*megachiles, osmias*, etc.), de maternidad agotada, y obedientes, sin embargo, al viejo instinto constructor de nidos. Y ascendiendo desde el insecto al hombre, ¿quién no ha visto con lástima al viejo verde construyendo nidos donde jamás habitará el amor?

✿ ✿

Lo que los franceses llaman "la triste edad de los lutos", podría calificarse también de "edad de los retratos". Próxima debe de estar la irreparable catástrofe cuando amigos y conocidos te piden insistentemente el

---

(1)   Sabido es que las células nerviosas deterioradas por el uso no se reproducen. Lo mismo ocurre con las fibras musculares.

busto. Apresúrate a complacerles antes que tu cabeza, que comienza a desecarse, se convierta en calavera.

✿ ✿

Cierto es, según se ha repetido mil veces, que el trabajo enaltece y nos proporciona, juntamente con la honra, todos los bienes deseables. Ya lo proclamó Epicarmo en forma insuperable: "Dios nos vende todos los bienes a cambio de trabajo."

Mas es forzoso convenir también en que los bienes granjeados por la actividad honrada suelen llegar un poco tarde, cuando el estómago carece de jugos, las fuerzas nos abandonan y el corazón, más que emociones fogosas y placenteras, demanda calma y reposo. El enriquecido por el trabajo recuerda a la abeja obrera que agotó sus energías en labrar un panal destinado a la prole de su reina, prole con quien tiene remoto parentesco.

✿ ✿

La Naturaleza, previsora en todo, ha hecho fea e infecunda a la decrepitud para no gastar pólvora en salvas (*).

✿ ✿

La dicha de vivir, de Lubbok, es libro agradable, impregnado de cierto epicureísmo elegante, ingenuo y apacible. Los consejos del sabio naturalista inglés parécenme, sin embargo, contraproducentes para algunos lectores amargados o desvalidos.

Encomiar elocuentemente los placeres con que nos brinda la civilización, ¿no es recordar al pobre que no le es dable alcanzarlos, y sugerir a todos la desgarradora reflexión de que tendremos que renunciar a ellos, en buena parte, durante la vejez, y definitivamente con la muerte?...

✿ ✿

Todos hemos exclamado alguna vez, después de contemplar el pasado desde la cumbre de la experiencia: "¡Ah! ¡Quién pudiera comenzar a vivir!..." Y al considerar esta idea, nuestra memoria, retrogradando en el tiempo, desarrolla, a la manera de cinematógrafo que gira al revés, la cinta de nuestro pasado, donde las escenas tristes predominan sobre las alegres y la dicha brilla cual relámpago en noche tenebrosa.

De ser realizable esta fantasía (absurda en principio, porque la vida, función de la materia y del tiempo, fluye siempre hacia la nada), la existencia vendría a ser el mayor de los tormentos.

¡Ahí es nada, la reversibilidad de la vida!... La embriaguez antes de catar el vino generoso; el hastío antes que el amor; el desengaño primero que la amistad; la duda torturante precediendo a la fe; la desilusión de la gloria antes que el esfuerzo por alcanzarla... ¡En suma, el desencanto, la desconfianza y la crítica, tristes privilegios de la vejez, envenenando los transportes y deleites más puros de la juventud y de la madurez! ¡Y, como consecuencia ineluctable, el convoy de la civilización atascado para siempre, falto de los motores de la esperanza y la ilusión!...

✿ ✿

Comparable a un ejército, nuestro organismo tiene la edad de sus generales. Son éstos: el corazón, el cerebro, los riñones y el pulmón. Todo va bien si se conservan lozanos y animosos. Cuando claudican, la derrota está próxima.

✿ ✿

Providencial encuentro la frecuente sordera del anciano. Gracias a ella vegeta relativamente tranquilo sin oír el coro de enterradores que, formado por envidiosos y émulos, parecen gritar: "Viejo chocho, ¿cuándo acabarás?"

✿ ✿

De chicos pensamos: "soy inmortal". De viejos decimos: "muero sin haber vivido", o lo que es más triste: "no he sabido vivir". Y pensaríamos lo mismo si nuestra vida durara, al decir de los naturalistas, los trescientos años del cocodrilo o los doscientos del elefante.

✿ ✿

Una opinión adversa formulada acerca de nuestra obra, a los treinta años, nos hace sonreír de orgullo; a los cuarenta nos pone serios; pero a los setenta nos hace el efecto de un escopetazo en pleno corazón. Transidos de congoja exclamamos: "¿No habremos perdido el tiempo acariciando quimeras?" Nuestras queridas *ideas, ¿serán implacablemente borradas de los libros y de las almas?* ¿Cómo defendernos o enmendarnos si no tenemos vida que vivir?...

✿ ✿

Cuanto más viejos somos, más terror nos inspiran las cartas recibidas. Durante la juventud, toda misiva nos traía efusiones de la amistad o promesas de amor. (¡Oh aquellas adoradas epístolas en que la pasión real o fingida compensaba gentilmente los caprichos de la ortografía!...) Mas traspasada la cumbre de los sesenta, toda carta es un sablazo contra el bolsillo, contra la honra o contra el cerebro (1).

Quienes nos escriben comienzan en verdad por hacer gentiles protestas de afecto, veneración y respeto; pero, ¡ay!, al llegar al final todos solicitan, con desconsoladora unanimidad, dinero, colaboración, amparo o sinecuras...

✿ ✿

Dice Margueri que "hallamos bellas las ruinas porque están descargadas de lo superfluo". Según tan extraño criterio, nada fuera más hermoso que la senectud, por estar descartada del peso muerto del *panículo adiposo,* de la superabundancia muscular y de las preocupaciones del amor y de la ambición. Mucho temo, sin embargo, que tan cuerdo parecer no sea compartido

---

(1)   Años después de escrita esta observación trivial, encuentro un pensamiento análogo en el libro de Brousson sobre Anatole France. Una idea expresada por muchos responde casi siempre a auténtica realidad.

ni por los viejos verdes ni por las solteronas amoja-
madas.

☼ ☼

Bien considerados, algunos defectos fisiológicos acha-
cados a la vejez representan favores de la Naturaleza.
Al enturbiar la vista, parece decirnos: "¿Para qué admirar flores que no han de perfumar tu vida?" Al em-
palidecer la imagen de los sucesos recientes y reavivar
la de los remotos, expresa quizá: "Regodéate con triunfos juveniles evocadores de los pocos goces reales de tu
existencia." En fin, al convertirnos en sórdidos egoístas,
parece ordenarnos: "Amate, porque nadie te amará."
Pero de esto hemos dicho ya algo más atrás.

☼ ☼

¿Cómo se prolonga la vida? Filósofos e higienistas
preconizan la sobriedad en la mesa, la moderación pasional y la quietud de los campos. Recuérdese la tan
conocida historia del centenario Cornaro, apóstol ardiente de la sobriedad alimenticia y de las renuncias
sexuales. Ya lo expresó, en forma no muy académica,
un viejo refrán castellano: *Dieta, mangueta* (1) *y siete
ñudos en la bragueta*.

Está bien. Pero para emular la longevidad de Matusalén debe entrar en juego algún factor biológico hereditario, independiente de la voluntad; acaso la felicísima y armónica organización de los cuatro grandes
aparatos de la vida vegetativa: el corazón, el intestino,
el riñón y los pulmones. (Algunos novísimos fisiólogos
añaden. el potente y armonioso desarrollo de *las glándulas de secreción interna.*) Porque a docenas se cuentan centenarios que abusaron del amor, del vino y de
los placeres de la mesa. Recordemos, para no citar sino
un caso, la explicación dada a Luis XIV por Felipe
de Herbelot (tenía entonces ciento quince años): "A los
cincuenta he cerrado mi corazón y abierto mi bodega."

_____

(1) Especie de jeringa construída en cuero y de forma de
vejiga.

Elocuente es también el ejemplo de Ninon de Lenclos, que tuvo un amante cada año, desde los veinte a los setenta, y sucumbió nonagenaria (1).

✿ ✿

Muchos filósofos de la antigüedad y no pocos sabios modernos hacen notar la frecuente conservación de las dotes del espíritu en el viejo y hasta en el decrépito. Asertos de este género se encuentran en Cervantes y Gracián, que llegan a proclamar que el entendimiento mejora con los años. Restando del aserto, asaz lisonjero, la inevitable exageración del panegirista, casi siempre provecto, resulta incuestionable que, de todos los órganos, el cerebro resiste más a la regresión que todos sus compañeros.

✿ ✿

Y a propósito de este abandono del cerebro por las células menos nobles, haremos notar que casi todos los achaques y tristezas de la vejez dimanan de que el organismo no muere de una vez, a semejanza de lo ocurrido con muchos insectos, agotados plenamente por los trágicos sacrificios de la maternidad, sino sucesivamente, por parcelas. Al modo del hombre centenario, el encéfalo senil sufre la tortura de enterrar a todos sus amigos, deudos y servidores coetáneos. ¿Qué se gana con que la corteza cerebral esté construída para durar ciento cincuenta o doscientos años, si la mayoría de los órganos encargados de nutrirla y servirla flaquean a los setenta?

✿ ✿

Mala señal es que el anciano, imitando al viejo Nestor, ensalce reiteradamente sus gloriosas hazañas. Ello demuestra que nadie las rememora ni estima. Seamos indulgentes por si, al olvidarlas, hemos cometido grave injusticia.

✿ ✿

---

(1)   Eso se cuenta; pero de la biografía de Ninon, escrita por E. Magne, resulta que falleció a los ochenta y cinco.

Un viejo refrán, ya conocido de griegos y romanos, dice: "Si quieres vivir sano, sé viejo temprano".

He aquí una sentencia egoísta, pintiparada para un canónigo—que descansa en su fe como sobre un reclinatorio—o para el orondo burgués que, al saborear el matinal chocolate y repasar los periódicos, advierte satisfecho que sobran obreros de la inteligencia, dispuestos a pensar por él, y aun a divertirle.

Generalizada la aplicación de la citada máxima, fuera imposible hasta la beatitud de los ociosos, fundada precisamente en la abnegación de quienes, sin tener en cuenta su edad ni sus achaques, se desvelan por servir a la patria, a la ciencia, al arte y a la holgazanería elegante.

☼ ☼

Sin desconocer la relativa juventud del cerebro senil, a que ya hemos aludido anteriormente, es preciso convenir en que la diferencia esencial entre el joven y el viejo consiste en que aquél aprende más que olvida y éste olvida más que aprende. Y semejante regla no pierde su valor al leer en los clásicos que Catón estudió el griego en su ancianidad, que Platón murió escribiendo a los ochenta y un años y que Sócrates, anciano, se consagró con éxito a tocar la lira. Son casos excepcionales.

De todos modos, estos y otros ejemplos, harto conocidos, prueban que el viejo puede aprender cosas nuevas, pero no que consiga elevarse a las cimas de la genial creación. Casi todas las obras maestras han sido escritas entre los treinta y los cincuenta y cinco años. Sólo el *Quijote*, que yo recuerde, se forjó en los linderos de la senectud.

☼ ☼

Cuando advierto la saña con que nuestros críticos incipientes acometen a los veteranos del teatro, de la novela o de la poesía (y callo olvidos harto más crueles que la censura apasionada), digo para mi capote: "He aquí unos desventurados que, si son consecuentes y de-

sean evitar menosprecios tardíos y dolorosas humillaciones, recurrirán al suicidio, cediendo al fin sus puestos a la tercera generación literaria, cuando ésta pida
clamorosamente sus cabezas."

La juventud no ama a los viejos (salvando honrosas
excepciones); aunque, por fortuna, todavía no los devora, según refiere Herodoto de los Masagetas y conforme ocurre aún en ciertos pueblos salvajes, donde se
inmola y se come a los ancianos en banquete solemne
y ritual. En realidad, para que un proyecto comience
a ser interesante necesita alcanzar la categoría de centenario, convirtiéndose en un bicho raro y curioso.

✿ ✿

Reconozco gustoso el culto de los buenos y de los patriotas hacia los patriarcas del saber. Permítaseme, empero, una sospecha: ¿No es verdad que ciertos homenajes solemnes parecen satisfacer, contra la voluntad
de los más, cierta aviesa intención de los menos? Porque el tóxico es infalible: varón benemérito honrado
con estatua, rótulo callejero, lápida conmemorativa o
coronación aparatosa, es hombre al agua. Allí acaba el
genio y comienza el enfermo, el cual, si no perece con-
secutivamente a la emoción o a la pesadumbre abruma-
dora de los obsequios, muere de pena al considerar melancólicamente que asiste, como Carlos V, a sus propios
funerales. Ya no tiene derecho a escribir ni a pensar...
¡Paso a los jóvenes!

✿ ✿

Homenaje en puerta, menosprecio a la vuelta.

✿ ✿

Dejamos dicho cuánta es la pena del sabio anciano
que asiste al olvido de su obra. Pero hay todavía algo
más torturante: sentir en la conciencia la agitación de
ideas-crisálidas, pugnando en vano por adquirir forma,
romper la rígida envoltura y recibir los besos del sol.

✿ ✿

El dolor físico pasado olvídase fácilmente; al revés del dolor moral, que persiste, con leves oscilaciones, de modo indefinido. Los años cicatrizan algo las heridas del amor propio y encalman las borrascas de la pasión. Empero la huella subsiste siempre en el alma y readquiere vigor y vivacidad gracias al juego azaroso e intempestivo de la asociación de ideas. Comparable al raspador del dibujante, el tiempo borra las líneas pálidas de la imagen, pero respeta los trazos vigorosos que empaparon la trama del papel.

☿   ☿

La vejez—se ha dicho hartas veces—carece de razón al mostrarse inclinada al pesimismo. Puesto que el mundo cambia despacio y nosotros aprisa, infiérese que lo sombrío no está en el ambiente, sino en nuestra conciencia.

Meditando sobre tan doloroso fenómeno, contra el cual, sin embargo, triunfa a veces una voluntad firme y rebelde, sospecho si no habrá en dicho entenebrecimiento algo de lo que echaba de menos Metchnikoff en la senectud: la tranquila acomodación a la muerte.

☿   ☿

Las bibliotecas constituyen cuna y sepulcro del espíritu. En ellas se templa y apercibe el joven para las ásperas luchas de la vida, y consuélase el anciano de la muerte próxima, conversando con los muertos.

☿   ☿

En la triste senectud, sólo distraen el ánimo estas tres cosas: los libros, el sol y las flores (1).

¿Y la esposa? Padece de reuma y no puede acompañarnos... ¿Y los amigos y contertulios? Los pocos que aun se tienen en pie huyen de nuestro trato: después de cuarenta años de convivencia han averiguado que somos antipáticos.

☿   ☿

(1)   Confieso que mi botica espiritual son los 10.000 volúmenes de mi biblioteca. Allí encuentro antídotos contra la desesperanza, el dolor, la tristeza y el tedio.

Todo hace pensar que, no obstante los esfuerzos de la Medicina, el *intelectual* (o el inteligente, según quiere Unamuno) de nuestros días vive menos que el de la antigüedad. Diógenes Laercio nos da cifras verdaderamente desconsoladoras para el higienista moderno. Según Foissac, la vida media de treinta y cuatro filósofos griegos, escogidos al azar, llega a ochenta y cuatro años; mientras que la de igual número de pensadores modernos no pasa de sesenta y siete.

Si los datos dispersos consignados en los libros de Diógenes Laercio, Plutarco, Jenofonte, Plinio, Cicerón y otros autores clásicos son exactos, resultaría que la tan decantada moderna civilización ha refinado y dilatado, sin duda, nuestros placeres espirituales, pero ha desgastado rápidamente nuestra máquina fisiológica.

No veo más que dos posibilidades para que el *intelectual* de hoy viva tanto como el de ayer. O reintegrarse a la sencillez y tranquilidad de la vida campestre, o limitar la curiosidad sentimental y científica a lo estrictamente preciso para realizar labor útil, en espera de que, al correr de los siglos, el numen de la vida, harto esquivo o distraído, aporte el necesario equilibrio, regalando al hombre un cerebro proporcionado a la amplitud y complejidad de la moderna cultura.

✿ ✿

Conocido es el dicho de lord Byron: "Cuanto más avanzo en edad, más me disgustan los hombres, etcétera..." Y esta otra: "Cuanto más trato a los hombres, más quiero a mi perro." Es que, a semejanza de las máscaras al final del baile, la ficción fatiga y las caretas se caen o deterioran, apareciendo, en fin, el tonto, el codicioso o el malvado.

✿ ✿

Conozco algunos viejos hipócritas que, remedando la exclamación de Sofocles anciano, nos dicen: "Gracias a Dios que he podido escapar de la salvaje tiranía del amor." ¿Habéis huído del amor, o el amor ha huído de vosotros? (*).

☼   ☼

Como el padre mima al más pequeño de sus hijos por ser el último, aunque sea el más enclenque y bobo, así el sabio o el artista ancianos suelen acariciar tiernamente la última de sus creaciones, aunque sea pobre y mezquina. Gran orgullo es sentirse fecundos en plena senectud.

☼   ☼

Comparables a las multíparas, agotadas de tanto alumbramiento, y en quienes se producen varices y deformaciones, los pensadores consagrados sin mesura ni tregua a la procreación de ideas acaban por padecer varices cerebrales, inutilizándose prematuramente para la actividad creadora.

☼   ☼

Todos los días vemos veteranos de la ciencia y del pensamiento obstinados en procurarse el halago de la actualidad. ¡Vano empeño! Los jóvenes llegan con ademán amenazador y recaban su parte de botín. Cedámosles de buen grado la plaza. Sírvanos sólo de consuelo la esperanza de que lo mejor de nuestras ideas, es decir, lo más fuerte y vivo de nuestra personalidad, florecerá algún día en la conciencia de nuestros descendientes, aunque se olvide el origen, como la rosa opulenta ignora el humilde escaramujo de que desciende.

☼   ☼

Lo más triste de la vejez es carecer de mañana.

Debemos, empero, los viejos reaccionar contra este desalentador sentimiento, no dejándole ascender desde el corazón al cerebro ni derivar desde el corazón a las manos. Si eres labrador, pide a Dios que te sorprenda la muerte plantando un árbol; si escritor, ruégale que la Implicable te fulmine con la pluma vibrante, reclinado sobre las albas cuartillas, el más bello de los sudarios.

☼   ☼

Cuando se llega al fin de la carrera vital, no se deplora el olvido, tan humano, de los talentos a quienes hicimos justicia, sino las alabanzas infundadas o el apoyo dispensado ingenuamente a nulidades o farsantes. El error de nuestros vaticinios nos humilla y avergüenza. ¡Qué de presagios desmentidos! ¡Cuántas lumbreras en cierne convertidas en vulgares vividores!...

✿ ✿

Afirma el naturalista Cresson que en la serie zoológica el hijo es siempre un *parásito*. Su formación y alumbramiento compromete, cuando no destruye, la vida de los progenitores, singularmente de la madre.

Tan dura ley se agrava todavía en el hombre. La pobreza e imprevisión producen a veces un nuevo parasitismo: el de la ancianidad desvalida, desconocido de todos los animales.

Y esto no debe ser. Nadie tiene derecho a ser *parásito* más que una vez: al comenzar la vida. Por tanto, trabajemos y economicemos en la edad viril, por si la Naturaleza cruel nos reserva las amarguras y abandonos de la vejez miserable.

✿ ✿

Notorio es que cuanto menos vida nos queda más tenazmente nos apegamos a ella. Pero vivir es crear. ¿Para qué conservar un nido sin pájaros y un cerebro sin ideas? Verdad es que algunos sabios, Metchnikoff entre ellos, nos prometieron sueros destinados a prolongar una senectud floreciente. Pero el mismo ilustre bacteriólogo del Instituto Pasteur sucumbió a los setenta y un años, como cualquier modesto menestral o funcionario (1).

Remozarse es milagro que antaño se reservó el Mefistófeles de la leyenda, el cual, desde que nos son familiares las maravillas de la electricidad, de la química orgánica, de las radiaciones invisibles y del vuelo

---

(1)   Su remedio de la leche agria fracasó, como fracasaron las vacunas contra la tuberculosis y el cólera, la curación del cáncer, etcétera.

mecánico, etc., nos ha retirado sus favores, acaso por considerarnos demasiado demonios.

✿ ✿

Siempre que veo un anciano (u hombre maduro) muy obeso, pienso: ¡Pobrecillo!... El infeliz ignora que está reuniendo provisiones para el último viaje.

✿ ✿

Por conocer de sobra que el tiempo nos mata, muchos españoles, jóvenes o maduros, procuran diariamente matarlo. No lo consiguen, naturalmente, porque el viejo Cronos es inaccesible e invulnerable; pero logran, al menos, que éste prorrogue algo sus plazos. ¿Para qué preocuparse de los holgazanes, si cuando mueran fenecerán del todo, en cuerpo, en espíritu y en recuerdo?

✿ ✿

La verdadera, la aterradora, la inexorable senilidad comienza en la fase de temblor y balbuceo, es decir, cuando el cerebro está salpicado de *placas seniles* (1) y entendimiento y carácter retroceden al estado infantil. A semejanza del edificio cuarteado por el terremoto, la citada agitación anuncia ruina inminente.

✿ ✿

Llegada la cumbre glacial de la vejez, se cae en la cuenta de que hemos vivido muchas existencias sucesivas, enhebradas por el hilo luminoso de la memoria consciente. A semejanza de los yacimientos de las cuevas prehistóricas, nuestra memoria contiene varios estratos caracterizados por reliquias de tribus humanas sucesivamente desaparecidas. El anciano discreto debe mirar con lástima a sus rudos predecesores de la caverna cerebral y declararse insolidario de sus acciones y pensamientos. Señal inequívoca de senil degenera-

---

(1) Proceso degenerativo limitado de la substancia gris cerebral con destrucción de las células y fibras nerviosas, común en los decrépitos y constante en la enfermedad llamada *demencia senil.*

ción o de necedad obcecada constituye la tendencia irresistible a defender a ultranza los sucesivos *avatares* teóricos de nuestra imaginación constructiva.

✿ ✿

Si los protagonistas de dramas y novelas fueran estrictamente objetivos, éstas acabarían en el primer acto o en el capítulo inicial, antes de los incidentes inverosímiles. Algo semejante acaece en la vida real. Duramos porque, olvidando la lógica, nos arrojamos en brazos del instinto, el gran inspirador, que suele tener más razón que la razón misma.

✿ ✿

No sin cierto dejo de tristeza contemplo diariamente los enclenques pinos de la calle de Alcalá. Sus hojas macilentas o rojizas, sus ramas abatidas o secas, su ausencia de aroma penetrante, parecen decirnos melancólicamente: "Nos envenena el hálito humano. Tened piedad de nosotros y volvednos a la montaña, nuestra patria."

También nosotros los urbícolas somos pobres desterrados. Lo mismo que esas mustias coníferas cortesanas, nuestro cuerpo, fatigado de la vida social, exclama: "¿Por qué he abandonado a la madre Naturaleza? El aliento del hombre me intoxica... Volvedme a la selva o a la verde montaña. Son tan puras y magnas, que los efluvios humanos no han logrado todavía infestarlas."

✿ ✿

Cuando considero el color sano y la tranquilidad de ánimo de las personas piadosas, pienso que la religión posee, además de alto valor moral, excelente valor nutritivo. La fe robustece y conduce a la longevidad lozana, mientras que la duda condena, a veces, al dolor y a la vejez prematura.

✿ ✿

La complejidad del organismo nos ha proporcionado vida noble y rica en sensaciones y pensamientos, pero nos ha traído, por compensación, fragilidad orgánica desconsoladora. Vivimos constantemente amenazados por la catástrofe. ¿Quién desde la cincuentena no ha sentido rechinar dolorosamente algún rodaje importante de su máquina? Mucho temo que, merced a este creciente intrincamiento, exagerado todavía por las exigencias progresivas de la vida civilizada, se acorte la duración de la raza humana, y que los seres de organización sencilla que la precedieron sean los encargados de celebrar sus funerales.

☼ ☼

Nada me apena más que la ceguera de ciertos ancianos. Al ver sus pupilas opacas, evoco sin querer al reo a quien se le vendan los ojos antes de morir.

☼ ☼

Ocultemos nuestra decrepitud, anticipada quizá por el exceso del trabajo, aunque no sea más que por no desalentar a la juventud, ansiosa de gloria y de esfuerzo perseverante.

☼ ☼

Notorio es que los años no poseen la misma duración subjetiva al terminar que al iniciarse el curso de la existencia. De niños, decimos: "Un año más, ¡qué alegría!" De viejos, pensamos: "Un año menos, ¡qué pena!" Reflexionando acerca de esta relatividad del tiempo, me he preguntado si la *Efémera*, insecto de un día, no se imagina durar cien años.

☼ ☼

Nada distrae tanto a los viejos como el estudio de la Historia; es decir, el conocimiento de la vida, dichos y hazañas de hombres más viejos que ellos, si no en años, en antigüedad. Además, el monólogo de los muertos ilustres obra cual sedante de nuestra sensibilidad sobreexcitada.

☼ ☼

Al revisar una colección cronológica de retratos fotográficos de una misma persona, se recibe la impresión de enfrentarnos con una serie de sujetos diferentes. Y concretándonos al orden subjetivo, el contraste es todavía mayor. ¿Quién será tan ingenuo o tan estático que sustente a los setenta años las mismas ideas que a los veinticinco?

☼ ☼

Nuestro sino parece presidido por un genio irónico y cruel, que se complace en infundir apetencias eróticas a seres abatidos y casi caducos. ¿Hay cosa más lamentable que pretender transmitir la vida en vísperas de perderla?

☼ ☼

Ni la riqueza, ni el talento, ni la filosofía, ni la templanza, bastan para prolongar la vida más allá del término fijado por nuestra constitución. Citemos un ejemplo, entre mil. Cuando Montaigne escribió sus admirables *Ensayos* frisaba en los treinta y nueve años, y esperaba o necesitaba vivir treinta y nueve más. Adversos le fueron los hados, no obstante haber huído de médicos y epidemias. En vez de los setenta y ocho codiciados, la próvida Naturaleza (la *vis medicatrix*, en que ponía su exclusiva confianza) sólo le otorgó cincuenta y nueve. ¡Y pensar que la afección aguda de su laringe, productora de la muerte, pudiera haberse curado con una oportuna traqueotomía!

☼ ☼

¿Puede prolongarse artificialmente la vejez y la lucidez de espíritu? Aunque hemos dicho algo de este tema, séanos lícito añadir algunas reflexiones más, inspiradas en recientes experimentos de injertos de glándulas sexuales con miras a la vigorización y prolongación de la vida.

Quisiéramos engañarnos, pero nos parece que los intrépidos injertadores tropezarán, en la práctica, con ciertos obstáculos infranqueables: la ruina lenta, continua y sin posible reparación, provocada por el trabajo de las neuronas cerebrales (formación de abun-

dantes pigmentos fijos e insolubles (1), limitadores de
la actividad protoplasmática); la muerte o atrofia de
las células sobrefatigadas de ganglios, medula y cerebro; esclerosis de las arterias; incapacidad de renovación de los corpúsculos nobles de la sede del espíritu;
abolición del poder secretor de las células neuróglicas,
probables estimulantes de la actividad neuronal (como
creía Achúcarro y confirmamos nosotros y Castro, Río-
Hortega, etc.). No repudiamos, en absoluto, el injerto
de las glándulas sexuales u otras operaciones equivalen-
tes. Creemos que si el organismo se asimila el tejido
forastero, las energías nerviosas y tróficas, a juzgar
por los resultados obtenidos (Steinach, Voronoff, etcétera), medrarán algo; pero esta vigorización será probablemente efímera y a menudo se mostrará enmascarada
por la autosugestión (2), causa lamentable de tantas
ilusiones.

¤ ¤

Encomiaba Cicerón la vejez sana, opulenta, y patri-
cia. Olvidaba, sin embargo, un detalle: que esa próspera longevidad se apoyaba en el trabajo abrumador
del esclavo o del liberto condenados, casi siempre, a
arrastrar vida breve y miserable. Nadie ignora que hasta en Grecia, los filósofos vivían a costa de los esclavos, como consta de los testimonios recogidos por Diógenes Laercio. Por eso, hallo sospechosos los ditirambos sobre la senectud feliz, entonados por helenos y
romanos, pueblos fundamentalmente aristocráticos.

¤ ¤

Qué tragedia llegar a los setenta y cinco u ochenta
años sin haber leído ni la milésima parte de lo escrito,
y descorazonados por la triste convicción de que están

---

(1)   Acerca de estas lesiones, un poco desdeñadas, y de otras
explicatorias de la atrofia senil, hice yo en 1900 (*Manual de Anatomía patológica*, 3.ª edición) una exposición bastante circunstan-
ciada. Posteriormente, han sido bien analizadas por Marinesco y
otros sabios.
(2)   Consúltese el interesante libro de Voronoff: *Quarante-
trois greffes du singe à l'homme*. París, 1924.

aún por esclarecer los problemas más urgentes y vitales (que ya apasionaban a Du Bois-Reimond): el origen de la vida, el mecanismo de la conciencia, la estructura de la materia (hoy comienza a entreverse) y el origen y constitución del sistema solar, etc.

A propósito de lo cual exclamaba el insigne Menéndez Pelayo en su lecho de muerte: "¡Qué lástima morirse cuando me faltaba tanto que leer!" Y quedando tantos angustiosos misterios por esclarecer.

✡ ✡

Tocante a la senil adaptación a la muerte (ya mentada más atrás) que echaba de menos Metchnikoff, permítasenos una observación, ya formulada por muchos. La longevidad, antes que regalo de la higiene, representa dádiva generosa de la herencia y del azar. Vaya, a guisa de paradigma, la siguiente anécdota:

A dos leguas de Alcantarilla (Murcia), y en pleno socarral, vivía una familia de centenarios. Lo habían sido el padre y el abuelo, y llevaba camino de emularlos una hija, tronco de tres generaciones robustas. Cuando la vi, frisaba en los noventa y siete; dormía en una especie de pocilga húmeda y angosta; caminaba todos los días cuatro leguas para vender en Alcantarilla huevos y comprar provisiones, y abusaba lastimosamente del aguardiente y del tabaco. Pregunté a la anciana si se sentía satisfecha de su senectud fuerte y lozana, y respondióme con aire melancólico y desolado: "No, señor; me cansa la vida; deseo que cuanto antes se me lleve la Virgen del Carmen." Y la ingenua viejecita murió dos años después, no por caducidad irremediable, sino a causa de un hartazgo de higos chumbos.

He aquí un caso típico de aparición del instinto de la muerte, que hubiera complacido a Metchnikoff y contrariado algo el optimismo ingenuo de algunos higienistas.

✡ ✡

Afirmaba Diógenes "que nada hay más miserable

que el viejo pobre". Hay todavía algo peor: el viejo
enfermo, desengañado y escéptico.

☼　☼

Abominaron Catón, Plinio (1), Petrarca, Boccaccio,
Montaigne, Molière y Quevedo de los médicos. Fueron
injustos. Desconocían que, aun cuando los prestigiosos
galenos no curen, su presencia alienta y alivia casi
siempre al paciente atribulado. Y, además, disipan alar-
mas infundadas, aportan consejos higiénicos y suelen
triunfar del dolor físico. ¡Cuántos errores de interpre-
tación han sido cometidos por doctos e indoctos (recuérdense, por recientes, los milagros del doctor Bon-
nier, en Francia, y del doctor Asuero y otros muchos,
en España) por ignorar o desdeñar el soberano influjo
de la sugestión *(auto y heterosugestión)*.

Ni debemos asombrarnos de que durante siglos haya
imperado arrolladora la terapéutica mágica y suges-
tiva (2). Hoy mismo logra curas estupendas la llamada
Ciencia cristiana, entre los yanquis, y las prácticas del
espiritismo en todas partes. (Pero acerca de estos milagros pensamos publicar algo en un libro sobre el
hipnotismo, espiritismo, metapsíquica y los ensueños
terapéuticos.)

☼　☼

(1)   Plinio consagra un capítulo de su *Historia Natural* a
maldecir de la medicina y del charlatanismo griegos. Y, cosa curiosa: buena parte de los dos tomos del naturalista romano se
emplea en describir extravagantes recetas de comadres. Pero de esta
enemiga de filósofos y literatos contra la Medicina ha disertado
amena y elocuentemente el doctor Cortezo.

(2)   A las varias y absurdas manipulaciones sugestivas se deben todos los cacareados portentos de curanderos, hechiceras,
echadoras de cartas, saludadores y *ejusdem farinae.* Y los más
eficaces sugestionadores, con fines curativos, son actualmente los
periodistas — ¿quién lo diría? —, con sus requisitorias o *repor-
tajes* sensacionales y su no siempre excusable propósito de entretener a los lectores con sucesos sorprendentes. Por lo demás, los
exvotos de los templos de Esculapio, en Grecia, y los ibéricos
hallados en el *Cerro de los Santos* (Albacete), demuestran que la
sugestión, ora a lo divino, ora a lo profano, tiene un abolengo
milenario.

Cuando advierto que a los cincuenta años flaquea la vista, se adelgazan las piernas y brazos, menudean distracciones y ausencias, cesa o se atenúa mucho el poder reproductor, me pregunto: ¿no será que vivimos demasiado? Entre los salvajes, un cincuentón es algo excepcional. La longevidad extrema tan deseada, ¿no podría representar dádiva inoportuna y vejatoria de la civilización empeñada secularmente en contrariar las piadosas e inexorables leyes naturales?

Pero, no. Tengamos fe en la ciencia futura. Y esperemos que la superior cultura y un mejor conocimiento de los resortes íntimos de la vida acabarán por crear una humanidad más fuerte y duradera. Ciertamente, antes de alborear tan excelso ideal, algunos órganos, tenaces y rutinarios, protestarán, funcionando a regañadientes. Mas llegarán venturosas edades. Y el equilibrio entre el organismo y las exigencias supremas del progreso constituirá magnífica realidad. Y el hombre —debemos creerlo—, aunque sea quimera, vivirá más y mejor.

☼ ☼

Se ha dicho que el decrépito retorna a la infancia. Acaso fuera más cierto afirmar que retrograda a la fase ancestral del gusano.

Reparemos en que precisamente los sentidos primeramente aparecidos en la serie filogénica: el gusto, el tacto y el olfato, son los únicos que se conservan en la extrema senectud. El oído y la vista, es decir, los sentidos de lujo, los exquisitamente representativos, se deterioran o anulan, reduciéndonos al humillante estado de larvas sin mañana.

¿Para qué acopiar nuevas y bellas sensaciones, si no queda ya tiempo de construir con ellas ningún alcázar intelectual?

☼ ☼

Algunos extranjeros (1) se extrañan de ver los ven-

---

(1)   Bajo este aspecto, consideramos incomprensivos e injustos los juicios despectivos del ruso Erenburg (*España, República*

tanales de nuestros casinos atestados de socios machu-
chos, contempladores de la calle. Tengamos comprensión y misericordia. Antes de bajar al sepulcro y hundirse en la nada, ansían los jubilados de la acción ba-
ñarse en humanidad juvenil. Seguramente, la visión del
desfile de la vida lozana y activa reconforta el espíritu
decaído y evoca triunfos y gestas pretéritos.

☼ ☼

Los médicos tenemos mucho adelantado para no alcanzar la decrepitud. Tratamos irrespetuosamente a los
microbios y ellos, naturalmente, adoptan represalias. Ya
Voltaire aseguraba, con razón, que ningún galeno lle-
gaba a centenario y que Luis XIV enterró más de cuarenta sacerdotes de Esculapio. Y añade, en otro lugar,
que "los romanos vivieron bien quinientos años sin médicos". (Según Plinio, seiscientos.) Pero olvida notar
que si en los primeros siglos de Roma se carecía de médicos, existía, según dejamos apuntado, la trivial y no
siempre anodina medicina casera, y actuaban, venera-
dos, los oráculos.

☼ ☼

Desolador y ridículo es el anciano que se acicala y
adoba cual otoñal desesperada. No deshonremos las canas con mejunjes. Ellas son corona de luz y signo de
cordura. Considero insigne necedad simular el retro-
ceso a la edad de los cabellos negros y de las ideas
turbias.

☼ ☼

Los viejos hemos escalado una cima fría, pero sere-
na; no descendamos de ella exudando petulancias y ño-
ñeces. Defendamos nuestro cerebro de la chochez, inflexi-
bilidad e intolerancia, y luchemos heroicamente contra nuestras arterias, que nos arrebolan al menor esfuerzo, y con la tristeza, que nos enerva. Puesto que es
fuerza caer, caigamos con dignidad y decoro.

_____

de trabajadores). ¿Es que el autor —un judío ruso— no ha
visto en París y en Bruselas las terrazas de los cafés rebosantes
de mirones ociosos y no siempre viejos?

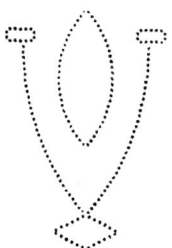

CAPITULO IV

El deseo de morir, cuando no se funda en dolencia incurable y torturante, sino en fútiles heridas del amor propio exasperado, revela absoluta carencia de altruísmo. Es confesar que no se ama a nadie, y que ni la Patria ni la familia merecen esfuerzos ni sacrificios.

☼ ☼

Los epicúreos y estoicos hablaban de la muerte en términos que hacen dudosa su sinceridad. "Cuando la muerte llega—decían sobre poco más o menos—, nada somos y nada sentimos; antes de llegar, vivimos aún y no hay por qué temerla."

Todo esto es retórica vacía. En realidad, nos espanta la idea de la muerte a causa de los atroces dolores y angustias que suelen precederla y, sobre todo, porque al apagarse para siempre nuestra conciencia terrena muere para nosotros todo lo que amamos: la familia, la Patria, la fama, etc. Bien miradas las cosas, no sentimos tanto nuestra muerte como la de toda la Humanidad, de cuyo seno se nos desgarra, arrebatándonos para siempre la esperanza de asistir al desenlace de la noble y épica lucha entablada entre el pensamiento y las ciegas energías naturales (1).

☼ ☼

(1) Simpático y alentador estimo el optimismo del ágil y diserto escritor doctor Juarros al tratar del trance final. Pero no es el acto estricto de la muerte lo que preocupa a la mayoría

Fenecemos precisamente cuando debíamos comenzar a vivir, decía Gracián. Triste cosa es la notificación del irrevocable desahucio cuando nuestra afanosa curiosidad había logrado adornar e iluminar la morada del espíritu con un poco de ciencia, algo de arte y un reflejo de ideal.

✿ ✿

Aun en los dolores más sagrados y profundos hay un no sé qué de egoísmo desconsolador. Al llorar a un hijo muerto prematuramente, ¿no nos lloramos un poco a nosotros mismos? Diríase que el muerto adorado representa un brazo que se nos amputa, o una víscera que se nos arranca. Confiábamos candorosos en el vigor de la raza y se nos anuncia, brutal e inesperada, la revelación de su posible y acaso próxima extinción.

✿ ✿

Nos sorprende a veces la Implacable como a las hembras de los himenópteros: terminado el vuelo nupcial, son a menudo devoradas por los pájaros. Si el cielo nos reserva destino tan aciago, pidámosle que nos permita al menos engendrar alguna noble criatura ideal. Y no temamos dejar incompleta la obra: puesto el germen de la verdad, alguno lo incubará. Lo verdaderamente trágico es caer antes del brote de las alas espirituales, henchido el cerebro de proyectos inmaturos.

✿ ✿

No hay acontecimiento más real e ineluctable que el fenecer, ni tema sobre el cual menos se platique.

Para el joven constituye asunto inactual, por lejano y casi inverosímil; para el anciano representa suceso próximo y tragedia irremediable. ¿Qué se gana—nos

de los enfermos, ya que suele sorprenderlos en plena inconsciencia. Lo que nos congoja son los meses y aun años de lenta y dolorosa agonía sufridos por la inmensa mayoría de los pacientes. Fallecer fulminados por embolia, asistolia, hemorragia cerebral, etcétera, en plena salud aparente, es don gracioso de los dioses poco prodigado.

decimos—anticipando inevitables angustias con indiscretas y poco piadosas evocaciones? Por eso, al llegar la muerte, preséntase siempre como algo nuevo, inesperado e incomprensible.

¤ ¤

Consuélase a veces la fe materialista de muy cómoda manera. Por ejemplo: Finot afirma, para animarnos en presencia del trance amargo, que es gran satisfacción considerar "que el cadáver se reanima con el bullir de gusanos y microbios".

Con tan singular consuelo extraña cómo Finot no agradece a las bacterias que nos anticipen piadosamente, mediante infección fulminante, la tragedia final. Con ello lograríamos tempranamente esa decantada inmortalidad bacteriana, molecular o micelar de semanas o de meses...

¤ ¤

Uno de los muchos motivos explicatorios de nuestro atraso cultural y político es la ausencia casi absoluta del culto a los muertos ilustres. En España, el que se muere acaba de una vez y para siempre. ¡Felices los países en que el ataúd constituye la envoltura de la ninfa, que espera, con el calor vernal de los corazones, la ascensión a una vida más alta y pura!

¤ ¤

La gloria no es otra cosa que un olvido aplazado.

Conviene, sin embargo, no extremar la profecía y confiar en que, si hemos labrado algo útil, el olvido clemente prorrogará un tanto sus plazos.

¤ ¤

Para los desesperados propone Thomson esta expeditiva receta: "Consolémonos, porque el dolor acabará cuando nosotros queramos." He aquí un pensamiento morboso que es preciso desechar.

El joven desesperado debe detenerse en la fatal pendiente. Al morir mueren con él millones de seres inocentes. Prescindiendo de que con ello cierra el paso a

serie inacabable de posibles descendientes, ¿qué derecho tiene para condenar a muerte prematura a sus propias células, en cada una de las cuales arde quizá una
chispa de conciencia?

En el anciano, el suicidio, más excusable, constituye
imperdonable ingratitud... Acelerar violentamente el fin
de la colmena orgánica es como inmolar al noble caballo que nos salvó heroicamente en rigurosos trances
y que precisamente por eso vegeta ahora débil, pos-
trado y doliente.

En suma: respetemos el augusto misterio de la vida,
el bien supremo que sólo gozamos en efímero usufruc-
to. Mientras el caballo aliente, dejémosle vivir. Y asis-
tamos serenos a nuestra propia agonía, como nuestros
padres asistieron a la suya. Acaso sea el postrer pensamiento el más luminoso y noble surgido en nuestra
mente.

✡ ✡

Espectáculo conmovedor es contemplar por las ma-
ñanas estivales cómo las abejas jóvenes extraen de la
colmena a las obreras agotadas y moribundas para que,
antes de entenebrecer sus ojos, reciban el beso ardiente
del sol, padre de la vida. "¡Luz, más luz!", he aquí el
grito ansioso del agonizante, desde el excelso Goethe hasta la más humilde criatura. Este clamor universal, ¿significa quizá alentadora profecía? Tras las tinieblas de
la muerte, ¿saldrá el sol de la inmortalidad? Reconforta creerlo y esperarlo.

✡ ✡

Cada muerto contemporáneo deja en la tierra, al
modo de la *procesionaria* del pino, un hilo sutil que
tira de nosotros hacia la tumba. A los setenta y cinco,
lo más a los ochenta, todas las hebras juntas forman
ya formidable maroma contráctil que nos arrastra
inexorablemente hacia la fosa.

✡ ✡

Llegada la edad provecta, ¿cuál es el amigo cuya

muerte repercute más dolorosamente en nuestro corazón? El caído de la misma enfermedad que nos aqueja.

✿ ✿

Aparte fe religiosa, que no discutimos, fruto casi exclusivo del terror de la muerte son las tres grandes civilizaciones: la india, la egipcia y la cristiana, con su hijuela el mahometismo. Sólo Grecia ofrece el caso paradójico de haber fundado una cultura superior sobre el amor a la vida.

✿ ✿

Apena considerar que el hombre que ha vivido cual héroe o pensador genial, muera casi siempre como imbécil o demente.

Pidamos a Dios que nos conceda al morir, como suprema gracia, el privilegio de contemplar, en visión sintética, las flores recogidas por el camino de la vida y los gérmenes de ideas sembrados en las almas.

✿ ✿

Cierto filósofo afirmó que con la muerte humana "todo se reduce a un espejo roto". Lo más deplorable no es la ruptura del espejo, sino su rápido deterioro cuando apenas había llegado a reflejar un insignificante sector fenomenal del Cosmos. Desde la cumbre de la Eternidad, las cabezas humanas deben parecer al Principio psicológico del Universo como esas burbujas de espuma producidas en la onda al romper sobre la playa. Brillan un momento con luces policromas, copian en miniatura el azul del cielo y la magia del paisaje y estallan al instante cediendo el puesto al nuevo alud de glóbulos irisados.

✿ ✿

Nada hay más antipático que los panegiristas de muertos ilustres. ¡Felices ellos si cada día falleciera una lumbrera de la política o de la literatura!... ¡Con qué íntimo regocijo aprovechan toda ocasión de lucir su inagotable repertorio de frases patéticas y de lugares comunes!... Pero no generalicemos. Existen también apo-

logistas sensibles y sinceros que mezclan la tinta con
las lágrimas.

✡ ✡

A propósito de lo cual cabría afirmar que hay algo
peor que morirse: soportar desde el otro mundo las ri-
tuales y frías alabanzas de un retórico que, desconoce-
dor de la obra fundamental del difunto, se aprovecha
del cadáver a imitación de ciertos insectos llamados *ne-
cróforos*, que encierran la carroña para explotarla.

✡ ✡

El fin práctico de la civilización consiste en obligar a
la muerte a hacer de cada día más larga antesala delante de nuestra alcoba.

✡ ✡

La muerte del solterón recalcitrante me recuerda los
efectos del invierno sobre los añosos árboles. Caídas las
hojas, descúbrense viejos nidos abandonados. En ellos
a menudo, en vez de pájaros, suelen albergarse ratones
y sabandijas.

✡ ✡

Según parecer de Goethe, que refleja en esto un mito
de antiguas religiones, la muerte es mera consecuencia
del amor. Aventurada aserción, sólo justificada en algunas familias de insectos. Mas conforme se asciende en
la escala de la vida, entre el amor y la muerte media
un plazo cada vez más dilatado. En el hombre, y todavía más en ciertos colosales vertebrados, este intervalo
cuéntase por lustros.

Confiemos en que esta *etapa filosófica de la vida,*
exenta de pasiones inferiores y entregada predilectamente a la contemplación de la verdad, se prolongará progresivamente en el porvenir, gracias a las incesantes conquistas de la ciencia.

✡ ✡

En toda la serie animal cada ser preocúpase casi exclusivamente de la inmortalidad de su especie. Sólo el

hombre batalla primordialmente por la inmortalidad del individuo.

¿Es un error? Debemos creer que no. En todo caso sería un error pragmático, como diría W. James, y, por tanto, hipótesis tónica y deseable.

☿ ☿

Dice Schopenhauer "que el viejo se pasea tembloroso o reposa en un rincón, no siendo sino sombra o fantasma de su ser pasado". Cuando viene la muerte, ¿qué le queda por matar?

Mucho todavía: un cerebro tenazmente aferrado a su función de pensar, no obstante sentirse bloqueado por órganos debilitados o desfallecientes. Y el cerebro, o si se quiere la mente, es todo el hombre.

☿ ☿

Diálogo en el anfiteatro anatómico:

El poeta: Repara cómo providencialmente el cadáver tiene los ojos abiertos para contemplar el misterio insondable, y los labios apartados, como si murmurara tácita plegaria.

El anatómico: ¡Déjate de lirismos! Esas actitudes del muerto son mera consecuencia de la parálisis de los esfínteres palpebral y bucal.

La mosca azul (musca carnaria), zumbando en torno de la losa anatómica: ¡Habrá ilusos! La próvida Naturaleza, generosa con mi casta, entreabre párpados y boca para que yo disponga de lugar propicio al desarrollo de mis huevos y consiga la perpetuación de mi especie. Aunque *múscido* humilde, Dios se ha preocupado de mí lo mismo que de vosotros.

☿ ☿

Pretendían los antiguos consolarnos de la muerte comparándola con el sueño, que suponían absolutamente inconsciente. Pero el sueño ha sido calumniado. Exceptuando quizá algunos minutos de inercia reparadora, el dormido sabe que lo está, espera despertar, y contempla, con la cabalgata de sus recuerdos, más o menos deformados, la magia de la imaginación constructiva. Lejos, pues, de implicar reposo absoluto, el sueño nos proporciona actividad libre, desbordante así de los cauces del tiempo y del espacio como de los carriles de la lógica. Y si hubiéramos de tomar en serio las teorías famosas de Freud, el ensueño aportaría además la dicha suprema de ver realizadas las más acariciadas y gratas aspiraciones (1).

✿ ✿

De todas las inmortalidades prometidas, *la de las ideas* (el consuelo de los sabios), *la del espíritu* (consuelo de los filósofos), *la del cuerpo y del alma* (consuelo de cristiano) y *la del nirvana* (consuelo de budistas y de teósofos), sólo la inmortalidad integral, es decir, la persistencia del alma y del cuerpo, nos satisface plenamente, porque es la única que salva la personalidad, esto es, la reconstrucción específica del cerebro individual con sus miserias y limitaciones, juntamente con la memoria de nuestros triunfos, amores y fracasos.

✿ ✿

Pero tales como somos, ¿merecemos la inmortalidad? Aterra pensar en el dolor infinito de convivir eternamente con los miles de necios o malvados de quienes hemos huído durante nuestra efímera existencia terrenal.

Confiemos en que el Supremo Hacedor tendrá en los dominios de ultratumba compartimientos especiales para las almas indeseables.

✿ ✿

La gota de agua y el demiurgo, o el consuelo del materialismo:

El demiurgo: La tierra está sedienta y la semilla espera impaciente. Es hora de condensar los infinitesimales glóbulos de la nube en gotas de lluvia.

La gota de agua: Heme aquí concretada, merced a tu

_____

(1)   Véase mi ensayo sobre el ensueño con otros trabajillos de poco momento. Hállanse en vías de publicación.

magnanimidad, en torno de un *ion* negativo, que es como
mi espíritu. Gracias te sean dadas por el excelso don de
la vida. Pero advierto angustiada que mi existencia corre vertiginosamente. Mientras caigo, mi cristalino globo estremécese de curiosidad, copiando primeramente la
multiforme belleza del celaje; luego, la verde fronda de
los árboles y la gentileza de pájaros y mariposas, y,
finalmente, el simulacro extraño de los hombres y de sus
curiosas construcciones. ¡Espectáculo admirable! Mas,
¡ay!, arrastrada por el ímpetu de la gravedad me hundo
cada vez más; sin duda voy a estrellarme en el suelo,
en cuyos intersticios quedaré muerta y enterrada. ¡Caigo precisamente cuando comenzaba a tomar gusto a mi
etérea existencia!...

El demiurgo: Te engañan las apariencias. Inmortales
son la materia y la energía. Las moléculas que te componen, fundidas con otras, se transformarán en la savia
del vegetal, brillarán en la corola de la flor y manten-
drán espléndida la llama de la vida. Y cuando con la
rotación de las estaciones te evapores y asciendas nuevamente a las celestes alturas, tornarás a condensarte en
gota, recomenzarás tu vida y volverás a copiar las escenas miríficas del mundo.

La gota de agua: Tus razones no me convencen; porque esa gota nueva, promesa de renovación, ¡ay!, no
seré yo, ¡será otra gota!...

El demiurgo: ¡Hija mía! En el mundo imperfecto que
habitamos todo es posible, menos una cosa: la perennidad de la forma individual. Justamente porque la forma perece y la materia se transmuta, se renueva y pro-
gresa la vida (1).

✿ ✿

La historia de Stuart Mill, el célebre filósofo inglés,
contiene un episodio conmovedor. Viajando por el Mediodía de Francia, en compañía de su esposa, a quien
amaba con delirio, murió ésta repentinamente. Y para

---

(1)   No aludo a los hombres, de los cuales quizá, como sentencia la filosofía, no todo muere.

rendir culto a la memoria de la compañera idolatrada
compró cierta granja solitaria, cercana del cementerio.
Desde la terraza de la casa contemplaba diariamente,
por encima de los árboles, la blanca sepultura de la
amada.

¿Quién, pasados los sesenta años, no tiene en su espíritu una torre, no sólo para contemplar la tumba de
algún muerto querido, sino la propia fosa, ese antro devorador que nos espera insaciable? ¿Qué placer, satisfacción o triunfo no quedan empañados por la evocación de esa mancha sombría, amenazadora cual boca de
león?

✿ ✿

"Todo deriva hacia la muerte", afirman Hartmann
y Mayland. El mundo, enseña la ciencia, tiende a perder sus saltos de potencial. La *entropía* (Clausius) de
cada vez mayor acabará con todo fenómeno y, por de
contado, con el fenómeno vital. Si tal es el destino de
la vida, comprendo el suicidio cósmico y hallo natural
y casi deseable el choque del astro negro que ha de re-
trotraer, según pronostica Arthenius, nuestro pobre y
vetusto planeta al primitivo estado de nebulosa. Con
mortal congoja evoco el desconsolador *Debemur morti
nos nostraque*, de Horacio, y esta otra máxima tan crudamente escéptica: *Mortalia facta peribunt*. Si esto fuera siempre verdad, ¿para qué trabajar?...

En estas cavilaciones me asomo a la ventana. Es do-
mingo. Un torrente de vida jocunda desbórdase por la
calle, ramificándose en mil arroyuelos serpenteantes.
Mujeres hermosas van camino del teatro; el mocerío
horteril asalta los coches de la plaza de toros; incontables parejas y familias apiñanse afanosas esperando los
tranvías de la Bombilla, de la Moncloa o de los Cuatro Caminos. Y ante este incontrastable optimismo de
la vida, reacciono. Obedezcamos sus mandatos. Para
mostrarse optimista y confiada, ¿no tendrá razones igno-
radas de filósofos y científicos?...

✿ ✿

Quien no se preocupa de la constitución del Universo y de los problemas de la vida y de la muerte, no pasa de ser un cuadrumano con pretensiones.

✿ ✿

Presenciamos la castiza fiesta nacional. Una cornada en el corazón mata al caballo; una estocada en la misma víscera derriba al toro, que a su vez, en derrote desesperado y vengador, abre al lidiador el pericardio. Todos ellos muestran las mismas heridas, y al morir presentan los mismos síntomas: bañados en sangre, ya no corren, ni respiran, ni sienten, ni piensan...

Puesto que todos poseen un corazón y un sistema nervioso complicado, ¿concederemos alma a los tres, o a uno solo? Y si nos decidimos por la última disyuntiva, ¿se la otorgaremos al caballo inocente, al toro feroz o al hombre rudo que, en vez de cultivar la tierra, tiene por oficio destruir los animales que ayudan a labrarla?

En resolución, ¿quién es el menos bruto de los tres y el más digno, por tanto, de la inmortalidad del espíritu?

Para mí la cuestión no ofrece la menor duda: el caballo (1). Aunque Dios es tan bueno, que acaso haya otorgado también la inmortalidad al lidiador.

✿ ✿

Trato de adaptarme a la idea de la muerte, y evoco la dulce resignación de los filósofos antiguos y, sobre todo, la impasible entereza de los estoicos. Y, recordando textos más modernos, pienso que la vida surge de la muerte, como la muerte de la vida. Sabido es que

_____

(1) Si son ciertos los maravillosos resultados de las tentativas de educación de los caballos de Eberfeld, emprendidas por von Oster y después por Krall, dichos solípedos serían susceptibles de hablar por gestos y efectuar operaciones aritméticas complicadas, incluso la extracción de raíces cuadradas y cúbicas de números como el 12.167 (cuya raíz es 23). De semejantes muestras de inteligencia, confirmadas por Sarasin, Claparède, Mackenzie, Ziegler, etc., ¿serían capaces todos los hombres? Aunque se tratara de tretas de adiestramiento, según opina alguno, ¿no pasma la prodigiosa memoria del corcel?

Claudio Bernard, aludiendo al desgaste continuo de las células, implicado por toda función orgánica, ha proclamado: "la vida es la muerte". Continúo reflexionando sobre este mismo tema y me digo: Este pan de que me alimento supone el sacrificio de millones de células vegetales; esta carne exigió el asesinato de un pobre mamífero; esta fruta fragante fué robada a los pájaros, sus legítimos y naturales poseedores; esta leché representa la eliminación prematura de inocentes recentales. Pero hay algo más extraordinario y desconcertante. La continuación de nuestra existencia y la defensa contra los microbios agresores impone la destrucción continua de millones de nuestras propias células (corpúsculos glandulares, sanguíneos, fagocitos, etc.). Sin sentirlo, ni sospecharlo siquiera, devoramos nuestro propio cuerpo. Secreciones y excreciones representan, pues, algo así como un fúnebre vertedero de cadáveres; innumerables vidas inmoladas en aras del gran fetiche, del insaciable autócrata cerebral. Nada, pues, parece más natural que la muerte, puesto que nosotros mismos morimos infinitas veces. Y, sin embargo...

✿ ✿

Mirando las cosas desde el lado zoológico, sólo hay en la Naturaleza una muerte feliz: la de la *Efémera*, que cae como fulminada en un espasmo de amor.

✿ ✿

Correlativo del concepto fisiológico de muerte es el concepto de vida. Morir es la disipación de la individualidad. Pero la individualidad está representada por el cerebro. Los infusorios y microbios, en quienes la substancia germinal se identifica con el cuerpo, carecen de muerte natural; sólo catastróficamente perecen. Para que haya *cadáver*, pues, es de todo punto necesario, según afirmaba Weismann, que haya *soma* diferenciado.

El cadáver representa, pues, resultado inexorable de la división del trabajo celular y, por tanto, de la perfección funcional.

✿ ✿

A pesar de mi respeto y veneración hacia la ortodoxia cristiana, hay dogmas, por ejemplo, el de la resurrección de la carne, que me sumen en un mar de confusiones. ¿Para qué regenerar un estómago que no ha de digerir, ojos que no han de ver, oídos que no han de oír y un cerebro que, falto de alimento dinámico y sensorial, no podrá servir de instrumento de la mente? Y puesto que el hombre renueva sus células muchas veces durante la vida, ¿cuáles serán las privilegiadas con el don supremo de la perennidad?

Cesen nuestras cavilaciones. El Principio psicológico del Universo, autor de infinitos portentos, ¿no hará un milagro más?

¤   ¤

Considero antihigiénico meditar de continuo sobre la muerte. Haciéndola blanco perpetuo de nuestro cariño acaba, como la mujer amada, por enamorarse de nosotros. Y se nos lleva temprano, con sus alas de buho, hacia la gruta tenebrosa e insondable.

¤   ¤

Lo más terrible de la muerte es su eternidad. Todo en este mundo es pasajero y efímero, menos ella. Constituye, pues, la única, la profunda, la inexorable realidad. Por eso no la mentamos.

Tengo para mí que esta incomprensible despreocupación representa una de las dádivas más generosas de la pía Naturaleza. Ella sabe que sólo apartando la vista del tenebroso arcano es posible la evolución.

¤   ¤

Preciso es convenir en que la gloria personal más brillante y ruidosa acaba siempre en el anónimo. Sin duda, cuando la obra es magnífica y socialmente útil queda algo de ella; pero, en todo caso, desaparece el nombre del autor. Y aunque se recordara, ¿qué valor tendría para dentro de diez mil años conservar un apellido?

Dentro de cien mil años, cuando el método de viajar por tierra haya caído en desuso, se preguntarán en vano

los historiadores por el nombre de los constructores de
los grandiosos túneles internacionales y de los interrup-
tores de istmos, únicas reliquias evidentes del paso del
hombre actual por la tierra, como nos preguntamos hoy
por los iniciadores de esos maravillosos inventos que se
llaman la escritura, la numeración, el fuego, el carro y
la flecha.

Sin contar con la maravillosa obra de selección y
adaptación para fines humanos de innumerables plantas
y animales.

☼   ☼

He notado que aun en las conciencias más profundamente religiosas queda un sedimento de duda filosófica.
Si estuvieran absolutamente persuadidas de la inmortalidad del espíritu, ¿aplaudirían los alegatos sutiles de
los filósofos idealistas e intuicionistas y se complace-
rían con las pretendidas comunicaciones de ultratumba
referidas por espiritistas, faquires y teósofos? ¿Quién
busca aliados cuando está persuadido de la victoria?

☼   ☼

El hombre, se ha dicho, es el predilecto de la Providencia. Con igual razón cabría afirmar que es el amado
de los microbios. Desde que nace, su trayectoria viene a
ser loca carrera al través de un campo de batalla, donde llueven los proyectiles. Un aficionado a la tauroma-
quia compararía de buen grado nuestra vida a la lidia
de un toro en plaza. Pícanle, primeramente, el sarampión, las viruelas y la escarlatina; banderilléanle, después, la fiebre tifoidea, la gripe y la tuberculosis, y ya
débil, mohino y aplomado, rematan la suerte la asistolia, la uremia, la hemorragia cerebral o la pulmonía.

☼   ☼

Se ha dicho que la muerte es la hora de las alabanzas. Pero por igual razón podría llamarse la hora de
las alegrías y de las ambiciones. ¿Quién no ha sorprendido con pena en los rostros de los que presiden el due-
lo y forman el séquito del difunto gestos de mal repri-
mida alegría y de tácitas concupiscencias?

Todos habréis oído indignados a la envidia hipócrita hacer el panegírico del muerto, y a la ambición desapoderada comprometer voluntades para alcanzar los puestos remunerados vacantes por la impensada defunción. De mí sé decir que pocas veces acompañé al cementerio a un académico que no sufriera, ya dentro del coche, las audaces y sacrílegas acometidas de intrigantes desaprensivos.

Al advertir tan impúdicos y lamentables espectáculos, envidio la suerte del infeliz jornalero, cuyo pobre ataúd llevan en hombros humildes compañeros de taller. No le siguen carrozas, pero tampoco le acompañan codicias y sarcasmos.

¤ ¤

Sólo merecen la gloria los hombres que, mediante la acción inteligente y altruísta, embellecieron, mejoraron y esclarecieron algo el mundo que habitamos.

¤ ¤

Preciso es confesar humillados que el demiurgo que tuvo la humorada de crearnos—lo hemos dicho ya—se interesa tanto por la pequeña vida como por la grande. Esta minúscula vida representa quizá el germen de nueva humanidad, esbozo frágil que, precisamente por débil y vulnerable, exige mayor solicitud y cuidado.

¤ ¤

El arte de vivir mucho es resignarse a vivir poco a poco. Análogo pensamiento expresó Feuchterlehen al afirmar "que la ciencia de prolongar la vida consiste en no reducirla".

Pero esta vida pachorruda, comodona y egoísta, enemiga de la acción viril, y atenta meticulosamente a la observación del ritmo cardíaco y a prevenir incidentes digestivos y pasionales, ¿merece la pena de ser vivida?

¤ ¤

Nada demuestra mejor la vanidad de la gloria que las inscripciones del pavimento de nuestras viejas catedrales. He aquí un personaje medieval que se pro-

puso perpetuar su nombre y sus hechos cívicos o guerreros grabándolos en duro mármol; mas las pisadas
de las nuevas generaciones, desgastando la lápida, bo-
rraron el epitafio. ¿Quién fué? Nadie lo sabe.

Igual suerte espera a la inmensa mayoría de literatos, artistas y científicos. El ir y venir de las futuras
generaciones acabará por borrar las huellas de la obra
realizada y el recuerdo del constructor.

☼ ☼

Nadie mejor que Tolstoi ha expresado vigorosa y
elocuentemente el desprecio de la gloria (véase su *Dia-
dio íntimo*), y, sin embargo, el gran escritor eslavo se
pasó la vida escribiendo novelas, es decir, requiriendo
solícito el aplauso de sus contemporáneos y de la posteridad.

☼ ☼

La gloria es como la mujer codiciada: la perseguimos
si nos desprecia; la desdeñamos si nos prefiere.

☼ ☼

Decía el pobre Bécquer en una poesía tan sentida y
célebre como manoseada:

> *"¡Dios mío, qué solos*
> *se quedan los muertos!"*

Es verdad. Pero en compensación del abandono humano, los muertos gozan de copiosa y prolífica compañía. Buena parte del mundo vegetal y animal se da
cita en el cadáver. Pese a nuestro orgullo, el rey de la
creación no representa ante los microbios sépticos sino
mero caldo de cultivo. Repitamos, empero, el consabido
Non omnis moriar del epicúreo Horacio, aunque la frase apuntara a blanco diferente (1).

☼ ☼

Los incrédulos aficionados a combatir la religión, am-

---

(1)   Horacio aludía, sin duda, a que su obra, por lo menos,
no perecería; pero el latinajo suele ser interpretado al pie de la
letra. Es una libertad a que se renuncia difícilmente.

parándose en la fría brutalidad de la estadística, hacen notar que los templos son predilectamente frecuentados por ancianos y enfermos, es decir, por aquellos en cuyo corazón retumban los primeros aldabonazos de la Descarnada.

Cierto es el hecho; pero la estadística es incompleta. Prescindiendo de las beatas, para quienes la iglesia constituye espectáculo consolador y edificante, queda un grupo considerable de amantes de la Casa de Dios, a quien atraen móviles sentimentales noblemente humanos. Repárese que la mayoría de los asiduos visten de luto. Pasada la cumbre de la vida, el hombre contempla detrás y delante de sí fúnebre cabalgata de muertos queridos: hacia el ocaso, duermen el sueño eterno padres, esposos y hermanos mayores; hacia la aurora brillan, con el matiz apagado de flores marchitas, los hijos y los nietos. Para los creyentes el templo es el locutorio de las almas.

Respeten los escépticos tan piadoso y conmovedor sentimiento. Sólo por él recibirán quizá en su tumba el homenaje de una lágrima.

✿ ✿

Afirmaba Montaigne que fuera mucho más lógico que lloráramos cuando nace un hombre que no cuando muere. Análogo pensamiento han expresado, bajo forma diversa, Gracián, Quevedo, Villalumbrales y otros muchos pensadores propios y extraños.

Así ocurre en la alborada y el ocaso de cada vida individual. Pero en los padres el tono emocional se modifica; se regocijan con el nacimiento y lloran con la muerte de sus hijos.

¿Quién tiene razón? ¿El hombre o la familia?

Todos, porque la vida es un azar y un enigma. Esclavos de las circunstancias, nuestra carrera vital tanto puede constituir una fuerza nueva y fecunda como una esperanza frustrada.

✿ ✿

Deploramos sin razón la ingratitud de los hombres

hacia los genios del pasado. ¿Qué sería del planeta si cada guerrero, inventor, literato o bienhechor de la Humanidad fuera honrado con un monumento? ¿No correríamos riesgo de hacer casi imposible la vida de nuestros descendientes acotando, para erigir panteones, cementerios, arcos y estatuas, el terreno indispensable a la agricultura y la industria? Hasta el olvido parece necesario, tanto para limitar prudentemente la capacidad de nuestras bibliotecas como para aliviar el cerebro de las futuras generaciones del peso abrumador de una historia fastidiosamente repetida y de una gratitud retrospectiva ilimitada.

Tarde o temprano, pues, por triste necesidad de la vida, todas las estatuas caerán de sus pedestales, y todos los prestigios, exceptuando quizá los más excelsos, serán olvidados. No somos partidarios, como Piéron (*Evolution de la mémoire*), de imitar, de vez en cuando, el vandálico ejemplo de los incendiarios de la biblioteca de Alejandría; pero prevemos la necesidad de proceder cada dos o tres siglos, según procedió el ama de don Alonso Quijano, al expurgo de nuestras librerías.

☼ ☼

Cuando advierto la especie de gentes opulentas—mercaderes, banqueros, políticos nefastos, etc.—cuyos suntuosos sarcófagos exornan las criptas y capillas de nuestras catedrales (aludo, sobre todo, a las modernas o en vías de construcción), me pregunto si no sería deseable un nuevo advenimiento de Jesús para arrojar a los mercaderes del templo; pero a todos, a los vivos y a los muertos.

☼ ☼

Considero probable que una de las causas — existen muchas — del estacionamiento mental de ciertas especies animales consiste en la ignorancia de la muerte o en no tener de ella sino conciencia confusa y crepuscular. Surgido precozmente en el hombre primitivo, el terror del no ser ha sido el mejor instrumento del progreso. Él ha modelado la mano, complicado el cerebro y labrado esas admirables herramientas de defensa, exploración y trabajo que, para Bergson, representan la característica de la racionalidad.

☼ ☼

La mayor tristeza del viejo filósofo es vivir lo bastante para ser testigo del olvido de sus más queridas invenciones. ¡Cuán preferible fuera morir al terminar lo esencial de la obra, al modo del lepidóptero que, cumplido su destino, fenece ignorante de la suerte deparada a la prole!

☼ ☼

Poco vales si tu muerte no es deseada por muchas personas.

☼ ☼

Marco Aurelio, tan admirable en muchas de sus reflexiones acerca de la muerte, paréceme poco suasorio al expresar, a guisa de consuelo, "que lo mismo da presenciar lo ocurrido en cien años que en tres". Algo parecido afirmaron Epicuro y Lucrecio. Semejante lenitivo pudo tener cierta eficacia durante la decadencia del Imperio romano, en que el progreso de las ciencias y de las artes quedó paralizado, cuando no en vías de franca regresión. Mas hoy ningún amante del saber suscribiría sin reservas tan desoladora doctrina, que parece paráfrasis del *Nada nuevo bajo el sol*, del Eclesiastés. Para la inmensa mayoría de los hombres civilizados, lo más cruel de la muerte estriba precisamente en que nos priva para siempre del conocimiento de los maravillosos y redentores descubrimientos del porvenir. Deploramos, como Renán, ignorar el pequeño *Manual del Bachillerato* de dentro de mil años.

☼ ☼

Debemos caer como la hoja del árbol arrancada por los primeros cierzos otoñales. Si ellas pensaran, podrían decirse llenas de noble orgullo: "Morimos satisfechas, porque sabemos que, gracias a nuestro obra (creación de principios inmediatos mediante la fijación del carbono y elaboración de la savia, etc.), el tronco del árbol, es decir, nuestra querida Patria, se ha elevado y robustecido con una capa más."

✿ ✿

La vanidad nos persigue hasta en el lecho de muerte. La soportamos con entereza, porque deseamos superar su terrible grandeza y cautivar la admiración de los espectadores.

¡Qué de sabios, filósofos y hasta personas vulgares pretenden morir como héroes, cuando en realidad sucumben como histriones!

Ninguna frase de moribundo — y las hay memorables y lapidarias — me ha producido más honda emoción que las sencillas e ingenuas palabras de cierto contertulio del café. Visitado por los amigos cuando se avecinaba la agonía, nos dijo para animarnos: "Señores, no hay que ponerse tristes. ¡Esto no es nada!... Antes de tres días me tienen ustedes charlando en el café." ¡Y murió aquella noche!...

En este caso (el doctor Silva) no hubo ni asomos de fúnebre histrionismo; antes bien, claras señales de confianza y entereza. ¡Oh divino tesoro del optimismo!... Sólo tú sabes consolar a la amistad y dorar una agonía.

✿ ✿

Deplorable desgracia, al par que envidiable fortuna, es la muerte trágica en plena juventud. A pesar de sus excelsos méritos, ¿no es cierto que el suicidio de *Fígaro* y la decapitación de Chenier en la guillotina, añaden algo a la gloria de tan exquisitos literatos? (1). ¿Les veneraríamos tanto si, llegados a la senectud, hubieran tenido tiempo de saciar plenamente la curiosidad pública y de mostrar quizá flaquezas y decadencias?   ✿ ✿

Loor a los maestros que, como el admirable Sócrates, han hecho de su muerte la más elocuente lección.

---

(1)   Más emoción tiene para mí la muerte trágica de Lavoisier, genio indiscutido de la química. ¡Cuántos descubrimientos importantes helados en flor a causa de la cerril ignorancia de los jacobinos!

CAPITULO V

Dice el espiritual poeta Manuel Machado que de diez cabezas dos discurren y ocho embisten.

Ello es cosa muy triste; pero es más triste todavía reconocer que la mayoría de las cabezas que embisten tienen razón. Desdichadamente, son muchos los que hacen cetro de la superioridad de carácter y ganzúa de la *agudeza de ingenio*.

✿ ✿

Para juzgar de la mentalidad de los hombres, hablémosles de una invención científica o filosófica desprovista de aplicaciones prácticas.

Unos exclamarán :—¡Admirable!

Y otros: —¿Para qué sirve?

Cultivemos la amistad de los primeros.

✿ ✿

Los precursores son comparables a las abejas tempranas que, por abandonar la colmena antes de tiempo, no hallan flores y sucumben por el frío del ambiente.

✿ ✿

Al modo de las cordilleras, que en días grises parecen más alejadas que en días claros, ciertos talentos se envuelven en nubes para semejar profundos.

✿ ✿

Afinidades mentales electivas.—¿Queréis saber cuál
es el más necio de una tertulia? Soltad en ella un majadero. Antes de una hora, y tras los indispensables
tanteos de exploración, cada oveja habrá hallado su
pareja; y nuestro sandio, el congénere capaz de tomar
en serio sus sandeces (*).

☼ ☼

El gran defecto de los españoles de antaño fué siempre el desdén hacia el idealismo filosófico y científico.
Diríase que las robustas posaderas de Sancho, cabal-
garon sobre los hombros del genio patrio, obligándole
a inclinar cabeza y ojos hacia la tierra.

☼ ☼

Sabido es que los bienes de este mundo están lamen-
tablemente repartidos.

Por ejemplo: todos hemos tenido ocasión de observar que el dinero y las ideas suelen estar en razón
inversa. Quien atesora pecunia carece de pensamiento, y quien sabe forjarlos vegeta en la miseria o en
la estrechez. Bien decía Gracián: "Los que más tienen
menos saben."

¿Cuándo encontraremos un hombre tan afortunado
que atesore ideas y dinero?

☼ ☼

Al modo de los picos elevados, que emergen exclusivamente en las cordilleras, los genios científicos o artísticos descuellan solamente entre las altas mesetas de
la cultura general.

☼ ☼

Conócense infinitas clases de necios; la más deplorable es la de los parlanchines empeñados en demostrar
que tienen talento.

☼ ☼

Muchos habladores pasan por listos, cuando en realidad no son sino cabezas descansadas. Su cháchara brilla y molesta como rayo de sol reflejado en caldero
vacío.

☼ ☼

Un libro consagrado al difícil arte de disimular la propia necedad y la supina ignorancia constituiría gran éxito de librería. En cambio, se han escrito por La Rochefoucauld, Gracián y La Bruyère cosas acertadísimas para ocultar la habilidad y el talento.

¡Qué de tontos desgraciados por no saber ser tontos a secas y empeñarse en imitar a los hombres de ingenio!...

✷ ✷

Los mediocres motejan muchas veces, acaso para consolarse, las extravagancias y hasta las locuras del genio.

Extravagancias. Groseras ilusiones. ¿Quién está libre de ellas? Lo que hay es que las rarezas y distracciones del hombre superior llaman la atención, y las del majadero no son reparadas por nadie.

✷ ✷

Apartaos del talento superior como de la hermosura si queréis conservar vuestra libertad y cumplir vuestro destino. El genio suele ser solamente generoso y tratable encerrado en la cárcel del libro (*). Hay, empero, consoladoras excepciones.

✷ ✷

En nuestro país, tantas veces llamado de los *viceversas*, es frecuente ver que los listos no trabajan, condenándose a la esterilidad; mientras que las medianías se agotan en inútiles esfuerzos. ¡Dichosas las naciones en donde el talento se enaltece con el trabajo y en que el laborioso suele tener talento!

✷ ✷

Las cabezas deben juzgarse como los bolsillos. Al hacerlas sonar con las sacudidas de la conversación advertimos en seguida que unas contienen el oro de la sabiduría y del ingenio y otras la calderilla de la vulgaridad y de la rutina (*).

✷ ✷

El sabio codicioso de nombradía cosecha a menudo

dolorosos desengaños; porque aquellos cuyo encomio
anhela, callan, y, al contrario, aquellos cuyo silencio
apetece, ensalzan. Pero esto lo expresó ya insuperable-
mente Iriarte en una de sus primorosas fábulas:

> Si el sabio no aprueba, malo;
> si el necio aplaude, peor.

Lo que no expresa Iriarte, acaso por exceso de bona-
chonería, es que no todos los sabios aplauden al genio
naciente. Los hay también comparables a la reina fecunda del enjambre de abejas, reina cuyo primer cuidado consiste en destruir inexorablemente todas las nin-
fas reales, a fin de evitar enojosas competiciones.

¤ ¤

Nuestra vanidad es incorregible. Hallámonos en presencia de un necio que nos aturde con su charla insubs-
tancial y pedantesca. De pronto se dirige a nosotros,
demuestra que nos ha leído y nos prodiga sonrojan-
tes elogios. En el acto cambia la escena. Y algo rubo-
rizados por la instantánea rectificación, nos decimos:
¿Tendrá talento este majadero?

¤ ¤

La erudición oportuna que tanto nos seduce en ciertos amenísimos conversadores, no es, a menudo, sino el
arte sutil de llevar al interlocutor al terreno de recientes lecturas.

¤ ¤

Suprema aspiración del genio es el diálogo con sus
iguales. Si no fuera irreverencia, aventuraríamos la hipótesis de que la aparición del hombre sobre la tierra
tiene por fin modelar el germen de una criatura excelsa
con quien, allá en la plenitud de los siglos, pueda Dios
conversar.

¤ ¤

La autoalabanza no implica necesariamente fatuidad,
petulancia o pretensión injustificada; significa a veces
la reacción excesiva contra el silencio o el desdén del
medio intelectual, no siempre justo en los principiantes.

Los que profesamos el oficio del magisterio tenemos la obligación inexcusable de oír a los jóvenes, a fin de discernir el talento positivo de la huera palabrería y de trabajar para crear al mérito naciente el ambiente de comprensión y respeto a que tiene derecho.

¤ ¤

En la apreciación de las capacidades reina casi sin excepción el aforismo médico *similia similibus,* aunque tomado en acepción algo especial.

Por donde se ve que por necios que seamos siempre hallaremos admiradores: los que padezcan en menor grado la misma especie de tontería que nosotros.

¤ ¤

Al pasear por un parque, ¿no habéis sorprendido algún árbol rebelde que, torciendo su tronco, todavía tierno, invade audazmente la próxima avenida, ansioso de crecer libremente al aire y a la luz? Así procede a veces el mérito desconocido. Disculpemos piadosamente sus excentricidades, convencidos de que, logrado el vivificante calor de la celebridad, se someterá a la disciplina del buen gusto y del trabajo honrado.

¤ ¤

Desearíamos entablar comercio intelectual con un espíritu prócer, absolutamente despojado de orgullo y presunción, a fin de que nuestra pequeñez, libre de humillaciones, se elevara y expandiera a su talante. Sin duda, existen sabios ilustres que juntan los más altos dones de la mente con la más encantadora de las modestias. ¡Pero cuán raros! Porque es casi imposible que el gigante ignore su estatura y que al platicar con pigmeos olvide que nos mira desde arriba.

¤ ¤

Nada es más raro que hallar un ingenio perfectamente ponderado. Y no aludimos aquí a las taras patológicas del genio, sobre las cuales tanto se ha divagado, desde Erasmo y nuestro Huarte hasta Moreau de Tours y Lombroso. Nos referimos a las lagunas mentales de que, por compensación de ciertas excelencias, adolecen

casi todos los talentos superiores. Encuéntranse con frecuencia inteligencias penetrantes casi privadas de imaginación; memorias prodigiosas asociadas a medianos
intelectos; capacidades y erudiciones de primer orden
deslucidas por un amor propio femenil o un desvaneci-
miento enfadoso; fantasías pomposas y plásticas rebeldes a la disciplina del trabajo; espíritus creadores incapaces de exponer con claridad y método el fruto de sus
estudios. ¿Quién no ha visto con pena notables oradores limpios de sentido común; matemáticos insignes que
discurren como ostras sobre asuntos de filosofía o de
política; pintores eminentes embarazados para escribir
una carta discreta; gentes de negocios que proyectan
bien y ejecutan pésimamente?

Y es que la virtualidad genial, como han insinuado
Mobius y otros autores, es casi siempre especialista.
Constituye algo así como el efecto de un lóbulo sobre-
añadido que, al nutrirse egoísticamente, atrofia los demás centros encefálicos. ¡Dichoso el que ha recibido de
la Divinidad una cabeza fuerte y armónica, donde ninguna circunvolución monstruosa deforma el cráneo ni
el juicio, y en cuyas obras se equilibran felizmente la
energía con la elegancia, la fortaleza moral con la lucidez y perspicacia y la fantasía con el sentido crítico!...

¿Qué hacer cuando la Naturaleza nos ha gratificado
con una de aquellas monolaterales excelencias? Pues seguir la pendiente trazada por nuestra organización, co-
rrigiéndola en lo posible con el trabajo perseverante, y
dejar que nuestras iniciativas, si valen algo, sean expuestas y aplicadas por los dotados de aptitudes com-
plementarias.

¤   ¤

Debilidad disculpable en los talentos creadores es la
comezón irresistible de hablar a todo el mundo de la
propia obra.

Esto me recuerda un episodio de viaje al polo antár-
tico del explorador Shackeleton. En sus ratos de buen
humor, uno de sus camaradas entreteníase en hacer so-

nar el gramófono ante copioso auditorio de pingüinos. Huelga decir que los singulares avechuchos polares oían el concierto como quien oye llover.

¿Quién no ha tenido alguna vez la debilidad de tocar la música de la ciencia o del arte ante una bandada de pingüinos humanos, acaso porque quienes no lo son desdeñan escucharla?

✿ ✿

El sabio verdadero suele ser modesto y tímido en sus conclusiones, porque su intelecto ha sufrido, durante rudos combates con la realidad, el choque hiriente de la impenetrabilidad de las cosas; el semisabio, en cambio, henchido de orgullo, forja confiado las síntesis más generales y ambiciosas, porque su caletre limitado es incapaz de vislumbrar ni sospechar siquiera el insondable arcano que nos rodea.

✿ ✿

Se cuenta del león que, para entrar en furor heroico, se azota los flancos con la cola, provista de cierta uña hiriente y excitante.

Conducta algo parecida siguen ciertos literatos y oradores para procurarse el sacro fuego de la inspiración. Unos recurren al alcohol, otros a la morfina y algunos al éter o a la cocaína. Los conocidos ejemplos de Verlaine y Maupassant son representativos.

Consideramos (por lo menos en la mayoría de los casos) nocivo y hasta contraproducente todo estímulo artificial. Cuando se dispone de un estómago sano no hay mejor excitante que alimento suculento y bien condimentado. Llenemos primero la mente de ideas substanciosas y de formas adecuadas; el discurso, impaciente cual fogoso bridón, emprenderá por sí solo la carrera. Lo difícil no es abrir el grifo de la fantasía creadora, sino cerrarlo oportunamente, antes de que la vibración dolorosa del pensar nos condene al enervamiento y al insomnio.

✿ ✿

Decía Plutarco que "eran muy de temer en los banquetes los hombres de mucha memoria". ¡Dichosos los griegos, que sólo abusaban de la palabra en los banquetes!...

Aquí hay gentes que peroran latamente hasta en ayunas, y que, según el dicho de Quevedo, "se van de palabras como de cámaras y madrugan para hablar".

✿ ✿

Como a las mujeres se las llama simpáticas por no calificarlas de feas, así a los hombres se los llama discretos y buenas personas por no motejarlos de sandios.

✿ ✿

Propio de los grandes genios, como de los habitantes de los abismos del mar, es marchar iluminados con su propia luz.

✿ ✿

Conocerás al impotente presuntuoso mediante este signo infalible: en que niega sistemáticamente todo mérito universalmente reconocido.

¿Qué mayor prueba de ingenio puede darse a los ojos de los beocios que negar el genio? Y, además, ¡qué actitud tan cómoda y económica para realzar la propia personalidad!

✿ ✿

Se ha dicho de Carlo-Magno "que fué el único hombre grande que fué grande hombre". Aunque se dan excepciones, por lo regular el animal humano, al modo del vegetal, sólo da frutos exquisitos y bellas flores cuando mide pequeña o mediana talla. Los colosos del bosque sólo son buenos para palos de navío o vigas de construcción. Un cerebro resumido y de fina estructura parece funcionar mejor que un cerebro voluminoso y de basta y burda organización.

A este respecto importa recordar que el hombre primitivo—tipo de Néardenthal, de Moustier, etc.—poseía una capacidad craneana superior a la del europeo actual. ¿Acabará algún día el hombre de raza blanca, al modo de los insectos, a fuerza de automatizar sus reacciones por influjo creciente de la división del trabajo, por reducir su masa cerebral al límite mínimo compatible con la vida social? ¿Crecerá en sutileza estructural específica lo que pierda en dimensión y capacidad? No parece probable.

☼ ☼

Cuando veo un hombre pequeño dotado de soberana inteligencia, me parece sorprender a un águila anidando en un mechinal.

☼ ☼

Se ha afirmado que hay hombres de genio que carecen de talento. A lo que debe añadirse que abundan los hombres de talento horros de sentido común. Y recíprocamente, ¿a quién no han sorprendido los rasgos de admirable buen sentido que, de vez en cuando, advertimos en los necios? Por lo cual, para adoptar una decisión en graves asuntos (excluyo, naturalmente, los altos dominios del arte, la filosofía y la ciencia), no estaría de más demandar consejo primero al ignorante y después al sabio (1).

☼ ☼

Ya notó el agudo Gracián "que los campos áridos y enjutos crían talentos de condición seca y gravedad melancólica, y las regiones prósperas, ingenios lozanos y vigorosos". El que vive rodeado de estepas tiene mucho adelantado para formarse un cerebro estepario. Si la higiene del desarrollo intelectual no fuera un mito, todo niño bien constituído debía criarse junto a la costa correteando por la tierra verde y arrullado por el mar. Porque allí, sobre todo, la diversidad inagotable de impresiones es poderosa a crear (salvando, naturalmente, la capacidad heredada) sistemas complicados de ideas y asociaciones. Mas este modo de crianza sólo está al alcance de los ricos.

☼ ☼

_____

(1) Yo tengo la costumbre de someter cada novela que compro al dictamen de mi mujer y hasta de mi fámula. Después la leo y formo mi juicio.

Existen sujetos graves, enfáticos, completamente inéditos; no obstante lo cual pasan por abismos de ciencia y de cordura. Recuerdan a esos relojes antiguos, imponentes y decorativos, puestos sobre las vetustas consolas del salón, que sólo tienen el pequeño inconveniente de no andar.

¤   ¤

Todos conocemos personas tan candorosas, tan angelicales, que por no tener dobleces no los tienen ni en el cerebro. Con todo, estos dechados de bondad y sumisión, verdaderos *leiencéfalos* de la fauna política, llegan a directores generales y hasta a ministros. ¡Son tan fieles, tan serviciales y tan buenos! ¡Cómo negarles nada!...

¤   ¤

Se nos habla a menudo de hombres de gran ingenio que adolecen del defecto de ser holgazanes incorregibles ¡Ah, si ellos se dignaran trabajar!...

Me ocurre una duda. ¿Puede existir un espíritu rebosante de aptitudes superiores y entregado sistemáticamente a la inercia? ¿Se concibe un Hércules que rehuse ejercitar, siquiera sea por higiene, la potencia de sus músculos?

Precisamente el índice de las altas mentalidades es su capacidad extraordinaria de trabajo. Además, no hay placer comparable al de sentir el alcance de la propia fuerza y de su señorío sobre las cosas y los hombres.

¤   ¤

El genio científico completo ha de reunir en sí tres personalidades harto desemejantes: la del minero infatigable y paciente que arranca la hulla de los filones profundos; la del químico práctico, que aprovecha ingeniosamente el material bruto para fabricar espléndidos colores de anilina, y, en fin, la del artista que, combinando diestramente esos colores, sabe pintar los episodios heroicos de la lucha entablada entre el espíritu y la materia, el alcance teórico de los resultados y, en

fin, sus ventajas en pro del aumento y comodidad de
la vida.

✿ ✿

Así como el acero, mezcla del hierro y carbono, resulta más eficaz que el hierro puro, el ingenio perspicuo
entreverado de algunos defectos amables será siempre
preferido al talento irreprochable.

✿ ✿

Cuentan los naturalistas que el *noctiluco*, minúsculo
protozoario agente de la misteriosa fosforescencia de las
olas marinas, acrecienta notablemente su fulgor cuando
es brutalmente excitado.

Así ocurre también con muchas personas: su clarividencia se revela solamente al indignarse.

✿ ✿

Propendemos a considerar simpáticos y hasta inteligentes a los guapos mozos, olvidando que la belleza es
un accidente de la piel y del esqueleto. Una vez desolla-
dos, ¿en qué se convertiría un Apolo o un Antinoo?

El canto de los pájaros, que tanto seducía a Dickens,
rara vez se acompaña de la belleza del plumaje. Y lo
mismo ocurre con la inteligencia y los instintos superiores: casi siempre son la compensación piadosa de una
facha y librea miserables. Sirvan de ejemplos zoológicos la hormiga, la abeja; el ruiseñor, de aspecto vulgar,
pero dotado de instintos admirables, y el pavo real y
el ave del Paraíso, animales bellos y estúpidos. Esta regla, sin embargo, no es general.

✿ ✿

Abundan los talentos oratorios a quienes se oye con
verdadero deleite y que, al escribir, sobrecogidos acaso
por el terror de la vulgaridad, se tornan obscuros, con-
ceptuosos y afectados. Recordando a las damiselas pre-
sumidas que aliñan su rostro para lucir en la calle y en
visita, los aludidos oradores se componen una fisonomía convencional, excesivamente acicalada y decorativa

para imponerse a los lectores. El *scripta manent* de los latinos les sobrecoge y espanta.

✿   ✿

Todos seríamos más agradables si, cuando escribimos, en vez de apuntar a una posteridad de refinados, que no se acordará para nada de nosotros, pensáramos exclusivamente en los pocos amigos y conocidos que, por habernos calado bien, nos desean como somos, y que se considerarían defraudados si les escamoteáramos nuestra modesta personalidad.

✿   ✿

Se ha insistido mucho por antiguos y modernos acerca de la conocida inscripción del templo de Delfos: *Conócete a ti mismo.*

Precisamente, una de las indiscutibles excelencias de nuestra constitución cerebral consiste en la imposibilidad de autoconocernos. Ya lo expresa gráficamente el dichete popular: "Nada hay mejor repartido que la inteligencia, puesto que todos estamos satisfechos con la propia."

A este propósito séanos lícita una observación: Aparte del absurdo de pretender explorar las esferas de la cerebración subconsciente e inconsciente, antros tenebrosos donde mora el enigmático teclado de nuestras reacciones mentales y de nuestras voliciones y repugnancias, ¿sería deseable ni piadoso que el cretino, el majadero, el impulsivo, el loco o el fanático tuvieran plena conciencia de sus lacras intelectuales y afectivas?

Disponemos exclusivamente de un medio, harto falible, para conocernos. Objetivarnos o, más claro, ofrecernos como caso clínico al juicio de los discretos. Desgraciadamente, siempre que el veredicto nos es desfavorable lo recusamos sin apelación.

En suma, es bueno conocernos; pero no tanto que el autoconocimiento nos haga pusilánimes e infecundos.

✿   ✿

Se ha dicho mil veces que una cosa es disponer de un buen entendimiento y otra, muy diferente, adiestrarlo y adaptarlo estrictamente a la realidad.

Si no temiera abusar de los símiles, de buen grado compararía el encéfalo a una asamblea legislativa, en la cual cada diputado, es decir, cada célula o grupo de células nerviosas, corresponde a un distrito de Cosmos. En las cabezas bien construídas y administradas, en aquellas en donde, según diría Spencer, la coordinación entre las relaciones externas e internas se estableció legítimamente, cada representante celular conoce y traduce fidelísimamente las aspiraciones e intereses del distrito. Y al contrario, a semejanza de los Parlamentos corrompidos y amañados, en las cabezas defectuosas o mal educadas, los representantes o *neuronas* vienen a ser diputados cuneros, desconocedores de la circunscripción que simbolizan, sin más ciencia política y social que la dictada por el santón (entiéndase cacique o jefe de pandilla), por obra y gracia del cual recibieron la gratuita investidura parlamentaria.

¤ ¤

Entre las incongruencias nefastas advertidas en ciertos lúcidos ingenios, merece especial mención la falta de arrojo y serenidad en los torneos oratorios y polémicos.

¡Oh admirable desenfado, escollo de los humildes y escudo de los audaces! Espectáculo doloroso es contemplar la lucha del mérito encogido y apocado con la medianía arrogante y retadora. Antes de la esgrima dialéctica, el tímido se siente asistido de clarividencia adivinadora de la perfidia del adversario, de previsora energía que le impele a arrojar en la hornilla todo el carbón..., y, sin embargo, llegado el trance supremo, como si un ángel malo le fascinara, siente el corazón latir dolorosa y tumultuosamente, experimenta ansiosa opresión en el pecho, inhibición de la palabra y del argumento adecuados, y ve con angustia que su razón, al primer envite, desarmada, se obscurece y entrega. El caso de Anatole France, conversador delicioso y agilísimo y orador premioso y tímido, es bastante frecuente.

✡ ✡

Digan lo que quieran pedagogos y educadores, el tonto es, orgánica y constitucionalmente, gandul. ¿Quién trabaja, cuando el trabajo constituye martirio?

✡ ✡

Si para los juicios de contenido ideal son recusables los sandios y cortos de alcances, para los de contenido ético son, a menudo, reactivos de exquisita sensibilidad. No sabrán razonar sus afirmaciones; pero en cambio olfatean admirablemente al vividor, al canalla y al farsante.

✡ ✡

Nada se nos resiste más que la confesión de haber dado a luz una doctrina falsa o un hijo bobo. En cuarenta años de profesor no he topado todavía con un padre suficientemente desapasionado para decirme: "Soy un zote, y mi hijo ha heredado mi estulticia, agravada quizá con la de su madre".

✡ ✡

Conforme reza la frase vulgar, veneramos y enaltecemos de buena gana el talento o el mérito eminente recién fenecidos; mas, pasada la emoción del momento, solemos enterrar con el difunto hasta la memoria del panegírico. Diríase que el consabido "olor de santidad" dura solamente lo que el "olor a cadáver".

✡ ✡

Seamos modestos y confesemos que el cerebro humano, la obra maestra de la Creación, hállase esencialmente organizado todavía según el plan del de los animales, y padece flaquezas y contrasentidos lamentables. En la jerarquía de sus funciones, los papeles se invierten. Como se ha dicho muchas veces, el sentimiento manda y la razón obedece. El oficio de ésta redúcese a menudo a imaginar argumentos justificadores del deseo.

Y ello acontece en política, en moral y, sobre todo, en filosofía.

✿ ✿

¡Qué espectáculo más humillante para nuestra vanidad de dioses es ver cómo sabios ilustres y pensadores geniales, dotados de agudo sentido crítico, cuando de aquilatar las condiciones de un fenómeno científico se trata, aceptan cual irrecusables pruebas las innúmeras artimañas, supercherías y sugestiones de histéricas, *médiums*, faquires y videntes (1).

✿ ✿

Si tienes plena conciencia de tu valer, desprecia el remoquete de "tonto trabajador" con que infaliblemente trataran rivales y envidiosos de enfriar tus entusiasmos. Y aunque tuvieran razón, sabe que las hadas te han otorgado al nacer el más fecundo y preciado de los dones: la fuerza de voluntad, con la cual, metódicamente cultivada, lograrás no sólo aumentar el patrimonio universal de las ideas, sino triunfar, dentro de ciertos límites, hasta de tu deficiente arquitectura mental.

✿ ✿

Llegar a su hora.—Se ha deplorado infinitas veces el angustioso calvario del genio nacido antes de tiempo; pero es mucho más dolorosa la historia de los genios que, por haber nacido demasiado tarde, se encuentran con que *su obra*, aquella para cuya ejecución les prodigó la Naturaleza dones preciosos, está ya realizada. Hagan lo que hagan, pasarán indefectiblemente por imitadores, cuando no por plagiarios.

✿ ✿

¿Se hereda el talento? Importa distinguir entre el congénito y el adquirido.

El *adquirido*, fruto de un proceso perseverante de autoorganización cerebral, no puede ser transmitido a

_____

(1)   Véase mi libro en preparación sobre el *hipnotismo, espiritismo,* etc.

la prole, como no lo son las demás adquisiciones del hábito y de la educación.

En cambio, el talento *congénito* se hereda a menudo, y se heredaría casi siempre si los hombres superiores no incurrieran en la incomprensible flaqueza de unirse con mujeres vulgares. Pero de esto diremos algo al tocar el tema de la *Eugenesia*.

Aun en los casos más afortunados, es decir, en aquellos en que los genios de la voluntad, del juicio o de la imaginación, emparejaron con hembra de elevada alcurnia intelectual, suele malograrse el fruto; porque en vano dispondrá el hijo del bosque complicado de *neuronas* cerebrales de sus progenitores si, mediante intenso laboreo, no acierta a transformar la selva virgen en ameno y delicioso jardín.

En resolución, puede transmitirse la superior organización encefálica; mas las aptitudes del hijo suelen quedar en fase larvar, a causa de no haber luchado con los numerosos accidentes adversos de la vida, singularmente con la necesidad, precioso buril, a cuyos golpes se convierte el informe bloque cerebral, legado de la raza, en excelsa obra de arte o en exquisita herramienta de producción.

✿ ✿

Infinitas son las definiciones del talento y del genio formuladas por los psicólogos; pero casi todas giran, a mi entender, en torno de estas dos:

"El talento es la facilidad, y el genio, la novedad."

No afirmaré con Max Nordau que el genio constituye especie humana nueva, pero sí que posee parcial o totalmente un encéfalo más fino y sutilmente organizado, es decir, dotado de vías de asociación más complejas y copiosas que las del tipo humano corriente (1).

_____

(1)   Aunque el recuerdo carezca de importancia, consignaremos que este parecer fué expuesto por nosotros en 1894 ante la *Sociedad Real*, de Londres, con ocasión de la *Croonian Lecture*. Claro es que, como posible factor del superior rendimiento intelectual del genio, no debe olvidarse la excelencia de la composición química neuronal o de sus elementos anejos, ¿neuroglia? En

En cuanto al talento, dispondría de un cerebro tipo, sin nuevos cauces de asociación, pero amplios, ponderados y completos. Algo semejante, aunque en forma menos objetiva, afirmó del genio W. James al decir: "Es la capacidad de la asociación por semejanza desarrollada en grado extremo."

☿ ☿

Propendemos a considerar el talento y el genio como variedades humanas perfectamente deslindadas, olvidando la existencia de fases intermediarias. Entre la mentalidad común y el entendimiento prócer figura el *despejo* o *listeza;* de igual modo, entre el genio y el talento se intercala (aunque no siempre) el *ingenio*.

Si la psicología de las medianías y de los pobres de espíritu hubiera interesado a los sabios tanto como la de la genialidad literaria o científica, habríase descubierto también una gama rica en matices entre el prudente adocenamiento y la idiotez radical.

☿ ☿

Preguntada cierta persona por qué no asistía a la amenísima tertulia del doctor M., hombre de finísimo ingenio, pero muy holgazán, contestó:

—Porque la holgazanería se pega y el talento no.

☿ ☿

A.—Nuestro común amigo G. está enojadísimo conmigo, pero lo necesito ahora, y te agradecería infinito que tú, que ejerces sobre él irresistible ascendiente, nos reconciliaras.

B.—Creo que lo conseguiré por grave que haya sido la ofensa. Cuéntame lo ocurrido. ¿Le has negado dinero?

A.—No.

B.—¿Le has llamado canalla?

A.—Tampoco.

tal dirección se orientan hoy algunos tratadistas, singularmente el doctor A. Palacios, quien conocede suma importancia a la influencia de las *secreciones internas.*—A. Palacios: *El genio.* Buenos Aires, 1920.

B.—¿Has seducido o intentado seducir a su mujer?

A.—Menos aún. Me he limitado a expresar tímidamente en un corro de amigos que tenía poco talento.

B.—Amigo mío, renuncio a reconciliaros. Te has creado un enemigo para toda la vida...

✿ ✿

Todos conocemos espíritus ilógicos tan desorientados, que en todo negocio litigioso no hay sino invertir sus juicios para acertar. Lo malo es que, parecidos a las veletas, a lo mejor cambian caprichosamente de cuadrante o se paran en seco.

✿ ✿

Con razón nota La Rochefoucauld: "Todo el mundo se queja de su memoria, pero nadie de su juicio." Exacto. Por esto los envidiosos del mérito relevante, para herirle en lo más vivo, suelen decir: "Tiene un memorión que espanta; pero el pobre carece de sentido común."

✿ ✿

Es preferible una regular inteligencia, susceptible de actuar enérgica y reiteradamente, al talento lúcido y fácil, pero con desmayos energéticos y patrióticos.

✿ ✿

El talento suele ser una regular aptitud potencial de tipo rotatorio; mientras el genio representa a menudo, según dejamos dicho, una gran capacidad especializada y como monstruosa. Los genios musicales, pictóricos o poéticos aprenderán quizá la física o las matemáticas, pero no harán en ellas ningún descubrimiento. Un matemático insigne escribirá, si se lo propone, versos estimables, pero *calculados* más que inspirados, como Voltaire, con maligna expresión, juzgaba los de D'Alembert. Con lo cual no pretendemos negar los genios universales. Ahí están Aristóteles, Galileo, Leonardo de Vinci y Goethe para probar su existencia y su rareza.

✿ ✿

Asombra reconocer el candor infantil mostrado frecuentemente por los sabios eminentes en cuanto abandonan sus habituales trabajos. Como las leyes y fenómenos naturales carecen de mala intención y de miras interesadas, creen que ocurre lo mismo entre los hombres.

Aun en los dominios cursados por ellos y objeto preferente de sus reflexiones, muestran alguna vez obcecamientos e inocencias críticas que nos hacen sonreír. ¿Quién no recuerda la credulidad algo infantil de Lombroso—genio o, por lo menos, talento *d'élite*—al aplicar sus célebres teorías del *criminal nato* y del *genio insano?* Cuando topaba con delincuente feroz de irreprochable conformación anatómica, "¡bah!—exclamaba—, éste es criminal de ocasión". ¿Encuentra un genio como Verdi, admirablemente sano y ecuánime? "Este—nos dice—no pasa de ser un ingenio." Y fascinado por sus deslumbradoras concepciones, olvida contrastarlas con la biografía de los magnos y normales genios de la Humanidad. Y cuando, apurado, cita algunos de éstos, es para motejarlos de vagabundos, sordos, insensibles o longevos. ¡La longevidad síntoma del genio!...

✿ ✿

Los entendimientos abúlicos y las medianías estudiosas suelen vengarse del genio considerándolo como un caso patológico. He aquí un consuelo fácil y barato.

Concedo, sin embargo, que muchos altísimos ingenios y aun talentos esclarecidos cayeron temporal o definitivamente en las tinieblas de la enajenación. ¿Pero se ha analizado bien el influjo que en la génesis del desequilibrio mental tuvieron el sobretrabajo agotador, el abuso de los excitantes, la vehemencia irrefrenable de las pasiones y—por qué no decirlo—los efectos del *spirocheto* de la *avariosis*, responsable, según es notorio, de la parálisis general? ¿Que Lais o Aspasia no trató, por vanidad o reclamo, de uncir a su carro triunfal algún príncipe del arte, de la filosofía o de la ciencia?

La suprema labor mental exige dos condiciones: buena máquina pensante y dotación copiosa de carbón (la voluntad). Desgraciadamente, no coinciden siempre en los hombres superiores: unos disponen de buena máquina y de combustible deficiente, y otros poseen copioso combustible y máquina de munición.

☼ ☼

Aunque no sea cierta siempre la máxima de La Bruyère, "los genios carecen de padres y descendientes; forman solos una raza", debemos aceptarla, porque es muy alentadora, como lo es también la definición de Buffon: "El genio es una larga paciencia."

Ambas (que no son tan inconciliables como parece) poseen la inestimable ventaja de inducir y confortar al hombre codicioso de gloria. La máxima de La Bruyère animará al genio nacido en humilde cuna, que podrá considerarse como padre de sí mismo e hijo de sus obras; y la de Buffon estimulará a las inteligencias laboriosas y tenaces, con la perspectiva halagadora de alcanzar por sí mismas las cimas de la celebridad.

☼ ☼

Como hay talentos refinados por el estudio, hay mentalidades entontecidas por desuso.

☼ ☼

La *craneoscopia* y la *fisiognomónica* están hoy, con sobrada razón, desacreditadas. Se ha abandonado también, entre otros criterios anatómicos de la mentalidad superior, el que asociaba el encéfalo voluminoso con el sumo juicio, como si la concha más grande encerrara siempre la perla de mejor oriente. Pero de esto ya dejamos apuntado algo más atrás.

☼ ☼

El talento superior sólo se tolera y aun encomia cuando se emplea en provecho de los demás.

☼ ☼

A veces, los hombres más listos se olvidan de ser honrados. Todo se les permite, porque todo se les perdona.

✿   ✿

Lo peor no es cometer un error o proferir un dislate, sino tratar de justificarlos, o *racionarlos*, como se dice ahora, en vez de aprovecharlos como avisos providenciales de nuestra ligereza o ignorancia.

CAPITULO VI

ACERCA DE LA CONVERSACIÓN, LA POLÉMICA, LAS OPINIONES,
LA ORATORIA, ETC.

La verdadera característica del hombre discreto no consiste en *hablar*, y menos en *charlar*, sino en *conversar*. En las tertulias cultas satisfacemos nobles curiosidades; cambiamos ideas por ideas; corregimos juicios precipitados; hallamos consejo en los negocios arduos, estímulo para las buenas obras, consuelo en los sinsabores y, por encima de todo, ejercitamos la totalidad de nuestro mecanismo mental, algunos de cuyos rodajes tienden a atrofiarse a causa del desuso impuesto por el especialismo profesional. Gracias, en fin, a esta especie de conjugación espiritual, conserva el cerebro todo el patrimonio heredado de la raza, evitando descender, como los parásitos de la baja zoología, a la condición degradante de intestino voraz, servido por un aparato locomotor o tentacular en regresión.

¤ ¤

Si cuando discutes se alegra demasiado la galería, recela que tú o tus impugnadores habéis sacado las cosas de quicio o tratado sin decoro la cuestión.

¤ ¤

La moderación y cortesía en las polémicas constituye inexcusable homenaje, no sólo a la probidad y sinceridad del contradictor, sino a la magnitud del problema, que a menudo sobrepuja las más grandes capacidades.

✿ ✿

Los que alardean de consecuentes son unos engreídos o endiosados. Parecen decirnos: tan seguro estoy de mi opinión, que todo lo que la ciencia futura descubra no me hará rectificar.

✿ ✿

Hay diversas categorías de coloquios: el filosófico, el religioso, el político, el chismográfico y, sobre todo, el *digestivo*.

Entremos en un café. Después de habituar nuestros ojos al humo del tabaco y al denso vaho respiratorio, comenzamos a vislumbrar algunas *peñas* gesticulantes. De los labios entreabiertos de los comensales surge, a intervalos, un chorro de vapor y una sarta de interjecciones pintorescas. Cada contertulio semeja puchero en ebullición, que se destapa rítmicamente bajo la cobertura del bigote. Acerquémonos a uno de estos fogones parlantes. ¿Qué dicen? Profieren juicios y frases rotundas acompañadas de ademanes heroicos. Son burbujas que estallan a flor de labio, cuando no bombas que destruyen honras o nobles ilusiones. Levantada la sesión, los contertulios se desaparraman por la acera enardecidos y vibrantes, pero satisfechos y sonrientes. ¡Allí no ha pasado nada!...

Moraleja: el español vocifera, se indigna y arrebola, sin otra mira que hacer pinitos oratorios y favorecer la digestión.

✿ ✿

Al presenciar una polémica advertimos, según se ha dicho hartas veces, que entrambos interlocutores tienen razón. Su disconformidad procede de que han contemplado el asunto desde diverso punto de vista. Recuerdan a dos excursionistas que, partidos el uno por el lado norte y el otro por el lado sur de una cordillera, describieran el aspecto imponente de los picos más ingentes. El primero los contemplaría encaperuzados de nieve; al otro se le ofrecerían como rocas desnudas y calcinadas. Y entrambas descripciones serían exactas.

Por donde se infiere que, para discutir honradamente, es preciso que cada interlocutor se resigne a seguir, además de su propio camino, el recorrido por el adversario.

☿ ☿

Por lo general, sólo son sinceras las opiniones expuestas en las tertulias íntimas, formadas por escasas personas. En cuanto hay galería y teatro, todos somos un poco histriones.

☿ ☿

Cuanto peor hablamos, más habladores somos. Pocas veces se aúnan verbosidad y elocuencia.

☿ ☿

En las controversias de orden político y social, el rico se apresura a cargar con su oro un platillo de la balanza; mientras que el pobre suele cargar en el otro, no el ansia de justicia, conforme el optimismo humano imagina, sino la funesta pasión de la venganza.

☿ ☿

Nada menos edificante que las polémicas llamadas *serias* entre personas graves y autorizadas.

A las primeras escaramuzas oratorias advertimos con pena que sólo una mínima parte de los contendientes discurre con la cabeza; del resto, unos discurren con el corazón, otros con el bolsillo y algunos con el sacristán de la parroquia.

☿ ☿

Ha pasado a ser tópico vulgar aquello de: dime cuánto dinero tienes y adivinaré tus opiniones. Esta relación crematísticodialéctica se confirma casi siempre. Y, sin embargo, de vez en cuando se dan curiosas excepciones. Aludimos al prócer, al hombre de carrera brillante o al millonario que, sintiéndose apóstoles, abogan fogosamente en pro del socialismo y hasta del comunismo. Sin duda que entre estos redentores inesperados encuéntranse convicciones sinceras; pero, en general, nos parecen paradojistas vanidosos o hipócritas elegantes. Después de todo, ¿qué pierden con simular generosidad y altruísmo sabiendo que eso del reparto va para largo, y que, en último caso, el temido rasero nivelador no habrá de estrenarse en ellos?

✻ ✻

En toda discusión porfiada, cada contrincante defiende, no la verdad, sino su propia infalibilidad.

Y como todos son infalibles, cuando el cansancio pone remate a la polémica siguen en alto las espadas hasta el próximo torneo.

✻ ✻

En muchas controversias parlamentarias el argumento decisivo es precisamente el que, callado en público, corre de boca en boca, cuchicheado en los pasillos. ¡Cuánto se abreviarían los debates políticos, y se sanearía la atmósfera moral de ciertas Corporaciones, si los aludidos argumentos *ad hominem* fueran consentidos por los dictados de la buena crianza y por la llamada cortesía parlamentaria!

✻ ✻

Siempre que nos veamos obligados a refutar un error debemos dejar a salvo estas tres cosas: la rectitud de intención del adversario, la excelsitud de su entendimiento y la certeza de que, tarde o temprano, en cuanto examine desapasionadamente la cuestión, acabará por compartir nuestro sentir.

✻ ✻

Jamás caigamos en la tentación—reveladora además de falta de urbanidad y de irritante petulancia—de considerar a nuestro contrincante mentalmente inferior o inadaptable al asunto. Que el hombre se aviene y hasta se consuela, en ocasiones, con la idea de su falta de madurez para dominar un problema; pero se irrita y exaspera si se le dice que no madurará jamás.

✻ ✻

En las sabrosas *peñas* de café, el papel más solemne e importante es el de los silenciosos. A ellos se dirigen, como demandando aprobación, los argumentos de los polemistas. Constituyen, pues, jueces de campo inapelables. ¡Pero desgraciados de ellos si alguna vez se atreven a fallar!...

☼ ☼

En toda discusión apasionada, apurados los argumentos, queda siempre, como residuo irreductible, una cuestión de gusto o de interés.

Si en los debates de Ateneo o en los torneos académicos no se tratara casi siempre de ejercitar aptitudes utilizables, ulteriormente, en el palenque de la política al uso, la táctica más económica para nosotros sería preguntar de antemano al contendiente: ¡Vamos!..., dígame, con franqueza, ¿cuál es la verdad que a usted le conviene colocarnos?

☼ ☼

"El que calla, otorga", reza el refrán. Según y conforme. A veces sonríe interiormente; otras reposa de sus tareas adormilándose como el niño arrullado por canción de cuna, y otras es un hábil que adopta actitud tácita para no comprometerse.

☼ ☼

Escoge tus amigos y contertulios entre las personas bien nutridas y de excelente color. Pidiendo perdón por el retruécano, afirmaríamos de buena gana que quienes poseen excelentes *ganglios simpáticos* (centros rectores de la vida vegetativa) son también *simpáticas* personas.

☼ ☼

Estimo mucho más peligroso que al matón y al maldiciente al contertulio de carácter desigual, en quien fracasa toda previsión psicológica. A lo mejor, rindiendo culto al espíritu frívolo de la mesa, se nos ocurre gastar con aquél una broma inocente, confiando en que, penetrando nuestra intención, reaccionará al unísono, y advertimos con estupor que se sube a la parra, adopta posturas iracundas y profiere palabras gruesas.

Tales energúmenos, de reacciones ilógicas, y que en el fondo son pobres de mollera, deben ser metódicamente eliminados de toda tertulia de buen humor. El remedio soberano consiste en acordonarlos con el silencio.

✡ ✡

Gran treta para la duración, agrado y concordia de una *peña* heteróclita, es recriar y mimar a un infeliz tan paciente, obtuso y amorfo, que atraiga y tome a chacota todas las pullas, por pesadas que sean. Constituído en desaguadero general de los malos humores, estas almas cándidas sirven de eficacísimos derivativos a los ingenios mordaces, generalmente poco sufridos, quienes, al topar con un buen *parroquiano*, dejan de mortificarse entre sí.

Esto me recuerda a los antílopes, cuya caza han prohibido los ingleses en la India a fin de que el hambre no obligue a los tigres a devorar a los hombres.

✡ ✡

Ocioso y peligroso es pretender extirpar el error de quien medra con él.

¿Para qué discutir seriamente con sujetos que discurren con el *plexo solar* (1) y cuyas opiniones representan repercusiones remotas o inmediatas de reflejos estomacales?

✡ ✡

Como en los hospitales, en las tertulias cabe ejercitar dos clases de cirugía: la *conservadora* y la *mutiladora*. Obra como cirujano conservador el contertulio que acierta a extirpar la sinrazón del camarada sin mutilar la reunión; al contrario, actúa de cirujano mutilante quien para corregir la deformidad amputa de la reunión al miembro que la padece. Y ya dejamos apuntado que en todo corro de contertulios, los bobos o los adocenados son tan necesarios como los listos.

✡ ✡

---

(1)   Plexo nervioso abdominal salpicado de ganglios rectores, en buena parte, de las funciones digestivas.

Antes de espontanearte en asuntos filosóficos con personas desconocidas, asegúrate bien de si pertenecen a la categoría de las tolerantes y comprensivas. Nada odia más el fanático que al audaz contradictor de *su verdad;* porque, por más que alardee de imparcial, allá en el fondo de su conciencia no está muy seguro de aquélla y mira con horror a cuantos le disputan el tesoro de su fe, a la que debe, aparte la tranquilidad del ánimo, el inestimable don del ahorro de pensamiento.

De mí sé decir que, por haber olvidado este consejo—harto vulgar por otra parte—, he perdido docenas de amigos.

Aunque bien miradas las cosas, ¿merecen el nombre de tales quienes, en su intransigencia dogmática, pretenden arrebatarnos el excelso privilegio de discurrir por cuenta propia?

✿ ✿

—¿Alborotas y te enojas al discutir? Luego no tienes razón.

—Es que hablo con imbéciles.

—Pues entonces el imbécil eres tú al intentar persuadirles a gritos. El buen argumento, como el proyectil de las armas modernas, debe salir de la mente sin humo, sin fuego y con el menor ruido posible.

✿ ✿

El suplemento.—A propósito de los que se enfadan cuando carecen de razones convincentes, séame lícito recordar cierto cuento andaluz:

Allá por los tiempos de la *gloriosa,* el pueblo soberano organizó en Ronda la correspondiente milicia nacional. Nada menos marcial, al principio, que sus arreos: morriones abollados, polainas de caballista, chaquetas agitanadas y, lo que fué más grave, fusiles sin pistón ni gatillo, cuando no roñosos y vetustos mosquetones de chispa.

Armado con una de estas venerables carabinas de Ambrosio, tocóle montar la guardia a cierto gitano ja-

carandoso, quien, viendo acercarse un bulto, gritóle con
voz estentórea y terrible:

—¡Atrás, paisano!... ¡Si das un paso, te abraso los
hígados!...

—Pero, ¡*camará!* — respondió el transeúnte pacífico—, para decirme eso no hay que amenazar.

A lo que el centinela socarrón, después de reconocer al
amigo y de mostrarle el mosquetón aparatoso, repuso:

—¡Hazte cargo!... Armado con esta escoba, ¿quién
me respetará si no añado una *miaja de suplemento?*

✿ ✿

Notorio es que nuestro intelecto cambia de tono y de
signo, no sólo con los años, sino hasta con las horas
del día. Y huelga decir cuánto le alteran recientes satisfacciones o disgustos.

A., persona juiciosa, pero vehemente y apasionada,
dirigió a B. en cierta ocasión frases injustas y mortificantes.

En vez de enfadarse, B. le preguntó:

—¿Has dormido bien?

A.—No; porque tu conducta de ayer me ha desve-
lado e irritado.

B.—Aplacemos, pues, las explicaciones. Cuando hayas dormido ocho horas seguidas acude a la tertulia y
reconocerás tu error. Ahora sólo conseguiríamos per-
dernos el respeto y vejarnos como mujerzuelas. De tu
cerebro de hoy apelo a tu cerebro de mañana. Y si no
puedes dormir, toma una buena dosis de *veronal.*

✿ ✿

Dejamos apuntado ya, reflejando consejos de hábiles hombres de mundo, que la mejor contestación a la
inculpación injusta es un piadoso silencio.

Sin embargo, a despecho de nuestra seráfica paciencia, tan intencionado y sañudo puede ser el ataque (en
tertulias, Sociedades y Ateneos no son raros los profesionales de la reticencia, la mordacidad y la calumnia),
que el *pudor del hombre*—conforme llamaba A. de
Vigny al honor masculino—nos arrebole la faz y nos

conduzca irremediablemente al "cuerpo a cuerpo". Aun en semejante trance, haríamos mal en perder la cortesía, inseparable compañera de la elegancia y de la airosidad. Contra la navaja cachicuerna del villano, esgrimamos el florete del caballero; pero un florete tan fino, que sus heridas, poco dolorosas y nunca mortales, jamás dejen en pos cicatrices aparentes; que es gran primor de discretos causar al adversario el daño estrictamente preciso para desarmarlo e imponerle respeto, dejando al mismo tiempo franco y ancho camino a la reconciliación.   ✿ ✿

Regla prudente para conservar el trato cordial de los *puntos* de una *peña* es no extremar jamás con nadie los argumentos ni pretender tener razón a todo trance.

Cierto camarada, muy admirado y querido en nuestra reunión del Suizo, obstinóse un día (ignoro si para lucir su ingenio polémico o deseoso de divertirse a costa de la reunión) en sostener que el divino Sócrates no creía en la inmortalidad del espíritu.

A propósito del aventurado aserto suscitóse acalorada controversia, en la cual, por cierto, no fuí yo de los contradictores menos enardecidos.

—Paréceme ocioso y estéril discutir—repliqué—una cuestión histórica definitivamente juzgada. Mañana traeré los textos de Platón y Jenofonte y veremos quién tiene razón.

Al siguiente día acudí, muy ufano, armado de textos en cuyas páginas hube de acotar cuidadosamente los pasajes terminantes del *Fedón* y de la *Apología de Sócrates*. Mas cuando esperaba confundir al adversario con mi fácil y barata erudición, quedé chasqueado al advertir que el fogoso contertulio no se dignó comparecer. Y desertó de nuestro corro, donde se le estimaba cordialmente.

Con la ausencia definitiva del contertulio perdió la *peña* un ameno conversador, y yo una amistad hasta entonces fraterna, que derivó rápidamente hacia la frialdad sentimental.   ✿ ✿

Así como electricidades de igual nombre se repelen, el gallo que reina a su sabor y talante en una tertulia repudia a todo talento recién llegado, a menos que éste se confiese humildemente discípulo y admirador del maestro.

☿   ☿

Y a propósito de los gallitos de *peña*, vaya un recuerdo del ingenioso cuanto egotista escritor Fernández y González.

Este chispeante conversador y admirable novelista, cuyo gracejo y facundia sólo eran igualados por su femenil vanidad ("yo y Víctor Hugo", solía decir), pontificaba y definía en la primera *peña* de Madrid a que tuve el gusto de asistir (1). Toda contradicción le sonaba a desacato, desatando automáticamente la formidable caja de los truenos.

Ignoro cómo cierto imprudente sacó a colación el tema peligroso de su inmodestia.

—Están ustedes equivocados!...—contestó—. Soy el más humilde de los hombres...

(Coro de sonrisas irónicas.)

—Voy a demostrarlo. Si yo no fuera archimodesto, ¿tomaría café con ustedes?...

Moraleja: Evitemos las tertulias donde reina despóticamente un parlanchín incansable, que se escucha y no escucha, que acapara egolátricamente el tiempo y la admiración, y que, al más leve alfilerazo, nos recuerda nuestra irremediable inferioridad.

☿   ☿

Jamás discutamos con fanáticos empedernidos. Porque no contendemos con un hombre, sino con un ejército formidable, cuyos aliados invisibles, apostados a retaguardia del tiempo y del espacio, no pueden oírnos.

Guardando las espaldas a nuestro contrincante, están los modeladores de su cerebro y de sus ideas, es decir, sus padres, maestros y amigos, la casta social a que

_____

(1)   Era allá por los años 69 a 73, si mis recuerdos no me traicionan.

pertenece y, en fin, el innumerable séquito de muertos
ilustres, que nos oponen su orgullo dogmático y sus
errores a veces interesados.

¿Cómo vamos a convencer a difuntos y ausentes?

✿ ✿

De igual modo que hay una honradez de la voluntad, hay una honradez del entendimiento: estudiar a
fondo las cosas y saber cambiar desinteresadamente de
opinión.

✿ ✿

Líbreme Dios de discutir con abogados sobre cuestiones filosóficas o científicas. Para este linaje de polemistas poces veces se trata de tener razón, sino de defender al cliente. Y el *cliente* llámase unas veces Dios;
otras, el libre albedrío; otras, la inmortalidad del espíritu; otras, en fin, el positivismo, el panteísmo, el espiritismo, el socialismo, etc.

Ante estos modernos sofistas, todo polemista ingenuo
quedará reducido al modesto papel de *entrenador* ora-
torio.

✿ ✿

Muchas clasificaciones han hecho filósofos y moralistas de los tipos intelectuales. Al conversador y al polemista interésanle especialmente estos tres: los *permeables*, deseosos de aprender y corregirse; los *imper-
meables*, cuyas opiniones, consolidadas desde la niñez,
se han convertido en inmutables instintos, y, en fin, los
impulsivos, en quienes la más leve rozadura del amor
propio produce automáticamente, y sin posible enfrena-
miento, fulminante explosión de reacciones agresivas.

Provechoso y plausible nos será el comercio intelectual con la primera categoría de personas: ellas apren-
den y nos aprehenden; se revelan y nos revelan; mejoran y nos mejoran.

Mas fuera el colmo del candor discutir con los *im-
permeables* y los *impulsivos*, gentes cuyas fontanelas
craneales se cerraron en la cuna y cuyas suturas se osi-
ficaron en plena juventud, al recibir borreguilmente la

marca profesional. Dejemos, pues, que sus pobres y ali-
cortadas *neuronas,* cuyos breves apéndices son incapaces de abrazar la verdad, se anquilosen e incrusten, en-
terrándose en vida.

✿ ✿

Al modo como en las carreras se apuesta en favor
del propio caballo, en las disputas y porfías se apuesta en favor del propio intelecto.

✿ ✿

Si por estériles y enojosas conviene apartarse de las
discusiones apasionadas, con mayor motivo debemos
rechazar toda invitación a las polémicas de Prensa.
Opino en tal materia como el maestro Cávia, a quien
en treinta años de periodista apenas si le hemos sorprendido dos o tres veces en ademán batallador.

Porque este linaje de torneos inícialos casi siempre
la vanidad, prosíguelos el amor propio y acábalos la
injusticia. El primer día los argumentos hieren las
ideas, el segundo la sindéresis y el tercero la honra.
Y todo para en malpararse y en regocijar a la galería.

✿ ✿

Al modo de los callos, las opiniones crónicas, cuanto
más se pisan y soban, más se irritan y enconan.

✿ ✿

Las opiniones filosóficas se *cogen* y no se *escogen.*
Llegan a nosotros, como el sarampión y las viruelas,
en una edad en que toda reacción mental defensiva es
imposible.

✿ ✿

Al platicar en corro refrenemos la insana tentación
de gastar bromas pesadas a los amigos. Como decía
Gracián: "Las chanzas sufrirlas, pero no darlas." Al
desenvainar el aguijón envenenado, la abeja suele pro-
ducirse mortal herida. Ni hay mayor enemigo del ingenio que el mal genio.

✿ ✿

Lo que entra en la mente por vía de razonamiento,

cabe ser corregido; lo admitido por fe, casi nunca (*) (1).

☿ ☿

Ocioso es porfiar con viejos. Sus opiniones, como sus suturas craneales, se hallan osificadas. Nada me inspira más veneración y asombro que un anciano que sabe cambiar de opinión. Unicamente cuando el cerebro está en vías de crecimiento o lejos de la involución cabe inculcar doctrinas y corregir errores (*).

☿ ☿

Consideremos a los hombres de espíritu sistemático y rígido como a los libros: se leen si interesan; mas nadie discute con ellos (*).

☿ ☿

Para mí, lo más intolerable de las polémicas periodísticas es la imposición, por tiempo indefinido, de la esclavitud intelectual. Nuestra vida queda ligada a la del competidor. ¡Adiós trabajos favoritos, sosiego del ánimo, encantos del hogar y sueño reparador! Toda nuestra trayectoria espiritual y social queda en suspenso, porque a un señor, de quien nos importa una higa, se le ha ocurrido, a pretexto de refutarnos, exhibir su personalidad y placear su pedantería.

☿ ☿

Para los efectos prácticos, las convicciones sobre materias graves deben considerarse como resultado de estructuras cerebrales inmutables. Pretender modificarlas con razones equivale a intentar corregir una joroba por el procedimiento del *massage*. Importa, sin embargo, conocer las ideas de las personas con quienes el azar nos aproxima, a fin de preservar sus jorobas intelectuales o morales de algún encontrón involuntario y peligroso (*).

☿ ☿

---

(1)   Muchas de estas observaciones están entresacadas de un artículo titulado *Las discusiones*, publicado en cierta revista ilustrada en 1895.

Muy de raro en raro se confirma la máxima vulgar: "De la discusión sale la *luz*."

Lo que a menudo sale es el *fuego* del orgullo exasperado, el *humo* obscurecedor de los más claros problemas y las *cenizas* del desengaño. Por donde, a la postre, los contendientes quedan más *quemados* que *alumbrados*.

✿ ✿

En cuarenta años de asistir a debates políticos, científicos y literarios, no he presenciado sino tres o cuatro conversiones y tal o cual rectificación de criterio. El orador, como el actor, hace cuestión de honra profesional sostener a ultranza el carácter del personaje representado, y consideraría inexcusable defección, o señal de bochornosa incapacidad, abandonar el papel que, fiado en sus talentos, le repartió el director de escena.

✿ ✿

En presencia de empeñados debates parlamentarios terminados mediante votación, me he preguntado muchas veces si no sería preferible votar sin discutir. El resultado sería aproximadamente el mismo, con la ventaja de ahorrar tiempo, quebraderos de cabeza, resquemores y enconos (1).

✿ ✿

Si un hado adverso te impone la obligación de disertar públicamente sobre una cuestión ardua y muy controvertida, abstente de lanzar afirmaciones categóricas. En tales casos, la duda no es sólo baluarte de la cordura, sino habilidad sutil de la modestia. Que nada concilia mejor la buena voluntad de los contradictores que ofrecerles la posibilidad de una conversión o, por lo menos, de una transacción honrosa.

✿ ✿

Inconsideradas y antipáticas suelen ser las actitu-

---

(1)   Sabido es que en los Parlamentos no deciden de ordinario los diputados, sino el partido dirigido por el cacique o santón en candelero.

des dogmáticas y las convicciones irreductibles. Toda aserción rotunda provoca automáticamente otra aserción igualmente categórica. Diríase que en el cerebro humano, a semejanza del espejo herido por el rayo de la luz, el ángulo de reflexión es igual y contrario al de incidencia. Y en semejantes circunstancias, el espejo mental y el espejo inorgánico poseen la propiedad de despedir radiaciones sin captar para sí ni un solo rayo.

✿ ✿

Al modo de los organismos complicados, las tertulias son infestadas de microbios más o menos virulentos. Algo hemos dicho ya del insoportable dictador de la palabra; y necesitaríamos escribir un largo artículo para definir y clasificar otros parásitos no menos patógenos, a saber: el maldiciente, el matón, el latoso, el engreído, el pedigüeño, el chismoso, el protector, el político, etc.

Todos ellos y otros más, a poco que se les tolere, tienen, como la ley marcial—según el gracioso dicho andaluz—, "la virtud de disolver los grupos" (1). Antes, pues, de convertirnos en asiduos de una tertulia, transcurrida la inevitable fase de tanteos y exploraciones psicológicas y cerrada la diaria sesión, deberíamos preguntarnos:

¿He aprendido algo noble, útil o agradable? ¿Salgo de la reunión mejor o peor de lo que entré? El cansancio mental y la emoción provocados por enojosas discusiones, ¿no estorbarán o dificultarán mi cotidiana labor?

✿ ✿

(1)   A este propósito importa recordar que Teofrasto, el discípulo de Aristóteles, en su precioso libro sobre los *Caracteres* (donde se inspiró La Bruyère), dice de los *locuaces*: "son gentes que, además de aturdir a los individuos, ponen en fuga a los reunidos para tratar de sus negocios". Es curioso notar también, con ocasión de los parlanchines, su fina observación de "que no saben distinguir el tiempo de nuestros ocios del de nuestros trabajos". Como se ve, es difícil, por no decir imposible, decir cosas nuevas en materias ya tratadas por los griegos.

Siempre he creído que la más sutil habilidad polémica es *carecer de habilidad.*

Importa, sin embargo, distinguir dos clases de habilidades: hay una habilidad sana, compañera de la prudencia y de la discreción, atenta a sustentar lo justo y lo verdadero, sin lastimar el amor propio del interlocutor y evitando la menor alusión a sus flaquezas; y otra habilidad funesta, que tira a rebajar o ridiculizar al adversario, usando al efecto las peligrosas armas del eufemismo, la ironía, la reticencia y el sarcasmo.

Este linaje de habilidad, corriente entre los oradores políticos, provoca antipatías irreductibles y hasta odios africanos. Porque o la frase mortificante es tan velada u oblicua que escapa a la víctima y al auditorio, y entonces se pierde el tiempo y el ingenio, o la intención es calada exclusivamente por parte del público, en cuyo caso siempre hay alguien que vaya con el cuento al ingenuo contendiente, o, en fin, víctima y auditorio penetran, desde luego, la pérfida insinuación. En estos dos últimos supuestos, el atacado nos pierde el respeto, devuelve golpe por golpe, y, lo que es peor, se descompone y exaspera, sacando a la colada todos nuestros trapos sucios—o que lo parezcan—y creándonos situación moral bochornosa y deplorable.

Muchos disgustos se evitarían si quienes alardean de satíricos tuvieran en cuenta que toda persona, por necia que sea, se toma a sí misma muy en serio, y que, si algunas soportan una contradicción franca y leal, ninguna perdona el ridículo.

✿ ✿

Como no seas brutalmente escarnecido e injuriado, a todo ataque virulento e injusto en la Prensa deberás contestar — si no prefieres el silencio — tres o cuatro días después. Porque el primer día mojarás la pluma en sangre, el segundo en bilis y el tercero en linfa. Y este líquido, símbolo de la calma y la pachorra, es la mejor de las tintas.

✿ ✿

Discutir con ciertos procaces gacetilleros es ganas de quedar en ridículo. Te consentirán, quizá, decir la segunda palabra; pero ellos dirán siempre la primera y la última. Y conforme expresa el refrán francés: "bien ríe quien ríe el último". Con lo cual no pretendo negar la existencia de nobles, imparciales y generosos periodistas.

☼ ☼

Y a propósito de polémicas de Prensa recuerdo la angelical inocencia revelada por un incidente de mi juventud.

Cierto profesor, tan presuntuoso como de aviesas intenciones, escribió un folleto lleno de plagios y desatinos. Invitado por un encarnizado enemigo suyo, a la sazón director de un diario político, para refutar el esperpento científico, compré libros, me desvelé varios días y redacté, por fin, una serie de artículos que probaban, de modo irrefragable, los descarados plagios del autor. Y cuando lleno de candor esperaba la publicación de mi trabajo, topé en el diario con un suelto que rezaba poco más o menos: "A fin de evitar rencillas y resquemores, siempre enojosos entre dignos compañeros, retiramos el juicio crítico, tantas veces anunciado, de nuestro colaborador S. R. C."

Era que el desaprensivo profesor, oliendo el escándalo, ofreció al director una pingüe sinecura si destruía mi manuscrito. Y, en efecto, mis artículos fueron arrojados al fuego. Y yo quedé, además de corrido, con algunas pesetas menos y con un desengaño más.

¡Dichosa edad en que todos los afectos parecen sinceros y todos los odios cordiales!...

☼ ☼

Desde hace tres mil años o más el hombre no ha conseguido inventar más que esta táctica dialéctica: exagerar hasta la hipérbole los hechos o argumentos favorables a su tesis y callar o menospreciar las razones irrebatibles alegadas por el adversario.

Y pluguiera al cielo que siempre hubiera regido este

sistema. Porque cuando el sofista—filosófico, político, religioso, etc.—cuenta con la fuerza, recurre sin empacho a recursos harto más radicales y convincentes: la cicuta de Sócrates, el ostracismo de Arístides, el destierro de Anaxágoras, la expatriación profiláctica de Aristóteles (1) o la hoguera de Juan Huss y de Servet.

✿ ✿

Para cerrar este capítulo, donde se celebra la excelencia de los coloquios entre doctos—verdadera fiesta del espíritu—, nada mejor que recordar la opinión del sentencioso y perspicaz Gracián: "Es la noble conversación madre del saber, desahogo del alma, comercio de los corazones, vínculo de la amistad, pasto del contento y ocupación de personas."

---

(1)   Sabido es que, acusado de impiedad por un sicofante de Atenas, huyó a Calcis para evitar la muerte. En cuanto al suicidio con el acónito, referido por Eumelo, se considera infundado.

CAPITULO VII

SOBRE EL CARÁCTER, LA MORAL Y LAS COSTUMBRES

Cuando veáis un hombre inteligente despojado de altos ideales, quiero decir que ni anhela ganar el cielo ni granjear honra y alabanzas en la tierra, apartaos de él; es un vividor disfrazado de persona decente (*).

✿ ✿

La franqueza de buena ley (la otra se confunde con la grosería) consiste, no en lanzar al rostro defectos irremediables, sino en amonestar blanda y piadosamente las faltas capaces de ser corregidas por la paciencia y la atención vigilante.

✿ ✿

Cuando a uno le salen las cosas bien, cree que todo va bien.

✿ ✿

La mayoría de las personas llamadas *decentes* odian unos pocos abusos y disculpan los demás.

✿ ✿

Cuando leo en las relaciones de Krall que los caballos de Eberfeld, convenientemente amaestrados y educados, hablan, calculan, extraen raíces, elevan a potencias, resuelven ecuaciones, y me acuerdo de los zafios y crueles gañanes, o palafreneros que los montan, me pregunto: ¿quién debe montar a quién?

¿Estamos bien seguros de nuestra superioridad intelectual sobre los otros mamíferos? ¿No podría, a la postre, resultar que nos parezcan imbéciles porque son mudos, al revés de muchos hombres, que parecen idiotas precisamente porque hablan?

✿ ✿

El llamado espíritu de clase o de cuerpo encubre ordinariamente egoísmo refinado. Todo sindicato del honor constituye, en realidad, un *trust* para la explotación de los demás.

✿ ✿

"El vientre gobierna al mundo", expresó ruda, pero gráficamente, Persio. Semejante máxima sólo encierra la mitad de la verdad para los animales, en donde reinan conjuntamente el estómago y la reproducción; y el tercio de la verdad para el hombre, donde luchan tres tiranos insaciables: el amor, la vanidad y el estómago.

✿ ✿

Cuando recibo un obsequio inesperado e inmerecido, me pregunto espantado, ¿cuál será la arbitrariedad, el abuso o la injusticia que se me exigirá algún día?

✿ ✿

Es difícil ser muy amigo de los amigos sin ser algo enemigo de la justicia.

✿ ✿

Ponte en guardia al saber que un adversario inveterado te hace justicia en público. Es que te necesita.

✿ ✿

Lícito y hasta honrado es cambiar de conducta, ya que cambian también el mundo y los hombres.

✿ ✿

Felices los que saben negar hábilmente, porque ellos vivirán tranquilos (*).

✿ ✿

Razonar y convencer, ¡qué difícil, largo y trabajoso! ¿Sugestionar? ¡Qué fácil, rápido y barato! (*).

¤ ¤

Emplea tu vida de manera que tus hijos te llamen tonto y tus conciudadanos benemérito.

Para un espíritu de nobles ambiciones preferible será siempre la gratitud de la Patria a la de la familia: la prole perece y olvida y la Patria perdura y recuerda.

¤ ¤

Ha pasado a ser tópico vulgarísimo la máxima de que la instrucción es a la moralidad como el ejercicio físico a la salud.

Concedo, de buen grado, la relativa exactitud del aforismo. Mas cuando interrogamos la personal experiencia, surgen tantas excepciones que acaso fuera preferible considerar la instrucción, no cual garantía eficaz de honradez, sino como medio seguro de alcanzar poder y superioridad en las ásperas luchas por la vida. El hombre culto es comparable a la hoja de acero: cuanto más se afila y pule trabaja mejor, pero también hiere más fácilmente.

¤ ¤

¡Qué de caudal de intelecto y voluntad disciplinados no atesoran los renombrados farsantes políticos y los grandes estafadores!... Y al revés, ¡cuánto candor y hombría de bien encierra el corazón de los ignorantes!...

Con razón nota Lebon (que contradice en esto su definición de la educación) que los premios otorgados a la virtud por la Academia Francesa (y por la Española) son, generalmente, obtenidos por analfabetos. Análogas desoladoras reflexiones hace Nietzsche, el sombrío y antipático apologista del amoralismo y la voluntad desenfrenada.

¤ ¤

Los ancianos que recomiendan a los jóvenes la continencia y la moderación me recuerdan a aquel general

napoleónico, de noventa años, que asaltada y saqueada
una ciudad, y presenciando las repugnantes orgías del
amor desenfrenado, reprendía a los oficiales, diciéndo-
les: "¿Es éste el ejemplo que os doy?..."

✿   ✿

Ni el mal ejemplo, ni la pobreza, ni los desengaños,
desmoralizan tanto a la juventud como una enfermedad grave y crónica, con la consiguiente desesperanza
de alcanzar la cumbre de la madurez. "Puesto que nuestros días están contados—se dicen los jóvenes valetu-
dinarios durante las pasajeras intermisiones del mal—,
apresurémonos a gozar del fruto prohibido." Y apuran
el cáliz del placer hasta las heces.

Y en los pueblos ocurre lo mismo. Ya Tucídides advirtió que la peste acaba con la moral colectiva. También las naciones padecen enfermedades agudas y crónicas. Entre aquéllas existe una—que no quiero nom-
brar—aquejada de dolencias y diátesis históricas, fruto
de las cuales son, en la actualidad, el abatimiento, la
venalidad, la impotencia y la disgregación.

¡Felices quienes, en la edad florida, gozaron de salud
y fortaleza y pudieron esperar, inclinados sobre los
libros o las retortas, la sazón de los deleites permiti-
dos!...

✿   ✿

Apena reconocer la exactitud del dicho vulgar según
el cual las verdades "sólo las dicen los chicos, los locos
y los tontos".

¿Por inocencia? Desgraciadamente, no; los primeros, por insuficiencia de imaginación; los segundos, por
degeneración cerebral, y los terceros, por economía de
esfuerzo.

✿   ✿

Hay que vivir, no conforme a los impulsos de la Naturaleza, según afirmaban los estoicos y el sistemático
Rousseau, sino conforme a las normas de la ciencia y
del arte, que son también, en definitiva, mandatos de

la Naturaleza, pero de una naturaleza esclarecida y depurada por el conocimiento de sí misma.

✿ ✿

La verdad es un ácido corrosivo que salpica casi siempre al que lo maneja.

✿ ✿

A menos que tengas vocación de mártir, abstente de censurar a nadie hasta que hayas satisfecho aspiraciones y consolidado tu posición.

Y con mayor motivo si eres padre de familia. Si, por desgracia, perteneces a este sufrido gremio y ansías prosperidades, refrena tu vena satírica hasta los setenta años; es decir, hasta que tus hijos estén ventajosamente colocados y adivines la trayectoria social de los nietos.

Oigo tu pregunta: Pero, entonces, ¿para qué lanzar verdades?

✿ ✿

Nada más radicalmente injusto que el padre de familia. Todo lo atropella con tal de favorecer a sus hijos. Comparable al *Sphex* o al *Ammofilo*, insidiosos depredadores de presas vivas, el *pater familias* entregaría, sin la menor aprensión, a su prole víctimas humanas sabiamente paralizadas, con tal de garantizarle hogar cómodo e inagotables provisiones. Afortunadamente se dan honrosas excepciones.

✿ ✿

La emoción, puesta por la Naturaleza a guisa de espuela del pensamiento y la acción, actúa con deplorable frecuencia en los enfermos a modo de tóxico fulminante. Esto justifica la respuesta de cierto desenfadado doctor que, preguntado si no sería oportuno confesar a un paciente, contestó:

—Conformes; así compartiré responsabilidades.

✿ ✿

Aseméiase el honor a la pintura al pastel, que no puede sufrir el menor roce sin deteriorarse.

✿ ✿

—Deberías hacer la corte al ministro Fernández: tiene de ti excelente concepto.

—¿Para qué? No soy ambicioso. Aun tratándose de un personaje todopoderoso, ¿podrá procurarme los únicos bienes apetecibles: salud robusta, talento esclarecido y renombre justificado?

✿ ✿

Los espíritus lógicos equivócanse a menudo por imaginar que la conducta de los hombres se inspira constantemente en el interés, cuando muy frecuentemente obedece a la envidia, al despecho o al odio, pasiones esencialmente onerosas y notoriamente perjudiciales.

✿ ✿

Parece factible corregir las malas y hasta las abominables costumbres de los pueblos dando un rodeo estratégico, es decir, satisfaciendo en otra forma sus perversos instintos. Ejemplo elocuente de ello nos ofrecen los habitantes de las *Nuevas Hébridas*, que abandonaron su secular canibalismo en cuanto los europeos introdujeron la cría del puerco.

Para curar a nuestro pueblo de los funestos vicios de la lotería, del flamenquismo y de las crueles corridas de toros, ¿no podría hallarse algún substitutivo decente? (1).

✿ ✿

Platón expresó una gran verdad al afirmar "que el hombre no es perfecto ni siquiera en punto a maldad, y que si se abriera un concurso de crímenes fuera difícil adjudicar el premio".

_____

(1)   Hoy ha surgido la manía de los deportes ingleses (salvo el *fair play*), con el menosprecio de los indígenas. Y sólo hemos conseguido duplicar el número de señoritos ociosos y aumentar las rivalidades regionales.

En general, las personas no son absolutamente malas ni buenas, sino flojas, distraídas, perezosas y tardas
u olvidadizas en el cumplimiento de sus deberes.

¡De cuántas faltas es responsable la pereza! ¡Qué
de malevolencias y odios proporciona!... Por olvido de
contestar a una carta o enviar una felicitación he perdido docenas de amigos.

✿ ✿

Hállome sentado en un café, cabe la taza humeante,
escribiendo y observando. Y reparo que un joven pá-
lido, de veinte o veinticinco años, acompaña a su anciano padre, a quien escancia el clásico cazalla, le lía
los cigarros y le distrae conversando o leyendo en voz
alta los diarios. Y anoto en mi cuaderno: "Digan lo
que quieran filósofos adustos, el amor no siempre corre de arriba abajo." He aquí un ejemplo consolador.

Pero cierto día, el hijo cae desplomado en el diván,
presa de ataque epiléptico; socórrele el padre, retenién-
dole en sus amorosos brazos hasta la cesación del estado comatoso.

Admirado, pregunto al mozo:

—¿Estos ataques, le dan muy a menudo?

—Bastantes días—me respondió—, y, a causa de
ellos, el padre acompaña a su hijo a todas partes, para
hacerle olvidar la terrible enfermedad y evitar una
desgracia.

¡...!

✿ ✿

Continúo en mi observatorio. Un caballero, muy
apersonado y apuesto, siéntase en mesa próxima a la
mía. Parece hondamente preocupado. Con aire compun-
gido entra después cierta damisela elegante, empareja
con el caballero y, con ojos llorosos y voz conmovida,
le dirige no sé qué terribles reproches. Abrumado por
las amargas quejas de la hermosa, se le ocurre al galán una idea felicísima: obsequia a la gentil malhumorada con un flan. Y presencio un fenómeno interesan-

te. A medida que la dama saborea la sabrosa golosina, sus ojos se abrillantan y sus labios comienzan a sonreír.

Por su parte, el supradicho acompañante, para distraer quizá su mal humor, enciende soberbio veguero. La faz alargada del galán se expande aureolada por el humo del cigarro. Poco después, la pareja sale del bracero, jovial, satisfecha y feliz.

Y apunto en mi cuaderno: "Decididamente, no hay pena en la mujer que resista a un sabroso flan, ni contrariedad del varón refractaria a la maravillosa virtud de un buen habano..."

¡Bien dijo Fontenelle que no somos perfectos ni en el dolor...!

☼ ☼

El mal humor y la acritud verbal, en casa, suelen ser la compensación psicológica de la jovialidad y holgorio fuera de ella. Y es que, en realidad, somos dobles; y para equilibrarnos necesitamos casi siempre, *después de ejercitar el hemisferio de la alegría, poner en acción el de la tristeza.* Por esta misma razón, casi todos los escritores festivos son fúnebres o melancólicos con los amigos, y al revés. Pero acerca de esto hablaremos más despacio en otro capítulo.

☼ ☼

Considero la afición a la soledad, tan común en los viejos, como el fruto amargo del conocimiento de los hombres. Al final de una travesía por mar se ansía, más aún que pisar tierra, perder de vista a los harto conocidos compañeros de viaje.

☼ ☼

Como hay premios para la virtud austera, debieran instituirse para la virtud amable. ¡Cuántas mujeres hay que por ser "ferozmente virtuosas", según calificaba Talleyrand al abate Grégoire, parecen empeñadas

en hacernos desear la honestidad equívoca y la belleza
frágil!...

☼ ☼

Anhelamos grata compañía y, sin embargo, nunca
se está más acompañado que en la soledad. Por nuestra memoria desfilan, alegrándonos, apenándonos o re-
conviniéndonos, las sombras heroicas de la historia, los
diversos y contradictorios personajes encarnados durante nuestra vida, los temas de trabajo, los asaltos de
la ambición y los fantasmas forjados por la fantasía
literaria. Y a veces, el zumbido de la colmena interior
nos fatiga y nos aturde tanto, que ansiamos apagarlo
con el rumor de la colmena social.

☼ ☼

Menguado tesoro interior posee quien necesita a toda
hora, para sentirse vivir, del tumulto de la calle, de la
emoción del teatro o de la murmuración de la tertulia.
De aquí la urgencia de adornar, temprana y esmera-
damente, la morada del espíritu. Por si el mundo nos
rechaza o nos hastía, erijamos un alcázar de ensueño
dentro de nosotros.

☼ ☼

Si eres devoto, frecuenta las iglesias, y si descreído,
también. No conozco asilo más seguro contra los latosos y los sablistas.

☼ ☼

El éxito justificado es talismán por cuya virtud se
alcanza la más piadosa y humana de las venganzas:
convertir en amigos, más o menos sinceros, a los que
fueron sañudos adversarios.

☼ ☼

Tan aciago es nuestro sino, que cuando huimos de
un peligro solemos caer, según se ha dicho hartas veces, en otro mayor. Ocúrrenos lo que al pez volador,
que salta fuera de las olas para librarse de tiburones

y delfines, para ser, en el aire, víctima de petreles y gaviotas.

✿   ✿

Carecer de odios es confesar que no se ama nada y que nos son indiferentes la injusticia, la iniquidad y la tiranía. Si existen amores sacrosantos, existen también sagrados aborrecimientos.

✿   ✿

Toda la felicidad posible, en este bajo mundo, se cifra en cultivar aquel modo de actividad para el cual nos sentimos con vocación y aptitudes. Sólo él nos hará olvidar las miserias e injusticias de la vida. Porque casi siempre el sumo placer coincide con el completo olvido de nosotros mismos y de los demás. Sabremos que hemos llegado a esta deliciosa enajenación sensorial para las cosas frívolas, enojosas o mortificantes, cuando, según se cuenta de Nicias, preguntemos a nuestro criado: —¿He comido?

He aquí, dicho sea de pasada, el criterio inequívoco de la vocación.

✿   ✿

Cuando visitamos las vetustas ciudades castellanas nos asombra la grandiosidad de sus catedrales, en contraste con la escasez de sus habitantes.

¿Es que nuestros antepasados, cristianos fervorosos, edificaban para el porvenir?

O más bien: ¿las espaciosas naves nos parecen inmensas porque están vacías?

¿O acaso, desdeñando móviles utilitarios, nuestros mayores edificaban para Dios más que para los hombres?

Todo ello ha podido contribuir a que en países casi desérticos se alcen templos magníficos. Inclínome, sin embargo, a suponer que en dicha rumbosa magnificencia entró por mucho, aparte la unción religiosa, la ambiciosa altanería española, tan motejada por los extranjeros.

✿   ✿

Discurren muy sutilmente filósofos y teólogos sobre el origen del mal. Sin remontar el vuelo a las regiones metafísicas, ni desvelarnos intentando concertar antinomias, parécenos indiscutible que la causa próxima del mal es la necesidad inexorable de nutrir y exaltar nuestra vida a expensas de otras vidas altas o bajas. Diríase que el Principio modelador del mundo orgánico, decidido a sacar la célula del callejón sin salida de la planta, abriendo con ello deslumbradoras perspectivas al progreso, ordenó al primer protoplasma animal la ley cruel de sacrificar al vegetal; por donde el mal resulta consecuencia ineluctable de la evolución. Siguió después la inmolación del animal por el animal y la del hombre por el hombre.

❀ ❀

Al encontrar a su amada Cunegunda harapienta, desfigurada y martirizada por toda suerte de repugnantes parásitos, preguntó Cándido a su maestro: "¿Para qué servirá, en el mejor de los mundos posibles, el asqueroso piojo?"

La ciencia de entonces no consintió a Pangloos contestar categóricamente a su discípulo; pero cualquier moderno Pangloos de la clase de bacteriólogos hubiera satisfecho la curiosidad de Cándido diciendo: "Sirve el piojo para inocular al hombre el microbio del tifus exantemático, como la pulga desempeña el trascendental papel de obsequiarnos con la peste bubónica."

Si el admirable personaje creado por Voltaire fuera ente real, no dejaría de hallar en tan desconsoladora respuesta nuevos argumentos en pro de su invencible optimismo. Y acaso exclamara: "Nuestro mundo es el mejor de los imaginables, porque la Naturaleza es tan sabia y equitativa, que favorece con igual solicitud a las más nobles criaturas y a las más humildes y abyectas. Aunque parezca absurdo, el piojo y la pulga son tan necesarios al equilibrio de la vida como el principio de la gravitación universal a la estabilidad del Universo.

※ ※

Vulgar es el apotegma según el cual "las más pequeñas causas producen los más grandes efectos". Y en corroboración del aserto se nos recuerda la humorada de Pascal sobre el influjo de la nariz de Cleopatra, o el de la arenilla en la vejiga de Cromwell". Y podría añadirse aún que un pequeño parásito, el *plasmodium malariae,* inoculado a Alejandro por un mosquito en las marismas de Babilonia, dió en tierra con la estupenda fortuna del macedonio, cambiando radicalmente los destinos del mundo.

※ ※

Pero la idea contraria es también en muchos casos defendible. Exprésala gráficamente esta contestación de M. a un su amigo, quien, sorprendiéndole en cama con fuerte constipado, le preguntó:

—¿Cómo atrapaste tan molesto catarro? ¿Fuiste acaso anoche a contemplar alguna estrella coreográfica?

—No me hables de estrellas. La culpa es de nuestro mísero planeta, que no hace nada a derechas. ¡De mi tos pertinaz es responsable la deplorable inclinación de aquél sobre el plano de su órbita!

Y el catarroso tenía razón en principio.

En efecto, si gozáramos, como en el Ecuador, de una temperatura anual casi uniforme, disminuirían nuestras bronquitis. Mas no lo deploremos demasiado, porque en cambio seríamos víctimas de otras plagas (vómito negro, caquexia palúdica, enfermedad del sueño, disentería tropical, etc), harto más graves que nuestros habituales gripes y romadizos. En los cuales intervienen también bacterias específicas.

※ ※

Con raras excepciones, el amor humano sigue las leyes de la transmisión del calor y de la luz. La intensidad de este sentimiento está en razón inversa del cuadrado de la distancia. Su foco ardiente reside en nuestro egoísmo personal; irradia después, algo atenuado, a la familia; transmítese, más debilitado aún, a los amigos, y, finalmente, difúndese, en gradación desfalleciente, a la Patria y a la Humanidad. Y semejante regla parece aplicable lo mismo al espacio que al tiempo, entendiendo por éste el futuro, dado que el viejo Cronos posee, en sentir de los psicólogos, una sola dimensión y corre exclusivamente hacia adelante.

Por rara desviación sentimental, en ciertas personas, no obstante, los valores se invierten: unos anteponen la Patria a la familia; otros sacrifican el presente al futuro, y otros, en fin, lo actual a lo pretérito. Tales son, respectivamente, los héroes, los sabios y los eruditos.

Ellos constituyen los artífices del progreso, porque la obra de la civilización está construida, como ya dijimos más atrás, con el tanto de amor robado al egoísmo personal y familiar.

☼ ☼

Deploran algunos el desdén de los europeos hacia el culto de los muertos, tan extendido y arraigado entre chinos y japoneses. Mas, aunque sea triste el reconocerlo, el olvido de nuestros antepasados remotos constituye condición ineludible del progreso de la Humanidad. Sigo en esto la opinión de Pieron (véase su libro sobre la *Evolución de la memoria*) cuando nota los efectos desastrosos del culto del pasado en los pueblos avejentados o estacionarios.

Para hacer más sensible dicho pensamiento, imaginemos un ave con capacidad mnemónica suficiente para registrar minuciosamente las imágenes y gestas de todos sus innumerables antepasados, desde el *Plerodactilo* y *Archaeopteryx* hasta sus inmediatos progenitores. ¿Qué monstruoso cerebro se necesitaría? De seguro no podría volar, ni acaso pensar.

Por donde cabe conjeturar que la memoria tenaz del
árbol genealógico y el culto fetichista a los antecesores
ilustres explica en parte la mediocre y rutinaria mentalidad de todo linaje de aristócratas (hay, naturalmente, excepciones, sobre todo en Inglaterra), su repugnancia hacia las nuevas formas políticas y, en fin, su
ineptitud para la promoción de invenciones científicas
e industriales. Lejos, pues, de acusar desventaja en la
lucha social, viene a ser gran beneficio poder exclamar con Clarín: "De mi abuelo para arriba, todo teología", y gran honra alcanzar la fortuna de sentir con
Alfredo de Vigny el orgullo de blasonar:

J'ai fait illustre un nom qu'on m'a transmis sans gloire.
Qu'il soit ancien, qu'importe! Il n'aura de mémoire
Que du jour seulement où mon front l'a porté.

El cual Vigny, al aludir a sus mayores, estampa esta
frase definitiva:

Si j'écris leur histoire ils descendrons de moi.

En suma; progresamos porque olvidamos a nuestros
antecesores remotos, sin perjuicio de resumir y depurar las verdades firmes legadas por ellos.

☼ ☼

La rutina y la costumbre nos imponen, a menudo,
los actos más absurdos. A la mayoría de los hombres
nos pasa lo que a las ranas o a las moscas decapita-
das, que se obstinan en preservar y defender la cabeza
después de haberla perdido.

☼ ☼

Todo cargo gratuito y de gran responsabilidad es
esencialmente inmoral. *Quien no cobra, se cobra*, y casi
siempre con daño grave de la justicia y del interés público.

☼ ☼

Doloroso es pensar que a menudo el bribón listo se

muestra infinitamente más agradecido que el honrado orgulloso. No sospechan las personas probas y beneméritas cuánto agravian la causa de la justicia al exclamar, altaneras: "Ninguna gratitud debo a mis jueces, ya que se limitaron a cumplir con su deber." Tamaña frialdad, explicable en los pueblos de moral austera, resulta anárquica y demoledora en las naciones corrompidas y decadentes, donde todo veredicto justo cuesta al que lo dicta un calvario de censuras y disgustos.

☼ ☼

Opino con Faguet que en el *ménage à trois* el amante es siempre el engañado. Porque cuando no representa para la infiel valioso complemento económico — el marido aporta lo necesario y el amante lo superfluo—, constituye, con frecuencia, garantía subsidiaria de protección moral y social, provechosa a toda la familia. Podría compararse, el amante, a la gallina que incuba huevos de pato en la ingenua creencia de que son fruto de sus amores.

☼ ☼

Los atletas, los bravos y los espadachines me recuerdan al león, animal fortísimo y arrojado, pero tan poco inteligente e industrioso, que no sabe construirse un nido, como el ave; ni una madriguera, como el conejo.

☼ ☼

Hablan los meteorólogos de la existencia, en las capas superiores de la atmósfera, aparte de los gases vulgares (nitrógeno, oxígeno, ácido carbónico, etc.), de ciertos otros llamados *nobles:* el *argón,* el *helium,* el *neón,* caracterizados por su extremada ligereza, su invencible inercia y su repugnancia para combinarse con los demás elementos activos y útiles. ¿Quién no ve aquí un símbolo feliz de la mayoría de las rancias aristocracias?

☼ ☼

Dejamos apuntado más atrás cuánto se gana con el asiduo comercio intelectual de los doctos. De vez en

cuando conviene, empero, ponerse también al habla con
la gente vulgar. Tales coloquios nos proporcionan tres
ventajas inestimables: 1.ª, por acción de contraste nos
consuelan de la modestia de nuestra capacidad; 2.ª, nos
revelan lo que se llama *opinión pública*, formada, según es notorio, por los peores, es decir, por quienes
carecen de opinión; 3.ª, en fin, aprendemos siempre
algo: que no hay persona, por ignorante que sea, que
no domine algún asunto cuyo conocimiento pueda im-
portarnos alguna vez.

✿ ✿

A despecho de la tendencia niveladora de las leyes y
de las costumbres (y nada digamos de las aspiraciones
del socialismo y anarquismo), es indudable que cada
hombre constituye una variedad irreductible, así en
lo físico como en lo moral y en lo intelectual. Todos
somos, en realidad, seres privilegiados. Jactémonos con
orgullo de ser *únicos* y de que, según decía Rousseau,
el molde específico en que la Naturaleza nos vació fué
roto en el instante de nacer.

✿ ✿

Se nos aprecia por nuestras aptitudes y talentos;
pero sólo somos queridos a causa de algunos defectos
agradables.

Esta idea fué bien expresada por N., al decir de
cierto jefe de partido de gran talento, pero soberbio
y adusto:

—Todos le admiramos y acatamos, pero todos le
aborrecemos.

✿ ✿

Adoramos casi exclusivamente a los dioses que tienen
algo de humanos. Compréndese bien el frío culto ren-
dido por los antiguos a Saturno, padre de los dioses
(las *saturnales* romanas, según es sabido, más que culto eran repugnantes orgías), y la postergación y olvido
crecientes en que tienen muchos cristianos al Padre
Eterno.

¡Moran tan alto y viven tan alejados de nuestras miserias y debilidades!...

✺ ✺

Certeros estuvieron los teólogos de todas las religiones al declarar, contrariamente al sentir de Rousseau y de los modernos anarquistas, que el hombre es naturalmente malo. Si no hubiera heredado todas las crueldades y estupideces de la baja animalidad, ¿habría que domarle con las sanciones de la religión y de las leyes, dulcificarle con el comercio de la literatura y de las artes y enfrenar su lascivia simiesca con las fatigas del trabajo y las cargas del matrimonio?

✺ ✺

A propósito de la bondad evangélica, atribuída por muchos soñadores al animal de quien huyen todos los animales, recuerdo ahora que, en cierta ocasión, discutiendo en el café sobre esto con un irreductible optimista, y apurados todos los argumentos de cajón, se me ocurrió demandar socorro dialéctico a un prestamista que, en vecina *peña*, seguía sonriente e irónico nuestra empeñada porfía.

—Tenga usted la bondad—le dije—de contestar a esta pregunta. Por el solo supuesto de la ingénita probidad humana, ¿prestaría usted, sin recibo ni garantía alguna, mil duros a un desconocido?

—De ninguna manera, ¡así se tratara del Padre Eterno!...

Confieso, con algún rubor, que en estas materias me inspira más confianza el juicio de un prestamista que el de los filósofos optimistas y el de los candorosos defensores de las utopías sociales.

✺ ✺

Paseo por el Retiro y descubro, en la avenida llamada del *Angel caído*, dos espinos contiguos de un mismo seto, perfectamente soldados. Sin duda, al entrar en íntimo contacto mezcláronse sus savias y fundiéronse sus cortezas. ¿Por simpatía? No; porque el jardinero, ejerciendo de casamentero, aproximó y sujetó los tallos vecinos mediante apretado lazo de alambre. Así ocurre con los hombres.

Cuántas amistades y adhesiones políticas no tienen más explicación que la frecuentación de una misma *peña* o de un mismo casino.

✿ ✿

La mitad de la felicidad — se ha dicho hartas veces — depende de la ilusión, y la otra mitad, de la esperanza. ¿Quién no ha visto alguna persona calentarse en un brasero apagado? ¿O emprender un negocio venturoso por haber fiado en una herencia ilusoria, o en la ayuda, todavía más quimérica, de un amigo?

Recuerdo a este propósito una pequeña anécdota. M., que veraneaba conmigo en La Granja, sufría mucho del calor. Cierto día, insoportablemente bochornoso, le vi aspirar con delicia el aire calcinado, llegado directamente del Sahara. Como notase mi extrañeza, me atajó, diciendo:

—¿No ve usted las veletas marcando aire norte?

Y era verdad; mas, habiéndome informado después acerca del caso insólito, resultó que las citadas veletas, oxidadas y corroídas por la humedad, se mantenían absolutamente fijas desde la época de Carlos III.

✿ ✿

Encuéntrome en un café con piano. A la conclusión de una pieza de concierto, ruidosamente interpretada, se me ocurre llamar al mozo dando palmadas. El pianista melenudo, creyéndose aplaudido, aprxímase, emocionado, para agradecer mi gusto refinado de melómano. El lance nada tiene de particular. Lo grave fué que, en adelante, merced a la fatal coincidencia, tuve que ovacionar diariamente al mediocre artista.

Moraleja: No elogies en público, ni aun en broma, una obra abominable, si no quieres convertirte, de por vida, en alabardero de un currinche de la ciencia, del arte o de la literatura.

☼ ☼

Me extraña que los adeptos de la Eugenesia—la ciencia a la moda—no saquen las naturales consecuencias de su doctrina, proponiendo el método de la oposición para la adjudicación de las mujeres selectas. De esta suerte, las más bellas, inteligentes y saludables contraerían matrimonio con los jóvenes más aptos, laboriosos y talentudos; y no, según sucede ahora, en que, con raras excepciones, las reales mozas sirven casi exclusivamente de objeto de placer o de vanidad a ricachones sin mérito, multiplicándose por ende la deplorable casta de holgazanes y medianías.

☼ ☼

En vano persiguen políticos, filósofos y sociólogos la unanimidad de los pareceres y la paz idílica de los espíritus.

La Naturaleza, atenta a sus miras, cambia diariamente sus tipos y fomenta toda especie de divergencias. De ser posible, la venturosa concordia sentimental e intelectual de los hombres sólo reinaría en la tierra... hasta que la descendencia próxima alcanzara la edad de la razón.

☼ ☼

Nada más inofensivo, por lo común, que los hombres excesivamente corpulentos. Imponen con su masa y fortaleza, y al tratarlos advertimos que son completamente inocuos. Recuerdan a la ballena, que, en vez de devorar delfines, se alimenta de *plankton,* es decir, de crustáceos microscópicos y de sutiles diatomeas. En la fauna humana suele ocurrir lo mismo. ¡Cuidado con los hombres pequeños!

☼ ☼

Al modo que las hojas del árbol, todas nuestras empresas e iniciativas ofrecen dos caras: una, brillante e intensamente colorida, orientada hacia el cielo; otra, de tono apagado, orientada hacia la tierra. Nuestros amigos complácense en contemplar la superficie bañada por la luz; nuestros enemigos, al contrario, miran la dirigida hacia el suelo, y, en fin, los indiferentes, cuando no examinan la hoja de canto, pasan cerca del árbol sin dignarse reparar en su follaje.

✿ ✿

Afirma Anatolio France que nuestra civilización está basada en estos dos principios: "El robo es punible; el producto del robo es sagrado." Con perdón del admirable escritor, parécenos el primer pensamiento excesivamente optimista. Desgraciadamente, el robo es lícito con tal de que el ladrón no viole demasiado escandalosamente las leyes y cuente con la distracción o el favor de tribunales, diputados y Gobiernos. Si no fuera así, ¿habría tantos multimillonarios?

✿ ✿

Con razón se ha dicho que la maldad y la delincuencia son signos de abulia o de insuficiencia mental. Con plena conciencia de sus aptitudes para el trabajo fecundo, nadie se expone a andar a trompicones con el Código.

✿ ✿

Dios creó el mundo de la nada, y al séptimo día descansó. Y, según van las cosas, fácil es presumir que descansa todavía. Acaso el alma del mundo, de que nos hablaba Fechner con entusiasmo y James con simpatía, cuida actualmente de otras humanidades más dignas de su magnánima solicitud. De todos modos, no podemos quejarnos de la huelga divina. Harto la merece una raza que se complace en toda clase de huelgas, desde la del trabajo noble y fecundo hasta las de la compasión y el amor hacia el prójimo.

✿ ✿

Hay hombres cuya vida mental se cifra en la visión obsesionante de un doblón. De día lo miran codiciosos

en la mano ajena; al conversar, lo rememoran con tristeza, y al dormir, surge como una pesadilla.

Evitemos las funestas consecuencias del *auri sacra
fames*. Y laboremos honrada y briosamente, sin preocu-
parnos de la riqueza, la cual vendrá, y acaso antes de
lo conveniente. ¡Qué de clarísimos talentos se frustra-
ron para la ciencia o para el arte por haber recibido
prematuramente el ansiado galardón!...

✿ ✿

Al bañar el rayo del sol un cristal, revela y exagera
todas las suciedades y deformaciones invisibles. Así
obra el oro sobre el alma: todos los vicios en potencia, amén de las aberraciones intelectuales, se hacen
patentes.

✿ ✿

Tropezamos frecuentemente con solteros o casados
que lamentan amargamente el desvío utilitario de la
novia o el abandono criminal de la esposa. En presencia de semejantes infortunios sólo hay una actitud sen-
sata, gallarda y consoladora. La resumida en esta reflexión: "¿Me ha dejado? Luego no me convenía."

Y en este camino de la resignación apacible llega-
ríamos a la perfección, imitando el ademán elegante-
mente irónico de Voltaire, quien, habiendo sido olvidado por *madame du Chatelet*, dedicaba al rival versos encomiásticos de su ingenio literario y de su amo-
rosa fortuna.

✿ ✿

—¡Quién pudiera olvidar!—decía Temístocles a un
retórico que le prometía un Tratado de Mnemotecnia.

Pero el precioso secreto del *Lotos*, de que nos habla
Ptolomeo, se ha perdido para siempre. ¡Ah, si la ciencia acertara a narcotizar específicamente las represen-
taciones obsesionantes!... ¡Si algún sabio inventara un
alcaloide capaz de abolir la evocación de las ideas tor-
turantes sin comprometer la integridad de la máquina
pensante!... Porque los paraísos artificiales cantados

por Baudelaire, de Quincey y Verlaine, no son remedios, sino suplicios.

☼ ☼

La mentira en el hombre, cuando no pretende cautivar o entretener, constituye arma de combate. En la
mujer suele ser broquel de su debilidad... o de sus debilidades.

☼ ☼

El ambiente de ficción que nos rodea se condensa
conforme avanzamos en edad. De jóvenes, nos engaña-
ban algunos pocos camaradas o acaso la novia. De viejos, todo el mundo. ¡Quizás la última, la formidable
y definitiva mentira nos aguarda en el sepulcro!... Pero, no... Confiemos en que, tras la crisálida soñolienta,
surgirá, alada y libre, una perpetua *imago*.

☼ ☼

El hombre sólo es sincero en sus monólogos o cuando habla ante un reducido círculo de amigos. En cuanto hay *teatro*, es decir, en cuanto diserta gravemente
ante concurrencia selecta, empieza la comedia.

☼ ☼

Es tendencia irresistible de la juventud el creer, y
de la vejez el desengañar. Alabemos la divina sabiduría, que puso cada una de estas aptitudes en fases
diversas de una misma existencia. Si coexistieran en
el mismo momento evolutivo, ¿se podría vivir?

☼ ☼

Creo que fué Huxley quien afirmó que la vida es
un tejido de suposiciones sin pruebas. Es increíble,
en efecto, la formidable dosis de fe que ponemos en
nuestras relaciones sociales. Citaremos solamente dos
ejemplos.

Hacemos la corte a encantadora señorita. "Me ama
por mí, y no por mi carrera o por mi dinero", afirmamos satisfechos. Primera hipótesis. "Posee carácter
dulce y angelical." Segunda hipótesis. "Soy su primero

y último amor." Tercera hipótesis. Transcurre el tiempo, y ya casados, exclamamos en momentos de efusión paternal: "¡Mis hijos!" Cuarta hipótesis, todo lo extraordinariamente verosímil que se quiera, pero hipótesis al fin. "Mi esposa—agregamos—se inclina al lujo; pero se engalana y acicala exclusivamente para agradarnos." Quinta hipótesis. Y así sucesivamente.

Asistimos a amena tertulia: "¡Cuánto se alegran de vernos!"—exclamamos para nuestro capote—. Primera hipótesis. "Nos estiman, no por nuestra posición social, sino por nuestro carácter y cultura." Segunda hipótesis. "Nos oyen con agrado." Tercera hipótesis. "Su silencio respetuoso denota que comparten nuestras opiniones." Cuarta hipótesis.

¿A qué continuar? La vida entera consiste en un perpetuo asentimiento a las apariencias, y este asenso optimista—tendencia orgánica irresistible—nos proporciona la única felicidad posible en este bajo mundo, donde el halago y la simulación interesada son los supremos recursos del medrar.

☼ ☼

Extremadamente severo y esquemático mostróse Schopenhauer al comparar nuestro mundo con un infierno poblado de atormentadores y atormentados. Sin negar algún fundamento al aserto, lo cierto es que nuestro vetusto planeta sugiere antes la idea del limbo que la del infierno. Moramos en un lugar de hastío, donde los más se aburren, mientras los menos se dedican a aburrir... cuando no se atreven a mortificar.

☼ ☼

Paréceme pura retórica la tan sobada frase "la historia es la maestra de la vida". Ni la experiencia individual ni la colectiva (experiencia de la especie) adoctrinan ni corrigen a los hombres ni a los pueblos. Demuestran solamente que, en condiciones dadas, éstos cometerían hoy las mismas tonterías y crímenes antaño cometidos. Reconocer la existencia de un defecto no es lo mismo que corregirlo. Para ello sería necesario remanejar y refundir el cerebro humano, eliminando casi todas las asociaciones de impulsos antisociales creados en una edad que era difícil vivir sin expoliar, esclavizar o asesinar.

✿ ✿

Don tan excelso como deplorable nos otorgó Naturaleza al hacernos exquisitamente sensibles al dolor. En esto, el Principio creador mostróse más piadoso con los animales que con nosotros.

Se ha repetido muchas veces que la sensibilidad al dolor constituye el mayor acicate del progreso. Es cierto. Convengamos, sin embargo, en que lo hemos comprado demasiado caro.

✿ ✿

Cuando, desde el tren, descubramos una ciudad desprovista de altas chimeneas y coronada de campanarios elevados, apeémonos. Allí hallaremos seguridad para el cuerpo y sosiego y deleite para el espíritu.

✿ ✿

La Zoología nos brinda, a veces, muy sabia enseñanza. Conocida es la extraordinaria longevidad de la tortuga, cocodrilo y elefante, animales de recio y casi impenetrable tegumento. Por donde se infiere que, para vivir mucho, hay que abroquelar la piel del espíritu, insensibilizándola contra los alfilerazos de émulos, envidiosos o adversarios.

✿ ✿

Cuando topo con personas serviciales, complacientes y aduladoras, me acuerdo del conocido letrero: "Cuidado con la pintura." Por si acaso, no nos arrimemos demasiado a ellas; podríamos mancharnos. Casi todas, a cambio de minúsculo favor, exigen la honra.

✿ ✿

Para vivir medianamente dichosos son menester tres cosas: ocupación liberal, moderadamente lucrativa, que nos libre del ocio y de la envidia profesional; modestia y obscuridad, que nos aparten de exhibiciones y reporterismos, y, en fin, no ser médicos ni filósofos, a fin de que, llegados a la senectud, puedan el galeno y el sacerdote endulzar nuestra agonía con piadosas y alentadoras esperanzas.

¤ ¤

Ha muerto un ilustre literato. En su loor, periódicos y revistas entonan fervorosos himnos. Acaso se exceden en el elogio. Disculpémosles. ¿Qué menos merece un ingenio preclaro, de quien nadie hablará a los ocho días, y cuyas obras nadie leerá transcurrido un año? ¡Sobradamente compensada queda la gloria de un día con el eterno silencio!...

¤ ¤

Los niños son a veces terriblemente sinceros.

Preguntad a una niña inocente: ¿Cuánto me quieres? Y contestará muy a menudo: "Cien duros o mil pesetas." Y lo curioso es que cuando la rapaza se transforma en mujer, la respuesta, tácita pero adivinable, es casi siempre la misma, con una pequeña variante: ya no dirá mil pesetas, sino mil, mil quinientos o más duros anuales. Todo es uno y lo mismo. Exceptuemos, sin embargo, a la esposa fiel y enamorada y, sobre todo, a la madre amantísima, en quienes el interés cambia de signo: a cambio de ser tiernamente correspondidas darían toda su fortuna.

¤ ¤

—Fulano es actualmente mi amigo.

—¿Hasta cuándo?

—Por lo menos hasta el día siguiente del postrer favor.

¤ ¤

Hay muchos que crecen y prosperan (políticos, artistas y escritores) como el alud: a fuerza de trompicones y volteretas. Inmobles, al fin, en la llanada, y derretidos al sol implacable de la posteridad, su ingente masa queda casi siempre reducida a minúsculo guijarro.

☼ ☼

No hay gentes más egoístas que las que alardean de hipersensibles. Por ahorrarse la pena de presenciar el ajeno dolor son capaces de abandonar a la persona más querida.

☼ ☼

El vicio del juego revela, en el jugador, aparte desolador vacío espiritual, escasa o ninguna capacidad para el trabajo. Decía Dumas, padre, a uno que le instaba a jugar: "No soy tan pobre que necesite ganar, ni tan rico que pueda perder."

En forma infinitamente menos espiritual e ingeniosa he contestado yo siempre casi lo mismo:

—Aborrezco los juegos de azar precisamente por igual motivo que a usted le seducen: por interés. Porque sólo el trabajo procura sólidas y confesables ganancias. Además, el sentimiento de mi propia estima me reprocharía el morboso afán de desvalijar a amigos y contertulios.

☼ ☼

Cuando sorprendo a un rico jugando a los prohibidos, me digo: "He aquí una persona honorable... mientras no acabe de arruinarse."

☼ ☼

En el ajedrez no se pierde el dinero, pero se pierde algo que vale más: el tiempo y las ganas de trabajar.

Y no vale alegar que el noble juego posee alto valor educativo, ya que, ejercitándolo, se fortalece y concentra la atención, se despliega la fantasía y se adquiere aplomo, paciencia y reflexión; porque todas estas ventajas lógranse en más alto grado, con provecho propio y ajeno, cultivando las ciencias, singularmente la lógica, la física y las matemáticas.

☼ ☼

La virtud y el talento se allanan, a veces, a convivir en una misma cabeza; pero a veces son vecinos tan intratables que prefieren alojarse en cabezas diferentes.

☼ ☼

Los hombres del Norte, actúan; nosotros, charlamos.

☼ ☼

La firmeza de carácter es casi siempre monolateral. Exceptuado aquel orden de actividad particularmente cultivado, los genios de la voluntad son conducidos por mujeres, ambiciosos y vividores.

☼ ☼

Vituperarse y empequeñecerse con exceso (cosa que ya el Dante reprobaba), más que prueba de modestia paréceme alarde de pueril vanidad. Nos achicamos esperando que los demás nos agiganten. ¡Vano empeño! La opinión de quienes nos conocen no variará porque entonemos un *mea culpa* o exageremos nuestra inopia. Y, además, en nuestro *debe* figurará, en adelante, una partida más: el afán inmoderado de alabanza.

☼ ☼

Dado un conflicto entre personas, la mejor decisión es la proporcionada por un sueño tranquilo y una digestión fácil. Y nótese bien: esta solución está casi siempre inspirada en la indulgencia o el perdón. Al contrario de las soluciones de los problemas filosóficos, científicos o políticos: las más atinadas y plausibles suelen ser las que nos desvelan y perturban nuestras digestiones.

☼ ☼

Afirmaba el abúlico, cuanto profundo y caviloso Amiel, "que el hombre es siempre lo contrario de lo que quiere". Pero la experiencia desmiente, muy a menudo, este aserto. Con tal de poseer talento, voluntad y perseverancia, quien aspira ardientemente a la opulencia, a la admiración o al dominio, los consigue casi siempre.

☼ ☼

Cuando algún émulo te combata injusta y sañudamente, no te alteres ni sofoques. En vez de responder, ocúpate en leer atentamente los libros (si los hubiere) de tu censor, y quedarás perfectamente consolado. Porque de diez veces las nueve exclamarás: ¿Cómo una mediocridad malintencionada ha podido desvelarme e indignarme?

✡ ✡

Nos desdeñamos u odiamos porque no nos comprendemos, y no nos comprendemos porque no nos tomamos el trabajo de estudiarnos.

✡ ✡

W. James afirma que el destino moral del hombre es llegar a colaborar en la obra de Dios. Destino nobilísimo y, en el fondo, exacto, cuando se trata de sabios ilustres, inventores geniales o de escultores de pueblos. Mas la diaria experiencia nos revela esta verdad decepcionadora: la mayoría de las personas, en vez de secundar la voluntad divina, colaboran incansablemente en las tentaciones del diablo.

✡ ✡

Garantía suprema de felicidad se encierra en el conocido dicho de los antiguos, singularmente de Plutarco: "Oculta tu vida."

¿Quién no recuerda la manoseada fábula de Florián acerca del grillo, envidioso de la mariposa, y la consabida moraleja, puesta en boca del grillo: *Pour vivre heureux vivons cachés?*

Pero esto es una norma moral egoísta y más propia de salvajes que de hombres civilizados. La Humanidad selecta no puede ni debe ocultar su vida, sino trabajar públicamente para facilitar y ennoblecer la de los demás, aunque esto le acarree las tiranías y sinsabores de la notoriedad.

✡ ✡

Cosa corriente es que vanidosos y presuntosos finjan poseer lo que desean.

✡ ✡

Trabaja por honrar a tus hijos, por si ellos no pueden honrarte.

Posee el honor alas de mariposa; no las rocemos
nunca; las afearíamos después de mancharnos.

✿ ✿

Para ser feliz en este mundo hacen falta dos cosas:
ser, como dicen los ingleses, "un buen animal" y, además, *un animal bueno*.

✿ ✿

La civilización, como la vida, ha surgido en las cos-
tas del mar; después se corrió a lo largo de los ríos
caudalosos, y, por último, llegó a su apogeo en los países nebulosos. En suma, prescindiendo de otras condiciones (colonización, invasión, asimilación, etc.), la cultura es función de la abundancia de agua dulce.

✿ ✿

El trabajo perseverante y heroico crea la aptitud;
pero no impone la comprensión y la justicia, ajenos
frutos, en gran parte, de la moda, el gusto y el ideario
dominante.

✿ ✿

No fuera tan temible la injusticia si no se mostrara
más audaz y diligente que la justicia. Ello tiene llana
explicación: la primera *cobra* y la segunda *paga*.

✿ ✿

Sólo conozco tres asilos inviolables contra la calumnia y la mordacidad: la mentecatez, la pobreza y la enfermedad incurable.

✿ ✿

El filósofo Aben-Hasan, de Córdoba, anticipándose
a Gracián, Leopardi y Schopenhauer, hablaba ya del
"peligro humano", más dañoso que el de las fieras.
Cierto; pero es que cada uno de nosotros, ¿no es a menudo su propio verdugo? ¿Quién no lleva dentro un
tigre o un víbora, encargados de corroer o envenenar
nuestras entrañas y hacernos desgraciados?

✿ ✿

Transigimos solamente con el mérito superior cuando, escudado en la humildad, se sitúa deliberadamente a nuestro nivel.

✿ ✿

En el fondo del ansia de inmortalidad late el afán de deshumanizarse, por hastío de la sociedad y aun de sí mismo.

✿ ✿

Adoptamos fácilmente los errores viejos (como sean fortificantes), es decir, aquellos suavizados y como humanizados por haber pasado por millones de almas.

✿ ✿

Sin gran dosis de indulgencia ningún afecto subsiste. Condúzcamonos con los hombres como el alienista con sus enfermos, a cuyas manías y agresiones opone siempre los sedantes de la comprensión y la piedad.

✿ ✿

¿Condesciendes por amistad o parentesco con algún acto dudosamente correcto?

Resígnate, pues, a perder en adelante toda libertad crítica. Sabedores y pregonadores de tu debilidad, adversarios y perillanes te obligarán a hacer la vista gorda sobre sus farsas y enormidades.

✿ ✿

Mira bien cómo ensalzas, porque abundan las personas que archivan los benévolos juicios escapados en momentos de indolencia y se servirán algún día de ellos para herirte a mansalva.

✿ ✿

Seamos tolerantes y piadosos con las ideas y hábitos de la multitud. La tiranía de la tradición y la ley del mínimo esfuerzo nos dominan desde hace miles de años. Consideremos que la mayoría de los mitos filosóficos y sociales nacieron en edades bárbaras, cuando se desconocían la astronomía, las matemáticas, la física, la química, la geografía y la biología, y que estos

mitos, quizá por antiquísimos, han quedado como in-
crustados en nuestra arquitectura nerviosa. Tratar de
persuadir a esas cabezas modeladas por hábitos y creencias milenarios es como tratar de convencer al *Gran
Lama del Tibet* del error de su religión y de la inani-
dad de su pretensión a la inmortalidad terrena (1).

✥ ✥

Ciertamente, el animal humano ha perdido una parte de su histórica fiereza gracias a las dulzuras de la
civilización y a la creciente extensión del bienestar económico. Pero no debemos fiarnos demasiado. En nuestros días hemos visto con dolor que ha bastado una
mala cosecha, un paro obrero forzoso o la emigración
pusilánime de capitales para desatar en las masas famé-
licas los más antisociales instintos. Por algo nuestro
Cervantes estampó aquella amarga frase: "Si es que
el pobre puede ser honrado."

✥ ✥

Somos esencialmente inestables. Cualquier incidente
imprevisto nos perturba o desmoraliza. El insomnio
pertinaz, una digestión penosa, un infausto suceso sub-
vierten nuestra ecuanimidad. ¡De cuántas injusticias
o demasías verbales no son también responsables el
alcohol, la morfina o el veronal! Tales tóxicos, tomados sin prudencia a fin de aliviar el insomnio o como
espuela del trabajo intelectual, explican extraños y deplorables virajes de carácter y conducta en personas
discretas e intachables.

✥ ✥

Cuando una costumbre dura siglos es locura pretender abolirla de repente. Ninguno de nuestros reformadores se ha atrevido a suprimir las deseducado-
ras corridas de toros y el vicio de la lotería, no obs-

---

(1)   Es sabido que en Llasa, capital del Tibet, se cree que
el alma del lama muerto pasa inmediatamente al cuerpo de un
niño predestinado, cuyas señales sólo conocen los sacerdotes budistas.

tante deplorar cuánto nos desprestigian ante el Extranjero.

☼ ☼

Comprendo que la rancia nobleza se envanezca de su abolengo. Cuando se carece de méritos propios (se da alguna que otra excepción), ¿hay cosa más cómoda que vivir parásitamente del recuerdo de los antepasados? Gracias a éstos, sus descendientes triunfan, brillan, seducen y holgazanean. Harto más estimables son los nobles nuevos, cuando no deben sus blasones a la adulación, la beatería o al dinero, sino al servicio abnegado e inteligente del país en arduas empresas bélicas, gubernamentales o diplomáticas (1).

☼ ☼

Atraer la atención con chalecos rutilantes, guedejas nazarenas, barbas a lo Tiziano, o corbatas absurdas, como Disraeli, Baudelaire, Loti y otros mil, puede pasar al principio como reclamo para captar incautos o despertar la modorra excesiva de los indiferentes.

Mas formado el corro de admiradores sinceros, conviene formalizarse, abandonar las muecas del payaso y trabajar afanosamente por crear algo enjundioso y definitivo.

☼ ☼

Como remate de este harto largo capítulo, condensemos aquí, a modo de resumen, las máximas recomendables para ser relativamente dichosos:

1. Sé indulgente "con la pobre bestia humana", según frase de Renán, y conténtate buenamente con lo que pueda dar de sí.

2. A título provisional, considera con zoólogos y

_____

(1)   La caterva innumerable de nobles que, escudados en rancios pergaminos, se entregan a la holgazanería elegante y vacua, a expensas de infelices gañanes, aparceros o arrendatarios, cultivadores de enormes latifundios, da más valor y realce a los escasos aristócratas de abolengo promotores, con su fortuna, de grandes explotaciones agrícolas e industriales, eminentemente patrióticas.

anatómicos que el hombre tiene más de mono que de ángel, y que carece de títulos para envanecerse y engreírse. Se imponen, pues, la piedad y la tolerancia.

3. Inspírate, si puedes, en las conocidas máximas griegas: "Obrar a tiempo" (Chilón), "Y en todo la medida" (Solón), frase traducida por los latinos con el manoseado *nihil nimis* (de nada demasiado).

4. No contestes jamás a invectivas e insultos groseros, y aparta inexorablemente de tu trato a los malintencionados y envidiosos.

5. Vive de ti mismo, y aun ensimismado, si te ocupas en la ciencia o en cualquier trabajo intelectual socialmente útil.

6. Distrae tus cavilaciones y enojos (que nunca faltan) con el estudio de la Historia, la literatura y, si es posible, con la práctica del dibujo y la fotografía.

7. Huye de las pasiones vehementes, que absorben, esclavizan y esterilizan el espíritu.

8. Aprende a callar; alaba cuanto digan bueno tus amigos y adversarios, y si hablas, hazlo con mesura, modestia y oportunidad.

9. Jamás mortifiques a nadie con verdades desagradables para su orgullo o sus pretensiones. Maneja la verdad como la dinamita, que a menudo destruye aun a quien manipula con precauciones.

10. Sigue a Gracián cuando sentencia: "Sólo el honrador es honrado."

11. Si eres heterodoxo o escéptico, no te mofes de los sentimientos religiosos de nadie, siquiera sea por respeto a las creencias de tus antepasados.

12. Y por si el supremo Hacedor ha forjado la vida como un ensayo o esbozo, precursor de más serias y sublimes empresas ultraterrenas, ríete, como el irónico Luciano, de las incongruencias, contradicciones y absurdos de filósofos, políticos y poetas. De acuerdo con el gran Humorista que nos creó, tómalo todo a broma, porque sólo la alegría es garantía de salud y longevidad.

CAPITULO VIII

PENSAMIENTOS DE TENDENCIA PEDAGÓGICA Y EDUCATIVA

Si hay algo en nosotros verdaderamente divino, es la voluntad. Por ella afirmamos la personalidad, templamos el carácter, desafiamos la adversidad, corregimos el cerebro y nos superamos diariamente.

☼ ☼

Afirma la *Biblia* que es bueno "juntar ciencia con herencia". Exacto. Lo malo es que, en la mayoría de los casos, en cuanto llega la herencia (o la riqueza) se abandona la ciencia.

☼ ☼

Afirma Gustavo Lebon "que la educación es el arte de convertir lo consciente en inconsciente".

He aquí una definición muy exacta aplicada al adiestramiento de caballos, y entre las personas, a mecanógrafos, pianistas, telegrafistas y *chauffeurs*.

Sólo que si, conforme a semejante monolateral concepto, se hubieran educado los grandes inventores, no tendríamos piano, ni máquina de escribir, ni telégrafo, ni locomotoras, ni automóviles, ni aeroplanos, ni ondas hertzianas, etc.

No; la grande, la deseable, la imprescindible educación consiste en automatizar en lo posible y para los pequeños menesteres de la vida nuestros órganos sensitivomotores, pero liberando al mismo tiempo de imposiciones y rutinas al cerebro, soberano instrumento de acción consciente y de originalidad creadora. La misión del pedagogo se cifra, por tanto, no en fabricar maniquíes en serie, sino en forjar hombres completos, donde se junten y se influyan recíprocamente las altas idealidades con la rectitud moral y la firmeza del carácter.

✿ ✿

Te quejas de las censuras de tus maestros, émulos y adversarios, cuando debieras agradecerlas; sus golpes no te hieren, te esculpen.

✿ ✿

Bueno es cultivar e ilustrar el entendimiento, pero no hasta el punto de tornarnos infecundos como la rosa de jardín.

✿ ✿

Cuando de niños contemplábamos por primera vez un macizo de lirios, nos asustaban las hojas de la planta, puntiagudas, enhiestas y amenazadoras, a modo de tajantes espadas. Mas al acercarnos y tocarlas advertíamos con placer que, lejos de herirnos, se doblaban dulcemente ofreciéndonos la flor gentil, cuya galanura fué ya ensalzada por Jesús. Así aparece la ciencia vista desde lejos; acerquémonos sin miedo al imponente aparato de sus métodos y, casi sin esfuerzo, nos entregará la flor de la verdad.

✿ ✿

Digan lo que quieran los ricos viciosos y los holgazanes incorregibles, el trabajo agradable y útil resulta todavía la mejor de las distracciones.

✿ ✿

Progreso y actividad andan siempre parejos. Los potentados que educan a sus hijos en los vicios elegantes, o en las suavidades del dulce *far niente*, trabajan inconscientes por la degeneración de su raza. Al modo de los monstruosos reptiles de la época secundaria, la descendencia de los millonarios está destinada a tener por cerebro una simple y menguada prolongación de la medula espinal, a menos que la esposa no aporte la compensación mental indispensable. El ocio, tolerado criminalmente por el Estado, suele sufrir sanción irremisible en la Naturaleza.

¤ ¤

En lo físico como en lo mental, la actividad más meritoria consiste en esculpir o cincelar, no en moldear ni vaciar.

¤ ¤

El cerebro humano representa un mundo donde figuran algunos continentes explorados y vastas tierras ignotas. El hombre rudo y lego se ignora del todo, y ni sospecha siquiera sus riquezas potenciales. En cambio, el hombre cultivado trata de explorarse, y consigue al fin descubrir algunos tesoros ocultos. Pocos, empero, han llegado a fuerza de atención reflexiva y de esfuerzo interior a apurar la geografía de su mente. ¡Qué de hallazgos felices nos esperan aún en las encrucijadas de nuestras células y vías nerviosas si nos imponemos la tarea de autoobservarnos metódica y pacientemente a la luz de la ciencia y al calor de la meditación!

¤ ¤

Gloria, riqueza, consideración social, representan casi siempre el equivalente de un desgaste prematuro de robustez y juventud. Pretender otra cosa es desear que la semilla sembrada no destruya sus cotiledones, ni disipe su vital energía al expandirse en lozano tallo y en flor gentil y fragante.

¤ ¤

Con pocas excepciones, todo joven dotado de acusada y fuerte personalidad reacciona contra las exageraciones doctrinales o sentimentales de padres y maestros, adoptando el tono o colorido moral complementario.

¿Quién no ha conocido temperamentos morigerados

criados entre borrachos; doncellas virtuosas, hijas de cortesanas; idealistas y poetas, nacidos de sórdidos avaros; demócratas y aun socialistas, de estirpe aristocrática; impíos o descreídos, educados por jesuítas?

✡ ✡

El tumulto de la vida social suele obrar, sobre las cabezas humanas débiles, como el río sobre un cristal de cuarzo: arrastrado y golpeado por la corriente, conviértese, al fin, en vulgar canto rodado. Quien desee conservar incólumes las brillantes facetas de su espíritu, recójase prontamente en el remanso de la soledad, tan propicio a la actividad creadora.

✡ ✡

La doctrina de la segregación, imaginada por Wágner para la formación de las especies zoológicas, es, en cierto modo, valedera también para los individuos. ¿Queréis convertiros en un hombre nuevo? Pues trabajad solitarios, libres de las sugestiones de las medianías gregarias.

Mas semejante método sólo es recomendable llegada la madurez, cuando el espíritu ha acopiado todos los materiales necesarios para la obra personal. Los buenos libros y la visión directa de las cosas serán los mejores maestros.

✡ ✡

¡Santa fatiga del trabajo! Tú nos traes el sueño reparador, único consuelo del pobre, del perseguido y del postergado.

✡ ✡

Muchas veces se ha dicho, en letras de molde, que el problema de España es un problema de cultura. Exacto. Urge, ante todo, cultivar intensamente los yermos de nuestra tierra y de nuestro espíritu, salvando, para la civilización y riqueza patrias, todos los ríos que se pierden en el mar y todos los talentos que se pierden en la ignorancia.

✡ ✡

Crear y saber.—Bueno es conocer el nombre y propiedades de todas las flores, pero es mejor aún crear una flor nueva.

☼ ☼

Ideal de la ciencia. — Puesto que vivimos en pleno misterio, luchando contra fuerzas desconocidas, tratemos en lo posible de esclarecerlo. No nos desaliente la consideración de la pobreza de nuestro esfuerzo ante los magnos e innumerables problemas de la vida. Concluída la ardua labor, seremos olvidados, como la semilla en el surco; pero algo nos consolará el considerar que nuestros descendientes nos deberán parte de su dicha y que, gracias a nuestras iniciativas, el mundo, es decir, aquella minúscula parte de la Naturaleza, objeto de nuestros afanes, resultará un poco más agradable e inteligible.

☼ ☼

Una severa autocrítica constituye el más precioso don del pensador. ¡Nada de embriagarse con el propio vino, bueno o malo! Ni imitemos la credulidad confiada de la gallinácea que incuba con la misma formalidad un huevo fecundo que un huevo de mármol.

☼ ☼

Sobre la primacía de la teoría sobre la práctica, y viceversa, se han vertido mares de tinta. Hoy, al contrario de otras épocas, prevalece la exageración practicista, con lo que se obtienen buenos obreros, pero pésimos maestros. Se olvida que el problema docente es un problema de equilibrio mental y ponderación pedagógica.

Hay que aprender las *cosas* simultáneamente con los *libros*. Porque realidades y libros se fecundan mutuamente. Examinando los fenómenos, comprendemos las teorías, y conociendo las teorías nos adueñamos del fenómeno. Quien se entrega exclusivamente a la especulación recuerda al cazador que, fiado en su dominio teórico de la escopeta, en vez de cobrar un ciervo mata al perro.

☼ ☼

Se ha hablado muchas veces de la trágica incomprensión del genio nacido antes de tiempo. Líbrenos Dios de dar consejos al genio, a cuyas alturas no llega nunca la voz de la mediocridad. Séanos lícito, empero, recordar al hombre de estudio que, en la gran peregrinación *de la ciencia, lo mismo queda solitario y abandonado* quien se adelanta demasiado que el excesivamente rezagado. Conducta cauta y prudente será, pues, avanzar continua y moderadamente, pero mirando atrás, para no perder enteramente de vista a la grey de cultura media, aunque debamos caminar en compañía de pocos pero de gratos camaradas.

☿ ☿

Con razón afirmaba Marklin (frase repetida después hasta la saciedad) "que nuestros defectos son el reverso de nuestras excelencias". En términos biológicos podría definirse esta concepción, suponiendo que cada centro cerebral hipertrófico ha producido la atrofia compensadora de los distritos antagonistas. Máxima pedagógica prudente será, por tanto, desarrollar, mediante laboreo incesante, las esferas cerebrales deficientes, aunque con ello resulten algo desmedrados los centros superiormente dotados; tarea difícil, porque en la dinámica mental todo órgano preponderante tiende a trabajar con exceso y tiranizar a los demás.

☿ ☿

La Naturaleza nos ha otorgado dotación limitada de células cerebrales. He aquí un capital, grande o pequeño, que nadie puede aumentar, ya que la neurona, como apuntamos más atrás, es incapaz de multiplicarse. Por compensación feliz, se nos ha concedido el inestimable privilegio de modelar, ramificar y complicar las expansiones de estos elementos — como si dijéramos de los hilos telegráficos del pensamiento —, para combinar, casi hasta el infinito, las asociaciones reflejas y las creaciones ideales. Aprovechémonos de esta preciosa prerrogativa durante la juventud y la edad viril, porque

el protoplasma neuronal parece endurecerse, como el
mortero, con el transcurso del tiempo. Y no hay nada
más infecundo y aun nocivo que una cabeza rígida, incapaz de aprender y corregirse.

✿ ✿

Existen dos variedades humanas, de valor harto desigual: el hombre rebañiego, modelado por la tradición
y la rutina, y el hombre nuevo, forjado por la autorre-
flexión. Esta variedad mental merece exclusivamente el
nombre de *individuo*, porque sólo él es capaz de apor-
tar algo al acervo común del progreso. Las cabezas
sencillas y sugestionables reproducen el tipo humano
ancestral. Orientadas hacia el pasado desdeñan el futuro. Son, empero, necesarias, ya que forman la reserva
evolutiva de la raza, donde laten en potencia, aguar-
dando su hora, los genios del porvenir.

✿ ✿

En las patrias decadentes y menospreciadas, guardé-
monos de refrenar o desilusionar a los grandes ambiciosos. A propósito de lo cual, y con vistas a la ciencia y
al arte, yo aconsejaría a lo más lúcido de la juventud
intelectual que emulara audazmente a las grandes lumbreras de la cultura internacional. Quien espera sobre-
salir en ciencia, arte o industria siguiendo las huellas
de notabilidades nacionales o provinciales, se condena
de antemano a la mediocridad o al fracaso. Sólo luchando con los fuertes se llega a ser fuerte.

✿ ✿

El humilde vegetal, merced a su función clorofiliana,
nos da el mejor ejemplo del milagro de la labor solitaria, concentrada y perseverante. La pequeña cantidad
de energía, acumulada por el protoplasma vegetal al
fijar el carbono de la atmósfera, ha creado, a fuerza de
siglos, las formidables reservas de combustible de los
terrenos carboníferos; es decir, la luz espléndida de
nuestras veladas y el pan de las modernas industrias.
El *nulla dies sine linea* constituye tanto la divisa de los

grandes trabajadores como de la madre Naturaleza. La hoja de la planta, besada por el sol, y la hoja de papel, besada por el pensamiento, representan grandes concentradores de energía. De ella vivimos y con ellas prosperarán nuestros descendientes.

☼ ☼

Modesto especialista de la ciencia, no te sientas humillado delante de los genios enciclopédicos. Si el filón explotado por éstos es infinito en lo ancho, el tuyo es infinito hacia lo profundo. Y si te asisten perseverancia y fortuna, podría ser que encontrases en tu pequeño mundo verdades hondas, a cuya luz cambien de faz cuestiones fundamentales de la ciencia y de la filosofía. Ahí están las rayas del espectro solar, los rayos X y la radioactividad de la materia para probarlo.

☼ ☼

Los más grandes laboriosos son los que han aprendido a administrar metódicamente su pereza. La actividad febril, paroxística, cae rápidamente en la fatiga y en la desilusión; deteriora la máquina antes de haber logrado refinar el producto.

☼ ☼

Resignémonos a marchar humildemente detrás de los sabios, para poder marchar algún día en su compañía.

☼ ☼

Natural y loable es el ansia de reputación. Conviene, empero, que el maestro discierna los dos principales tipos de ambiciosos: los que codician la fama como fin y los que la persiguen como medio. Cultive, de preferencia, los primeros.

Dice uno de nuestros refranes "que al que a buen árbol se arrima...", etc. Esta máxima, aplicada al orden científico, sólo es valedera durante la formación del investigador. Porque debajo del árbol gigante brotan solamente pobres gramíneas y hongos ruines.

Quien aspire a la robustez y originalidad mental debe

trabajar de cara al sol, oreado por cierzos y lejos de árboles protectores.

☼ ☼

Si os sentís con suficiente fuerza ascensional y desconocéis el vértigo de las alturas, elevaos sin ayuda de nadie. Quizá no os remontéis muy alto; pero, en todo caso, no os precipitará el lastre de la gratitud y veneración excesivas (1).

☼ ☼

"Hay que cultivar el cerebro", dicen unos; "la mano", exclaman otros; "el corazón", proclaman algunos. "Es preciso ejercitar todos los órganos nobles; es decir, el hombre pleno", contestan los más.

Está bien; mas los que así discurren, ¿no temen que al pretender perfeccionar plenamente la máquina vital nada se organice bien?

¿Se conoce algún atleta dotado de capacidad intelectual extraordinaria? El azar se complace alguna vez, no obstante, en crear tipos humanos excepcionales, donde brazos, corazón y cerebro se equivalen.

☼ ☼

La mayoría de nuestros ricos suelen ser tan radicalmente holgazanes, que aspiran ardientemente a la beatitud eterna para darse el gusto de descansar perdurablemente después de una siesta de ochenta años.

☼ ☼

Afirman los comadrones que la soltera abandonada, en plena gestación, despréndese fácilmente del fruto de sus amores. Para ella, el hijo es cuerpo extraño, generador de lo que espiritualmente llamaba Renán la he-

---

(1)   En la gran Alemania la tiranía del maestro suele ser absoluta. Y así resulta que los discípulos son a menudo investigadores rutinarios que gozan de libertad para todo menos para reaccionar contra los errores teóricos de la escuela. Como en todas partes, los hombres creadores han surgido allí a pesar de sus maestros. De ellos tomaron lo único indispensable: los métodos de trabajo y las verdades firmes de la ciencia constituída.

rida de amor. Mas en cuanto comienza la lactancia y la inocente criatura prodiga a la madre las primeras cándidas sonrisas, el instinto de la maternidad se exalta y el hijo es heroicamente retenido, a pesar de crueles prejuicios sociales y de los rigores del infortunio.

Tal ocurre con nuestras ideas y, singularmente, con las hipótesis científicas concebidas con dolor. Cuando alborean en la conciencia, somos todavía dueños de rechazarlas; pero en cuanto nos ilusionan o nos obsesionan demasiado, ningún argumento, por apremiante que sea, es poderoso a repudiarlas.

Moraleja: Censuremos severamente toda concepción propia antes de que nos seduzca y posea. Es un demonio interior, contra el cual, andando el tiempo, serán impotentes todas las alegaciones de nuestra razón y todos los conjuros de la ajena dialéctica.

¤ ¤

Te quejas de tu pobreza y obscuridad sin advertir que guardas bajo el cráneo, como la concha perlada, un precioso tesoro. A semejanza de los soldados de Napoleón, llevas en la mochila el fajín de general. Todo se reduce a luchar y vencer. Y antes de requerir las armas contra el mundo, vuélvelas contra ti mismo, convertidas en herramientas de escultor. Careces de campos que cultivar y de jardines donde solazarte; posees, en cambio, el pegujal del entendimiento y el edén de la fantasía. Si a fuerza de laboreo interior logras ser un Creso en ideas, sobrarán personas que te las compren. Cuando no el interés, te las solicitará la vanidad o la codicia, pues son pocos los ricos holgazanes resignados a mostrar al público los andrajos de su inopia.

¤ ¤

Cuando los animales poseen alas (aves, murciélagos, reptiles voladores de la época secundaria, etc.), carecen de manos, y cuando tienen manos carecen de alas. Tal ocurre en la mayoría de los hombres aficionados a la ciencia o al arte. ¿Quién no ha conocido jóvenes desprovistos de imaginación, pero dotados de aptitudes admirables para ejecutar, y peregrinos entendimientos incapaces de la más sencilla manipulación?

Misión trascendental del maestro es desarrollar alas en los que tienen manos, y manos en los que tienen alas.

✿ ✿

Tubérculo minúsculo y venenoso fué la patata salvaje, recién importada de Chile, y, gracias a tenaz y apropiado cultivo, nuestros hortelanos obtuvieron el tubérculo actual, alimento sabroso y perfectamente inocuo. Así procede la ciencia de la educación con el pequeño salvaje humano: porque sabe que nada hay más inútil y hasta perjudicial que un talento baldío.

✿ ✿

Ciencia y empirismo.—La ciencia es un ahorro de esfuerzo, como diría Mach, y el empirismo una disipación de energía. Mientras éste se circunscribe a la angosta esfera del fenómeno, aquélla se remonta a la cumbre de ley, desde la cual prevé el porvenir y explica el pasado.

De esta verdad, vulgarísima, testifica elocuentemente una observación casual de los salvajes de las Nuevas Hébridas. Por experiencia secular averiguaron que si la punta de las flechas era mojada en la nariz de un cadáver en descomposición, inoculábase al enemigo grave dolencia *(septicemia)*, por picadura anatómica. Cuando el envenenamiento del arma se producía por embadurnamiento en una mezcla de tierra podrida y de cangrejos machacados, las heridas se complicaban con tétanos mortal. He aquí la obra del empirismo.

Veamos ahora la obra de la ciencia: Merced a sus métodos precisos, el bacteriólogo demuestra que el agente productor del tétanos es un microbio especial, habitante en suelo rico en materias orgánicas. Cultivado según las normas bacteriológicas, revela su propiedad de generar *toxinas* específicas, las cuales, inyectadas con ciertas precauciones en la sangre del caballo, provocan la formación de un producto exquisitamente específico: la *antitoxina*. Y en posesión de este *anticuerpo*, consigue el científico dos resultados sorprendentes: preservar del tétanos a los animales expuestos a la contaminación natural y curar la infección declarada en el hombre, cuando la aplicación del remedio no se retrasa demasiado.

¡Contraste sorprendente y consolador!... El virus letal, usado empíricamente por el salvaje para causar la muerte, transfórmase, en las manos de hombre de ciencia, en remedio soberano para evitarla!... Brindo este y otros ejemplos parecidos a los que proclaman la *bancarrota de la ciencia*.

☿ ☿

Existe una hormiga (1) cuyo vientre se hincha, convertido en odre de miel, destinado a la alimentación de su raza. He aquí una imagen simbólica de la condición del maestro. Su cabeza, henchida de ideas, es el ánfora de miel del saber. Al recolectarla y almacenarla, el cuerpo del sabio, como el de la hormiga, acaso se habrá deformado algo, pero el sacrificio será grato y útil a sus discípulos y conciudadanos.

☿ ☿

Aludiendo al trabajo intelectual, exclama Unamuno: "Al modo de la araña, hilemos nuestras entrañas..." En efecto, muy floja y mediocre será la obra cuya autor no haya empleado, para tejerla, fibras del corazón y hebras del cerebro.

Pero la frase de Unamuno no es sólo una bella imagen, sino que traduce, quizás, un proceso real. Merced al esfuerzo mental supraintensivo todos hilamos algo las expansiones de nuestra corteza cerebral. Sin darnos cuenta de ello, estiramos los apéndices neuronales movibles, los cruzamos y entrecruzamos de mil modos y les obligamos a entrar en conexión con células habitantes en territorios cerebrales apartados. Gra-

---

(1)   *Camponatus inflotus*, etc.

cias a estos ósculos dinámicos, efímeros o permanentes, unos tejen el rudo indumento del proletario, mientras otros, más pacientes o mejor dotados, bordan el manto suntuoso de la ciencia y del arte, solaz y deleite de los espíritus refinados.

✿ ✿

Consejo a los premiosos. — Te consideras deprimido y humillado porque reconoces, con pena, que para producir poco necesitas esforzarte mucho. Pero, con ligeras diferencias, a todos les ocurrió lo mismo en sus comienzos. No te desilusiones, sin embargo, y labora con ahinco. Alumbra primero, aunque sea dolorosamente, la vena de la primera nueva verdad, que ella labrará después, espontáneamente, el cauce por donde otros hechos fluyan rauda y abundantemente. Porque en ciencia sólo hay un esfuerzo doloroso y sangriento: el parto del primer hecho original.

Y aunque tu premiosidad fuera irremediable, consuélate con el ejemplo moderno de Helmholtz, que, no obstante su lentitud creadora, dejó obra imponente e imperecedera; y con el antiguo de Zeuxis, quien, reprendido por pintar harto tardamente, exclamó lleno de noble orgullo: "Empleo mucho tiempo porque pinto para mucho tiempo."

✿ ✿

La verdad es tan pudorosa y zahareña como la mujer honesta; podrá entregarse a un amante joven y apuesto, pero casi nunca a una pandilla de tenorios carcamales.

Sugiéreme esta reflexión la infecundidad irremediable de la mayoría de nuestras corporaciones científicas, políticas y literarias. Inspiradas en la egoísta esperanza del ahorro de esfuerzo, todos sus miembros confían en que los infinitesimales empujones de cada consocio equivaldrán a la labor perseverante y enérgica de uno solo.

✿ ✿

Salvadas las inevitables excepciones, paréceme que

en España, al revés del Extranjero, los hombres de arte
o de ciencia se asocian para descansar..., a veces sin
haber trabajado nunca.

✡ ✡

Por si la posteridad nos olvida, apresurémonos a conquistar el presente. Bien será, pues, empuñar la man-
cera en plena juventud, antes que el frío de los años
disminuya el vigor y apague férvidos entusiasmos. Lo
importante es conquistar un rincón en las almas y en
los libros, donde gozosas aleteen nuestras ideas; emer-
ger, en fin, de la masa anónima del rebaño donde se
cuenta por millones, para ingresar por derecho propio
en la brillante legión en que se cuenta por unidades.
Ardua es la labor, amargos los reveses y contratiempos
de la lucha; pero, ¡cuán halagadora la victoria si se
digna sonreínos! ¡Qué alborozo al sentirnos enfoca-
dos desde abajo por miles de ojos curiosos y acaricia-
dores!...

✡ ✡

Quien no haya sido un poco salvaje en su infancia
y adolescencia, corre mucho riesgo de serlo en su edad
madura. A menos de que no se trate de un inadaptado,
de un abúlico o de un viejo prematuro.

✡ ✡

De todas las numerosas teorías imaginadas para explicar los juegos de la niñez, adolescencia y juventud,
la más plausible, a mi ver, es la imaginada por Stanley
Hale, el sabio psicólogo y pedagogo de la Universidad
de Clarke. Inspirada en el conocido principio de "que
la ontogenia es la recapitulación de la filogenia", consiste esencialmente en sostener que el desarrollo físico
y mental del hombre civilizado viene a ser la repeti-
ción, con algunas simplificaciones y lagunas, de las etapas evolutivas recorridas por el hombre primitivo y
sus precursores inmediatos. Esta teoría no contradice,
además, esencialmente a ninguna de las otras. Si la
hipótesis es cierta, debemos ser indulgentes con las tra-
vesuras y algaradas de los niños. No frunzamos, pues,

el ceño cuando veamos cometer diabluras a la primera infancia (cuatro a siete años); dibujar, a imitación del hombre cavernario, a los niños de siete a diez años; ser algo depredadores, camorristas y guerreros a los de diez a doce; convertirse en cazadores, pescadores y naturalistas empíricos (afición a la plantas, a los pájaros y a coleccionar curiosidades) de doce a dieciséis; cultivar, a los dieciséis a veinte años, deportes, ya de tipo físico (balompié, pelota, billar), ya de tendencia artística (dibujo, fotografía, etc.), o, en fin, los puramente intelectuales, como el ajedrez y las fogosas polémicas de café. Sólo proscribiremos inexorablemente los juegos de azar.

¤ ¤

El excesivo cansancio en los ejercicios corporales debe evitarse siempre (y hablo por experiencia propia). Ya el divino Platón, maestro insuperable en tantas cosas, decía: "Sueño y fatiga son los enemigos de las ciencias." Traduciendo la máxima en términos fisiológicos, equivale a afirmar que los llamados *centros de asociación* y los *focos sensoriales y motores corticales* viven en tan íntima solidaridad y coordinación, que la fatiga de los últimos acarrea la debilidad o la inhibición de los primeros.

Por tanto, no hables, ni leas, ni escribas sino cuando tengas la cara pálida, es decir, no sofocada por recientes ejercicios físicos. Porque la circulación de la faz refleja la del cerebro. Y la congestión empaña lo mismo la visión de las ideas que la expresión ecuánime de sentimientos y pasiones.

¤ ¤

Menester es estudiar para hacer estudiar. He aquí una sencilla máxima de Plutarco que suelen olvidar muchos maestros. Podríasela expresar también diciendo —con vistas a la práctica—: Sólo trabajando se enseña a trabajar. Recordemos también el dicho de Cisneros: "Fray ejemplo es el mejor predicador."

¤ ¤

"Sé tú mismo", dicen los modernos educadores. "Sé como los demás", impone el medio social.

En la conciencia del joven inteligente y amante de su país ambos impulsos se balancean, con tendencia marcada al predominio del primero.

Apresúrese el apasionado de la ciencia a aprovechar esta disposición del espíritu hacia la originalidad, antes de que la presión deformadora del ambiente y las cargas y ahogos de la familia le conviertan, a su pesar, en vulgar buscador de oro. Después, la costumbre hará lo demás.

☼ ☼

Signo infalible para distinguir un joven español de un francés, un inglés o un alemán (1), es el siguiente:

El inglés, el francés y el alemán de cultura media, y aun mediocre, podrán hablar correcta o incorrectamente su propia lengua; pero en todo caso la escriben gramaticalmente. Al revés del español, que a menudo la habla bien, pero la escribe con caprichos sintácticos y ortográficos deplorables. ¡Ah! ¡Esas escuelas!...

☼ ☼

El culto fervoroso a la infancia se confunde con el amor a nuestra especie. Como ha expresado muy bien Amiel, "la infancia debe ser bendecida por el bien que hace; pues el niño, dejándose amar, nos enseña a amar".

Exactamente. El niño constituye para el hombre y para el pueblo fuente inexhausta de bondad, abnegación y hasta de patriotismo. Pero, ¿por qué Amiel, que tan elocuentemente describe la misión civilizadora del niño, no se casó, ni quizá llegó a amar? ¿Fué la absur-

---

(1)   Esta observación dolorosa ha sido también hecha por el insigne don José Castillejo en sus admirables e instructivos estudios pedagógicos por Europa y América. Acerca de esto podríamos, ¡ay!, contar horrores los profesores que tenemos la costumbre de hacer los exámenes por escrito.

da pesquisa de una mujer ideal lo que impidió el encuentro de la compañera posible y conveniente, según se deduce de muchos pasajes de su *Diario?*

☿ ☿

A semejanza del frutal temprano, todo hombre de talento posee algunas yemas que no pudieron florecer congeladas por el rigor del ambiente. ¡Qué de habilidades latentes perdidas a causa de la indiferencia o distracción de un maestro rutinario!

☿ ☿

El error largamente acariciado es como la rueda enclavada en el hoyo. La carroza del amor propio obstínase en salvarlo, pero sólo consigue hacer más honda la rodada y más grave el atasco.

☿ ☿

Escribe Grandmontaigne que conoció un naturalista alemán que emprendió un viaje al Brasil para cazar *una mariposa. Yo topé en Nueva York con un sabio* —el doctor Forel—que fué exclusivamente a América para estudiar una hormiga, ¡Dichosos los pueblos donde nacen hombres que arriesgan su tranquilidad y hasta su vida—una vida noble y gloriosa—por escrutar una vida ínfima y lejana!

☿ ☿

Solía decirnos Letamendi que si un loco se obstinase durante mucho tiempo en lanzar piedras a la Luna, no alcanzaría — naturalmente — el blanco apetecido, pero acabaría por ser un hondero excepcional. Inspirados en este pensamiento, procuremos desarrollar enérgicamente nuestras alas mentales como si hubiéramos de esclarecer los grandes enigmas del Universo. Claro es que nuestras modestas alas, aun hipertrofiadas por el esfuerzo reiterado, no nos consentirán abordar el inaccesible ideal; pero, al modo de las rudimentarias del pájaro bobo, nos permitirán remar con alguna des-

treza por el piélago social y pescar acaso algunas verdades útiles en el mar sin fondo de la ciencia.

En suma, para lograr lo posible conviene a veces
apuntar a lo imposible.

✿ ✿

Estimo antipedagógico y hasta antipatriótico en un
maestro opulento acudir a cátedras a pie, si puede ha-
cerlo en carruaje. ¡Es tan atrayente y cautivadora una
ciencia que da para automóvil! (1).

✿ ✿

Nota el naturalista Cope, aludiendo a la evolución
paleontológica, que la precoz y extremada especialización orgánicofuncional ha enfrenado el progreso y hasta producido la extinción de muchas especies zoológicas.

Aplicada esta ley a la educación, adviértenos el peligro de la temprana especialización. Recorra primeramente el adolescente toda la gama del saber, y luego,
casi ultimado el desarrollo nervioso, cultive ahincada y
obstinadamente aquel orden de conocimientos más con-
cordantes con sus gustos y tendencias. Por fortuna, las
corrientes modernas de la pedagogía marchan ya por
este camino.

✿ ✿

*Diálogo entre un profesor de Matemáticas y el más
aventajado de sus discípulos.*

DISCÍPULO.—Desearía que usted me señalara un tema
de estudio: mi sueño dorado consiste en fabricar un
poco de ciencia.

MAESTRO.—Celebro tu deseo y fío mucho en tu aplicación. Pero antes de señalarte tarea quisiera que sa-
tisficieses mi curiosidad sobre algo que juzgo absolu-

---

(1)   Es triste reconocerlo; pero en las Facultades de Medicina
y Derecho, los profesores preferidos por los discípulos y a quienes al salir de clase suelen formar séquito de honor, son los que
gastan carruaje. Claro es que caben otras interpretaciones.

tamente indispensable. Dime, ¿no te sientes anonadado ante la prodigiosa labor de los matemáticos modernos: de los Abel, los Gauss, Jacobi, Riemann, Weier-
strass, Klein, Poincaré, Volterra, Rey Pastor, Eins-
tein, etc.?

DISCÍPULO.—Les rindo profunda y sincera admiración. Y con todo, no me siento encogido y anulado. Estimo que en la ciencia del cálculo, como en todas las
otras, quedan muchos islotes por explorar.

MAESTRO.—Alabo tu resolución y, sin embargo, temo
que tu voluntad, como la de tantos otros, semeje a la
parábola del proyectil. ¿Dispones de caudal de entusiasmo capaz de suplir la falta de caudales, y de una
paciencia tan grande como el desdén posible de tus conciudadanos?

DISCÍPULO.—Resígnome de antemano a perpetua estrechez, y, en cuanto a paciencia, si no fuera ridícula
jactancia diría que me juzgo capaz de contar las espi-
gas de un trigal y las hojas de un pinabete.

MAESTRO.—Celebro la hipérbole; mas no basta todavía. ¿Deploras cordialmente nuestra trágica y secular postración científica?

DISCÍPULO.—La deploro tanto, que me es imposible
contener las lágrimas cuando, al hojear libros extranjeros, no topo con ningún nombre español, salvo el
portugués Núñez (1).

MAESTRO.—Me has persuadido. Si cuanto afirmas es
cierto, incorpórate al tajo, que tú te honrarás y nos
honrarás. ¿Temas de estudio? Los hallarás en todo el
frente de combate contra la Naturaleza y en la inercia de nuestro espíritu; singularmente allí donde el ge-

(1) Las indagaciones históricas de Rey Pastor son desoladoras. Que yo recuerde, sólo topó con un talento matemático español, el aragonés Ciruelo. El cual, después de algunos promete-
dores escarceos geométricos, paró en profesor de Teología de Alcalá. En cuanto a los árabes, como nota Echegaray con razón, no
son españoles, y sería ridículo atribuirnos sus invenciones matemáticas, químicas y filosóficas. Para el español de antaño sólo
existían dos ciencias serias: la teología y la moral.

nio se detiene abrumado por la fatiga, la incomprensión o la soledad.

✿ ✿

Suele crecer la planta según la dimensión de la maceta. El talento aldeano confinado en su rincón difícilmente alcanzará pleno florecimiento.

✿ ✿

Insistiendo en un concepto vulgar, recordemos que
el piano cerebral se destempla golpeando reiteradamente una misma tecla. No hay por qué sonrojarse si después de oír los acordes graves de la ciencia dirigimos
la sensibilidad a los ritmos deleitosos del arte o a las
rudas brusquedades de los ejercicios físicos. Bajo este
aspecto, los jóvenes maestros ingleses, alternativamente sabios y niños, ofrecen a nuestros adustos y estira-
dos profesores insuperables modelos que imitar. Por
seguro tengo que en la indiscutible superioridad de la
raza anglosajona entra por mucho la pasión por los
deportes. ¡Ah!, y no olvidemos la enseñanza del patriotismo (1).

✿ ✿

No hay sino viajar para conocernos y corregirnos.
¿Será necesario recordar que los pocos escritores españoles que durante pasadas centurias tuvieron una visión
nítida de los males de España fueron los que visitaron
los países más civilizados?

Sin traer a cuento los conocidos comentarios de Saavedra Fajardo y otros escritores antiguos, paréceme útil,
a los fines de la enseñanza, rememorar las severas censuras de nuestros viejos libros de texto estampadas en
el relato de su *Viaje de Turquía* por Cristóbal de Villalón (2), que recorrió también buena parte de la Europa

---

(1)   La prueba más hermosa del patriotismo inglés, cuyo ejército permanente es, según es notorio, insignificante, fué la pre-
sentación espontánea de 3.000.000 de voluntarios al iniciarse la
última guerra.
(2)   CRISTÓBAL DE VILLALÓN: *Viaje de Turquía*, siglo XVI.

occidental. Duro, pero en el fondo desgraciadamente exacto, considero este juicio: "Los maestros de España no quieren que sus discípulos sean menos asnos que ellos, y los discípulos se contentan con saber lo que los maestros." Preciso es persuadirse de que ni la ciencia, ni la técnica, ni el arte prosperarán decisivamente en nuestro país mientras los maestros no se esmeren—empleando toda clase de medios—en forjar discípulos que los aventajen.

✹ ✹

Considero la falta de instrucción geográfica como la primordial causa del desastre colonial. Y lo grave no fué la ignorancia de los pobres quintos, sino la indisculpable de la mayoría de nuestros políticos y ministros. De ello tuve demostración desgarradora al visitar, en 1899, las magníficas escuelas cuarteles, ejércitos y escuadras de los Estados Unidos.

CAPITULO IX

CON TENDENCIAS A LA LITERATURA Y AL ARTE

En los ingenios, como en las higueras, el primer fruto es la breva, que suele ser insípida, aparatosa y grande; esperemos, para emitir juicio, el brote de los higos (*).

✿　✿

Comparables a la ola, que rompe impetuosa en la playa, son muchos escritores: mucha espuma y poco fondo.

✿　✿

Cuando oigo a un orador grandilocuente y sin substancia, acude a mi memoria la imagen de esos asnos cargados de flores que recorren, en mayo, las calles madrileñas.

✿　✿

Muchos oradores, forenses y políticos, se parecen a las enredaderas, que cuando no tienen en qué apoyarse se enredan en sí mismas y arrastran sus flores (*).

✿　✿

Gran deleite procura la lectura de los buenos autores; pero, en compensación, nos acarrean muchas desilusiones. Porque en esas páginas, febrilmente devoradas, solemos sorprender, ¡quién lo dijera!, los pensamientos más íntimamente nuestros. A menudo, después de acabar una lectura atrayente, pensamos, con amargura y desaliento: ¡Nos han plagiado!

✿ ✿

El escritor debe dirigirse siempre a los lectores del presente o a los del porvenir. "Verdad trivial", me diréis. Es cierto; pero, entonces, ¿por qué muchos oradores y escritores trabajan para el pasado, pareciendo empeñados en conseguir el aplauso de los muertos? Hay políticos, filósofos y poetas que recuerdan al célebre loro de Maypures (Orinoco), que, al decir de Humboldt, hablaba la lengua de una raza humana extinguida (*).

✿ ✿

Cuando oigo encomiar la profusión de conocimientos de un erudito, pienso: ¡Dichoso él, que tuvo tiempo de leer y solazarse!...

✿ ✿

Como la vela al arder, el entendimiento humano alumbra quemándose, consumiéndose y derramando lágrimas (*).

✿ ✿

Cualidades primordiales del buen orador son: audacia, afluencia y pasión. Si conoce, además, algo del tema, y por añadidura es, según aconsejaba Cicerón, persona proba, ¡miel sobre hojuelas!...

✿ ✿

Como la espada de buen temple, la obra literaria debe forjarse en caliente, limarse en frío y probarse en duro; es decir, en el blanco de la oposición y de la controversia (*).

✿ ✿

Boileau, aludiendo a la literatura, se lamentaba ya de haber nacido demasiado tarde. Queda a los modernos escritores solamente el pobre consuelo de expresar ideas manidas de manera diferente que los antiguos; pero, ¡ay!, corriendo inminente riesgo de decirlas peor.

✿ ✿

Afirma Unamuno que Don Quijote es superior a Cervantes. Acaso sea verdad; pero el encontrar un substancioso y original asunto, propicio al brillante despliegue de una personalidad noble y compleja, ¿no arguye elevada genialidad?

¤ ¤

Sin la complicidad de falaces pero consoladoras ilusiones, la Naturaleza no habría creado nada grande y estable. Si el zángano infeliz adivinara que la muerte le acecha en la cúspide de su vivir, ¿se lanzaría, alegre, al vuelo nupcial? De igual modo: si artistas y sabios estuvieran seguros de la vanidad de la gloria, ¿forjarían sus obras?

¤ ¤

Existen ciertas inofensivas larvas que para causar pavor imitan, a la perfección, a venenosos ofidios. El inocente lagarto, desconcertado, las mira con inquieto recelo, hasta que, reparando en el disfraz, les hinca el diente y sacia su apetito.

Así son ciertos críticos adustos y gruñones: a primera vista semejan culebras de cascabel, y luego resulta—estudiando sus obras—que son cascabeles parlantes.

¤ ¤

Decía Talleyrand "que el tiempo es nuestro enemigo y que es preciso matarlo". ¿No nos habrán plagiado esta frase—que parece de pura cepa española—como nos plagiaron o nos imitaron el Gil Blas, el romanticismo y el preciosismo literario, sin perjuicio de censurar acremente el énfasis, la hipérbole y el conceptismo español?

¤ ¤

Se ha dicho infinitas veces que todo escritor negligente del bello estilo está condenado a la obscuridad. Importa, empero, no exagerar el precepto. La idea feliz y exacta, aun desdichadamente expresada, irradia luz perenne y fascinadora.

No deja de ser, a este respecto, significativo que los tres libros más descuidadamente escritos, tales como el

Antiguo Testamento (salvo algunos bellísimos capítulos), el *Alcorán* y el *Origen de las especies*, de Darwin (1), sean los que más han emocionado y removido el mundo y satisfecho la sed de creer, pensar y comprender.

☼ ☼

Nos gustan los libros donde encontramos las hazañas que hubiéramos deseado acometer; es decir, un programa de vida ilustre y fecunda, frustrado por el aciago destino.

☼ ☼

Sólo el mal médico, el novelista trágico y el dramaturgo truculento gozan del raro privilegio de cobrar las desazones que nos dan.

☼ ☼

Antes de regodearte con los elogios de un crítico o enojarte con sus censuras, entérate, no de cuál es su *estética*, sino su *ética*.

☼ ☼

En general, leemos las novelas y oímos los dramas, no para aprender, sino para descansar de aprender. Esto explica la discutible eficacia didáctica de las obras puramente literarias. En cambio, depuran el gusto y afinan la sensibilidad.

☼ ☼

Todo retrato es una confidencia íntima; nos cuenta, no lo que es el retratado, sino lo que desea ser.

☼ ☼

La retórica enfática, como el floreado y policromo mantón de Manila, favorece poco a la belleza, pero afea a la vulgaridad.

☼ ☼

---

(1)   Hoy ha pasado el auge del darwinismo o ha perdido su dignidad de ley biológica, pero ha servido, sobre todo, de fecunda hipótesis de trabajo. La han reemplazado, en parte, otras concepciones que pasarán a su vez, dejando sólo una estela luminosa de hechos nuevos. La pirámide se agranda por su base; pero el vértice, donde mora el arcano de la evolución y de la esencia de la vida, continúa rodeado de nubes tenebrosas.

Cuando veáis un escritor que se mete con todo el mundo, es que aspira a que todo el mundo se meta con él. No habiendo conseguido ser admirado, anhela ser temido.

¤   ¤

De todo escritor modernista, preocupado con la consabida *revisión de valores,* sospechad que carece de valores que revisar.

¤   ¤

Gustan mucho las frivolidades amenas y los juegos de ingenio; sin embargo, sólo interesan y perduran positivamente las obras que se escribieron con sangre y entre las angustias del dolor.

¤   ¤

Somos tan ególatras que, cuando leemos, no buscamos en el texto al autor, sino a nosotros mismos. Admiramos solamente los pensamientos que coinciden con los nuestros o que se incorporan fácilmente a las doctrinas asimiladas durante la juventud.

¤   ¤

Decía Isócrates que todas las cualidades del orador son nada si le falta la audacia.

¿De dónde nace esta osadía? De la conciencia de la propia superioridad, algunas veces; otras, del supuesto de la imbecilidad de los demás.

A esta última clase de alucinados pertenecen, por desgracia, algunos *leaders* políticos españoles y buena parte de nuestros conferenciantes. Reconozcamos, empero, que en ésta como en otras cosas nos vamos corrigiendo, aunque harto parsimoniosamente. El tipo de orador sobrio, a la inglesa, es hoy más común que hace cuarenta años (1).

¤   ¤

_____

(1)   Prueba de este salvador viraje es la casi completa desaparición del orador florido y grandilocuente. A este propósito decía el inolvidable Azcárate que no quedaban ya en el Parlamento más que dos *oradores artistas.* Por compensación cultívase el tópico vulgar, sobre todo si es de procedencia extranjera.

En el prestigio de las obras clásicas concurren, casi por igual, el ingenio del autor y la supervalía inherente a la antigüedad venerable. El tiempo, que nos mata, vivifica a veces lo que parecía destinado a morir. Bajo este aspecto, muchas producciones artísticas recuerdan a esa viejas piezas de cerámica que, a fuerza de años, y mediante la acción del aire, se exfolian, adornándose con tonos metálicos y reflejos irisados, totalmente ajenos a la intención del artífice.

☼ ☼

Un libro antiguo sincero, aunque mediocremente escrito, posee siempre valor histórico inestimable. Nos da a conocer el sentir y pensar de la Humanidad fenecida, maestra y rectora de la actual. Y nos enseña la turbadora verdad de que el hombre siempre ha sido el mismo.

☼ ☼

El orador y el escritor deben tener presente, pero sólo para invertirla, la advertencia usual en el escaparate de ciertos fotógrafos: "Se retrata aunque esté nublado." Porque con la mente nublada por el insomnio, la preocupación o la fatiga, ninguna visión artística surge nítida y brillante.

☼ ☼

La paradoja, que Amiel considera como el manjar supremo de los hombres de ingenio, constituye revulsivo infalible contra la rutina del pensamiento. Es la piedra arrojada al pantano: los batracios humanos se espantan y empiezan a croar. Y, pasado el susto, algunos acaban por pensar por cuenta propia.

☼ ☼

Nada hay más semejante a una biblioteca que una botica. Si en las estanterías farmacéuticas se guardan los remedios contra las enfermedades del cuerpo, en los anaqueles de las buenas librerías se encierran los específicos reclamados por las dolencias del ánimo.

Por tanto, la biblioteca del escritor debe ofrecernos, en armonía con el estado de nuestro espíritu, libros fúnebres que hagan llorar, como la *pilocarpina;* libros que hagan reír y delirar, como el *alcohol* y el *haschisch* (fase de *delirio hilarante);* libros sedantes, como el *veronal* y el *bromuro de potasio;* libros analgésicos, como la *cocaína* y la *morfina;* libros tonificantes, como los *preparados de hierro,* y hasta libros de pura broza, ganga y relleno, como la *vaselina* y el *cerato simple.* No sonría el lector demasiado severo o desdeñoso; tales insulsas obras nos enseñan a apreciar por contraste las producciones maestras del ingenio, con la ventaja de proporcionarnos, leídas después de cenar, y a pequeños sorbos (naturalmente), el sueño más fisiológico, profundo y reparador que se conoce (1).

¤ ¤

Lástima grande que médicos y sacerdotes no se consagren, sino de raro en raro, a escribir novelas o comedias; porque sólo ellos conocen a fondo la mujer, núcleo, eje y fundamento de toda producción literaria y teatral. Tengo para mí que la excelencia del teatro clásico español (en cuyos volúmenes se contienen, aparte los enfadosos conceptismos a la moda, muy sutiles y atinadas observaciones sobre el alma femenina) se debe muy principalmente al hecho de haber sido hombres de sotana la mayoría de los comediógrafos de antaño.

¤ ¤

De todos los estilos, el peor, a mi parecer, es el que, invocando una comparación física, cabría designar *estilo irisado o anacromático.* Consiste en rodear un pensamiento de numerosas franjas coloreadas, cual tenuísima aguja mirada a través de un retículo. La difracción dispersa y multiplica el objeto, lo envuelve en brillan-

---

(1)   En mi mesa de noche guardo siempre, como sucedánea del veronal, una colección de libros horriblemente vulgares.

tes matices y, a fuerza de reproducirlo y dispersarlo, lo torna casi invisible. Créase, de esta suerte, una belleza ficticia, irreal, en que la hojarasca impide vislumbrar la flor o percibir el fruto.

✡ ✡

Aunque sea insistiendo sobre el mismo tema, tan ilustrado teórica o prácticamente por tantos insignes escritores y pensadores (Tácito, César, Horacio, Gracián, Rochefoucauld, Chamfort, Montaigne, Unamuno, etc.), dicha manera de escribir, recargada, difusa y manigual es comparable al florete embotonado, que golpea sin llegar al corazón, o a la emperifollada y polícroma banderilla, muy vistosa y llamativa de lejos, pero cuya punta apenas traspasa la epidermis.

✡ ✡

Desgraciadamente, el estilo conciso y sentencioso, difícil para quien lo escribe, es, laboriosísimo para quien lee, conforme ha expresado muy bien Pérez de Ayala. No todos son tan matemáticos que puedan comprender y desarrollar una fórmula algebraica, ni tan naturalistas que tengan la paciencia de incubar una *idea-germen* o un *concepto-semilla*. Por lo común, desea el lector que se le entregue inmediatamente todo el contenido ideal de la frase; esto, el ave con sus plumas y la maceta con sus flores. Cuanto más, que la atención morosa y oscilante de las personas irreflexivas repugna todo esfuerzo sostenido y prefiere y admira a los escritores fecundos que, a fuerza de amplificaciones coloristas, de diluciones descriptivas y de frases e incidentes parásitos, van alzando suaves escalones y cómodos rellanos a las soñolientas entendederas (1).

✡ ✡

_____

(1)   Conocidas son las frases magistralmente concisas y expresivas de Gracián: "Más obran quintas esencias que fárragos" y "lo bueno, si breve, dos veces bueno", etc. Pero Baltasar Gracián jamás fué popular, y sólo ahora, gracias a la abundancia de escritores, al profundo jesuíta de gusto depurado y de estilo primo-

Los severos censores de las manifestaciones literarias de hombres de laboratorio o de obrador — requeridos casi siempre, muy a su pesar, por la insaciable curiosidad *reporteril* — son comparables al revistero taurino que, esquivando el juzgar la brega del matador, se complaciera en criticar la chabacana literatura de sus brindis.

✿ ✿

En virtud de artes arcaicas y maravillosas, sólo conocidas de los teósofos y, singularmente, de nuestro elocuente escritor y simpático brujo Roso de Luna, resucitó, allá en el fondo de asturiana gruta, cierto ingenuo artista de la *edad de piedra*. Recién abiertos los ojos a la luz, experimentó comezón irresistible por conocer y saborear la obra pictórica de sus remotos descendientes, los hombres de la *edad de acero niquelado* y de los gases asfixiantes. Y, en alas de su deseo, arribó a Madrid, para asistir a la inevitable *Exposición primaveral de pintura*. Y al examinar, lleno de asombro, varios cuadros *expresionistas, prerrafaelistas, dadaístas, negruzcos* o que imitan los deteriorados por el tiempo; al notar otros, de *colores chillones* y saturados, tan halagadores de la retina infantil como absurdos para el gusto depurado del verdadero artista; al advertir otros, *denigrantes* y abominables, por caricaturescos, de la belleza y altivez de la raza (1); *estilizados*, como los monigotes escolares, etc., no fué dueño de reprimir estas exclamaciones:

_____

roso, se comienza a hacerle justicia. Y es gran lástima que, de vez en cuando, se deslice hacia el conceptismo (en que también incurrió el gran Quevedo) y al juego de palabras. Pero nadie puede substraerse a los vicios de su época.

(1) Después de escrito esto he leído, con gusto, juicios semejantes en los libros del célebre crítico Mauclair y en los *Ensayos*, del doctor Lafora, que compara, ingeniosamente, la pintura de vanguardia con los dibujos de los vesánicos. Pero también esta pintura pueril tiene sus teorizantes, locos o farsantes. Ahí está el desconcertante libro de Cocteau *(Essai de critique indirecte*, París, 1932) para demostrarlo.

—¡Miserables plagiarios!... ¡Acólitos inconscientes de la moda! Decís que os inspiráis en la verdad, buceando el espíritu en la forma; pero en vuestros rudos bosquejos, no aparecen ni el uno ni la otra. A fe que mis bisontes, mis ciervos y caballos y mis escenas guerreras tenían más carácter y expresión que vuestros enigmáticos retratos. ¡Ah, si nosotros, que no disponíamos sino del negro y rojo, hubiéramos poseído vuestra rica y tan mal empleada paleta!

✡ ✡

Nos ocurre, a menudo, quedar desconcertados ante un retrato fotográfico o pictórico. Casi toda la realidad se va entre lo que el artista no quiso o no supo ver, la infatuación narcisista del modelo y lo corregido y hermoseado por la adulación.

✡ ✡

Cuenta Apuleyo que el sofista Hippias pretendía saber y fabricar todas las cosas necesarias a la vida: el calzado, la ropa, sus anillos, el peine, los perfumes, etcétera.

Algo de esto ocurre entre los intelectuales españoles. Nuestra manía enciclopédica, notada por muchos, y especialmente por Unamuno, nos convertirá, si Dios no lo remedia, en un pueblo de imitadores, aficionados y dispersivos. Para un Mariano de Cávia, pontífice del idioma y maestro del periodismo, que no quiso ser sino periodista, ¡cuántos abogados, filósofos, ingenieros y hasta médicos se pasan la vida escribiendo dramas o artículos de periódico, solicitando prebendas, cruces y senadurías y soñando con obtener una poltrona ministerial!...

✡ ✡

Cuando advierto que un escritor joven y bien dotado regatea méritos a los grandes prestigios de la raza, me limito a decir: ¡No hay que hacer caso! Son los imperiosos reflejos del estómago, que se disiparán en el primer banquete ofrendado por la admiración. Y, en efecto, transcurridos algunos años de labor asidua, el descontentadizo y desabrido censor alcanza el codiciado sillón académico. Y, entonces, descubre que Cervantes, Garcilaso, Fray Luis de León, Calderón, Tirso, Saavedra Fajardo, Quevedo, B. Gracián, etc., tenían algún talento. En su optimismo generoso llega hasta a atribuir cierta cantidad de substancia gris a algunos escritores contemporáneos. ¡Y todo por un voto de mayoría en docta Corporación!...

✿ ✿

Entristece reconocer que cuanto mayor es el mérito literario o científico de los hombres, menos se conocen entre sí y más injustamente se tratan. Se sienten competidores y rivales y temen que un encomio imprudente remonte demasiado la fama del compañero.

✿ ✿

El incansable Unamuno, que lo lee todo y discurre sobre todo, nos enseña (El Sol, de 10 de marzo de 1918) cierta interesante teoría del poeta irlandés W. B. Yeats. El cual sostiene "que el artista no se expresa a sí mismo, sino su anti-yo; que su arte es un elogio de la virtud o belleza, de que se encuentra excluído en su vida diaria". Y aceptando en principio dicha teoría, añade: "... Que el poeta lírico cante lo que no es y quiere ser, su anti-mismo o contra-mismo, nos parece muy natural. Cada uno busca su complemento." Y más abajo añade: "Tiene, cada uno de nosotros, sobre todo, un terrible enemigo: el tipo de profesión que nos tocó en vida y de la que tenemos que vivir."

Estas apreciaciones generales parécenme perfectamente fundadas. Yo mismo, hace muchos años, proclamé doctrina algo semejante (1). En cierto prólogo, redactado a instancia del inspirado poeta Marcos Zapata,

---

(1)   Prólogo a un libro de Poesías, de Marcos Zapata, 1902. Editor, F. Fe.

que fué, según saben sus contemporáneos, serio y dramático al escribir, pero alegre y retozón al conversar, me planteaba yo, instigado por el ilustre prologado, este problema: "¿Por qué quien vive una comedia escribe dramas, y al contrario?"

"En la mente del poeta—decía yo—parecen convivir dos sujetos antípodas, alternativamente despiertos. Cada uno de ellos posee una manera particular de contemplar el mundo y la vida. Quien lleve una existencia tranquila y plácida escribirá dramas, elegías, novelas o cuentos de fondo melancólico; al revés, quien viva a diario un verdadero drama buscará, en la ficción, un consuelo a sus amarguras y escribirá crónicas, versos joviales o cuentos regocijados... Cada cual finge lo que necesita, por compensación de lo que tiene. De esta manera, la vida mental se integra y todos los centros cerebrales entran sucesivamente en juego."

La supraexpuesta hipótesis la extendía yo, también, a los no escritores, hombres de holganza, de placer o de trabajo. Porque todos ellos sienten igualmente la necesidad de vivir su *anti-mismo*, como diría Unamuno. "El científico, el filósofo, el estadista, enfrascados en graves estudios, entréganse ávidamente, durante sus horas de vagar, a la amena literatura, a las conversaciones frívolas y aun a los juegos infantiles. Del propio modo, el humilde artesano, fatigado del trabajo manual, ansía explayar su imaginación por las doradas regiones del ensueño, buscando en el folletón sangriento o en el drama espeluznante esa nota de lo extraordinario, de lo pintoresco o de lo trágico, ausentes en su monótona y rutinaria existencia. Por análogo motivo, el burgués, ocioso y ahíto de placeres y comodidades, apetece la novela de intriga y el drama pasional; porque la visión momentánea del ajeno dolor le es precisa para aguijar los embotados nervios y renovar la conciencia de su dicha."

Dábamos después, no sin reservas, un bosquejo de explicación fisiológica: "El fenómeno que estudiamos obedece quizá—decíamos—a dos condiciones: a la sensación de fatiga cerebral que nos obliga a cambiar continuamente de postura mental, y a la necesidad orgánica de cultivar los barbechos o provincias cerebrales ociosas, necesidad sabiamente creada por la Naturaleza con la mira de impedir el olvido y consiguiente abolición, por desuso, de aquellas aptitudes mentales, ideas y sentimientos que no por carecer de urgencia funcional y de frecuente empleo dejan de constituir, llegada la ocasión, importantísimos recursos de defensa y prosperidad del individuo y de la especie".

"Sólo en las horas de asueto aparece y se expande la segunda o complementaria personalidad (el *anti-yo*): el poeta, latente en el científico, surge coloreando y embelleciendo la retorta y el microscopio; el dramaturgo arroja el coturno trágico y viste, por algunas horas, el traje de Arlequín; Heráclito se convierte en Demócrito: al hombre máquina, al triste galeote, malhumorado y doliente, sucede el hombre-espíritu, henchido el corazón de plena y tonificadora alegría de vivir."

Luego aplicábamos la teoría a los ensueños; pero de esto trataremos en otra ocasión.

En suma; el yo complementario se produce y exterioriza, no sólo mediante la pluma o el pincel, al forjar la obra artística, sino mediante cualquier otro modo de manifestación intelectual o afectiva. Y el gran resorte del *anti-yo* consiste en la necesidad, imperiosamente sentida por toda persona sujeta a la deformante tiranía profesional, de poner en acción los distritos cerebrales inactivos. De donde se infiere que las ideas y sentimientos, como la vida misma, luchan desesperadamente contra la muerte. Soñamos, pues, durmiendo, hablando o escribiendo, porque ninguna de nuestras imágenes mentales conscientes o inconscientes se resigna a morir, ni siquiera a vegetar postergada.

✿ ✿

Puestos a criticar las obras literarias o artísticas, evitemos los juicios severos y absolutos. ¡Es tan difícil juzgar! Un siglo no conoce al precedente, ni una nación a otra nación. Nosotros mismos somos herméticos. Nos ignoramos tanto, que a menudo quedamos asombrados y hasta avergonzados de nuestras obras y actitudes intelectuales de hace pocos años. En general, si, descartando todo estímulo de vanidad ridícula, se nos obligara a autocriticarnos, sólo estimaríamos aceptables los libros que tenemos en el telar o los recientemente publicados. Claro es que discurrimos en el supuesto de que nuestras facultades, mejoradas por la experiencia, no hayan decaído ni sufrido la degradación impuesta por la senilidad natural o prematura.

✿ ✿

¿Queréis vengaros de un orador brillante que os subyugó al oírle? Leed y analizad su oración en frío, antes de tomar el chocolate.

El vistoso arco iris se disipa, porque nos hemos puesto conscientemente de cara al sol de la verdad.

✿ ✿

Por ignorante y limitada que sea una persona, tiene siempre una asunto interesante que contar: su autobiografía. Nuestra vida constituye un hecho nuevo, como nuestra fisonomía dibuja un busto original. Sin duda que en las vidas vulgares se encuentran relativos paralelismos, pero casi nunca en las existencias movidas y dramáticas. Sintamos orgullo al pensar que nuestra trayectoria individual, al modo de la de los astros, sigue en el espacio y en el tiempo un camino que ningún otro ser recorrerá estrictamente. Pero de esto dejamos apuntado algo en capítulos anteriores.

✿ ✿

Escribir de *corrido* expone casi siempre a sentirse *corrido* de escribir.

✿ ✿

"El estilo es el hombre", decía, según es harto sabido, el gran Buffon. Menos conciso, pero más exacto, fuera expresar que el estilo es casi siempre una transacción entre el hombre y su careta, entre lo que realmente es y lo que le obliga a ser la fascinación irresistible de la escuela literaria dominante. Ni hay que olvidar el efecto decisivo de la cultura y de la experiencia del mundo.

¤ ¤

Compramos ciertos libros para adoctrinarnos; otros para censurar al autor; algunos, ñoños y sosos, para la familia, y, en fin, la mayoría para que abulten y decoren la biblioteca.

¤ ¤

En cada lector conviven un hombre, un tigre y un mono. Quienes anhelan honra escriben para el hombre, los ansiosos de dominio se dirigen al tigre, y, en fin, los codiciosos o hambrientos divierten al mono.

¤ ¤

Ocurre con los adjetivos lo que con los billetes de Banco: se deprecian de día en día.

¤ ¤

En materia de arte no importa el *modo,* sino la *moda.*

¤ ¤

Hay épocas nefastas en que, a impulsos de la moda, las artes degeneran y se corrompen. La belleza y la verdad parecen fatigadas de sí mismas y se disfrazan de fealdad y extravagancia, alejándose cada vez más de las fuentes puras del clasicismo grecorromano. Hoy atravesamos una de estas lamentables etapas de aberración colectiva. La noble pintura ha venido a parar, con pocas excepciones, en plebeyo arte decorativo o ha descendido hasta la caricatura; la música melódica, encanto antaño del oído, se ha convertido en estridor (1)

---

(1) La palabra *estridencia,* inventada por Cambó para expresar las exageraciones separatistas, no es castellana. Por eso ha hecho fortuna.

y tabarra insufribles, cuando no en literatura enfadosa
(Wágner y sus insoportables imitadores); la poesía, en
música; la escultura, en cerámica; la caricatura, en geometría; la fotografía, en dibujo... Todo se ha salido
de quicio, repudiando su propia esencia, para presumir
de lo que no es ni debe ser.

¿Qué nuevas excentricidades artísticas nos preparan
los modistos de mañana en complicidad con el ansia de
boga instantánea y la repugnancia hacia el trabajo honrado y metódico? En esta rotación eterna de los gustos, ¿volverán a coincidir, como en más dichosas épocas, el arte con el sentido común? Creo que sí. Hoy
mismo contamos ya en España con una falange creciente de escritores y artistas de gusto depurado y de inne-
gable talento.

✡ ✡

—¿Qué es esto?—preguntó un cliente a cierto escultor
modernista que le había modelado un busto.

—Un magnífico retrato de usted, con alma, expresión
y carácter...

—No estoy conforme. Esta cabeza descarnada y cari-
caturesca, como las pintadas por el Greco (1), constituye triste profecía. Es mi *fósil*, según aparecerá en los
depósitos cuaternarios del planeta después de la última
revolución geológica.

✡ ✡

Los dramaturgos que llevan al teatro obras educado-

---

(1)   La fama harto modesta del Greco durante pasados siglos
ha sido supervalorada por el libro de Cossío. Y no digo inventada, por respeto al ilustre pedagogo. Desde Cossío, todos los
extranjeros vienen a España muy principalmente a admirar los
dibujos teratológicos, burdos, desconcertantes, negruzcos y desco-
yuntados del artista cretense. (Véanse, entre otros, los libros recientes de Barrés, Mauclair, etc.) Para mí, el Greco no ha pintado
más que dos o tres cuadros aceptables, sobre todo *El entierro del
Conde de Orgaz*, donde, por cierto, todos los rostros chupados
y alargados recuerdan el grupo de los hidalgos famélicos y desarra-
pados descritos magistralmente por Quevedo en *El Buscón*. ¡Oh
poder soberano de la sugestión y del talento!

ras y de tesis, parecen olvidar que palcos y butacas son
meros escaparates de señoras, las cuales acuden allí a
ser admiradas y casi nunca a admirar y menos a ins-
truirse y edificarse. ¡Y llamar al teatro "la escuela de
las costumbres..."!

✿ ✿

Al ver enterrados en el panteón del olvido a poetas,
novelistas y músicos, deleite de nuestra juventud, nos
parece que ha sido también enterrado algo de nuestro
propio espíritu. La sabia y documentada crítica de hoy
pone tenaz empeño en avergonzarnos de nuestras admi-
raciones de antaño. No discutamos: el tiempo nos ven-
gará. También ellos, críticos y autores novísimos, serán fustigados u olvidados.

✿ ✿

Importa a los artistas, científicos y literatos fenecer
antes que su fama. ¡Cruel decepción sobrevivirse y
presenciar angustiados el naufragio del propio prestigio!...

✿ ✿

El silencio de los envidiosos es el mejor elogio a que
puede aspirar un autor.

✿ ✿

Seremos olvidados. Si, andando el tiempo, algún curioso ratón de biblioteca nos descubre, prestándonos
fugaz actualidad, será para justificar pedantescamente
nuestro olvido.

✿ ✿

Hay críticos polillas que corroen los libros sin leerlos.

✿ ✿

La obra genial es comparable a un germen dotado
de vida autónoma, nutrido por la admiración y la crítica comprensivas y productor de infinitos retoños, luego de alcanzar pleno desarrollo.

✿ ✿

Hay en los libros de imaginación primores y excelencias que fueron inadvertidos por el autor. Son como
las irisaciones del nácar, sólo visibles al ojo humano
después de la muerte del molusco.

☼ ☼

Habiendo cierta persona oído a un famoso orador que
se aprendía de coro los discursos, exclamó: "Quedo
chasqueado. Deseaba ver discurrir, asistir a la lucha heroica y emocionante entre la expresión y la idea, y me
encuentro con que entrambas marchan unidas como los
hermanos siameses. Pensé admirar un pensador y me
encuentro con un cómico. Jamás sospeché que un his-
trión fuera apuntador de sí mismo" (1).

☼ ☼

¿Quién no recuerda la faz gris y pálida de actores y
cantantes, obligados a caracterizar cada noche un personaje diferente?

Así les sucede a cuantos escritores y pensadores se
proponen imitar el ideario y estilo de diversos genios
extranjeros. Acaban por perder su propio carácter, ofreciéndonos una fisonomía gris, especie de borrosa fotografía compuesta, hecha por superposición de numerosos bustos diferentes.

☼ ☼

Implacables y terriblemente indiscretos son algunos
historiadores. ¡Qué de flaquezas y miserias nos cuentan, no sólo del genio desventurado, sino hasta de su
familia y allegados!

Sugiéreme esta reflexión el relato hecho por algunos
críticos franceses de los lastimosos amores de la esposa
de Víctor Hugo con el famoso crítico Sainte-Beuve,

---

(1)   No debe darse valor absoluto a esta apreciación. Casi todos los grandes oradores, desde Demóstenes a Castelar (sin contar
a los predicadores), escribieron y aprendieron, de coro, sus mejores discursos.

de quien el autor de *Los Miserables* se mostró al principio fervoroso y harto confiado amigo. Pensemos en todo caso—y ello parece indiscutible—que la extraña debilidad de Mad. Hugo por el nada apolíneo erudito ocurrió después del nacimiento de los hijos del poeta. Fuera desgarrador sospechar siquiera que se pueden sentir y expresar las sublimes delicadezas del *Arte de ser abuelo* sin haber llegado a ser padre. Mas... a bien que el poeta se desquitó escogiendo a su gusto en el coro de sus admiradoras apasionadas, entre otras, la apasionada Julieta Drouet, su musa de Guernesey (1).

☼ ☼

Sorprende el observar que los mismos críticos que respetan piadosamente la vida privada de sus contemporáneos, carecen de miramientos cuando se trata de la de los autores antiguos. Este respeto a los coetáneos, ¿acusa temor de represalias, caballeresca cortesía o miras ambiciosas?

☼ ☼

La mejor escuela del prosista—se ha dicho—es el previo ejercicio de la poesía. En la expresión literaria, como en otros órdenes de la vida espiritual, la educación debe pasar por las mismas fases recorridas por los pueblos civilizados, los cuales, según es harto sabido, comenzaron a escribir en verso para acabar por escribir en prosa.

Prescindiendo de la tendencia biológica inmanente *(ley biogenética)*, dicho proceso obedece a una razón de índole práctica. Representa el verso algo así como un cuadro en mosaico; cuadro que da tanto mejor la sensación de continuidad y realidad cuanto más numerosos, menudos y matizados sean sus elementos o partículas componentes o, en otros términos, cuanto más

---

(1)   A este propósito, léanse las biografías de Víctor Hugo y, singularmente, la puntual, sincera y piadosa de Emilio Faguet *(Los amores de literatos célebres)*.

copioso sea el caudal de voces descriptivas, de expresiones sentimentales o meramente pintorescas empleadas. Leve tarea será, por tanto, para los habituados desde la juventud a esta paciente labor de taracea literaria el cincelar una prosa noble, elegante y sugerente. Gracias al cultivo del verso, desarrollaron las alas de la fantasía, atesoraron un léxico rico en sinónimos, giros y locuciones evocadoras, con que, además de halagar el oído, se adueñaron fácilmente del corazón y de la mente del lector (1).

✿ ✿

Así como la lógica no enseña a discurrir rectamente, sino a designar y clasificar nuestras falacias y despropósitos, la estética no enseña tampoco a pintar ni a *musicalizar,* ni siquiera a escribir artísticamente. Limítase a reseñar, clasificar y criticar las teorías y escuelas artísticas que más boga alcanzaron. Un libro de estética sólo es provechoso cuando es *estético,* quiero decir cuando nos ofrece una muestra de bello y elevado estilo. Por eso, obras bien documentadas y escritas, como la de Croce, serán siempre útiles, aunque la teoría de su *intuición* expresiva nos parezca una hipótesis más.

✿ ✿

Supongo que eres escritor consagrado a la ciencia, a la filosofía o al arte, y que, según ocurre a menudo, tu razón, durante la fase constructiva, vacila entre varias concepciones, hipótesis y modos de expresión. No te agotes ni enerves en tejer y destejer, y abandona por algunos días el telar. Las ideas, como el agua turbia, se clarifican mediante el reposo. Lactescentes son los arroyos brotados de las heleras alpinas, y límpidas las linfas del lago que las recoge.

Parecida depuración prodúcese en el misterioso lago

---

(1)   Un juicio semejante formula modernamente Anatole France, el exquisito escritor, en sus *Conversaciones.* Véase *Conversaciones de Anatole France,* recogidas por P. Gsell.

cerebral. De improviso, una mañana saldrá el sol en el firmamento y en tu espíritu. El *inconsciente*, humilde e infatigable obrero, habrá laborado silenciosamente por ti, entregándote bella y lozana la flor de la verdad.

El severo consejo de Horacio, de aguardar nueve años a publicar un escrito, constituye exageración, sólo factible en los ricos, conforme nota donosamente Heine. Además, ¿quién, ansioso de acrecer su cultura y depurar su estilo, no refundiría dos lustros después radicalmente la obra, o la condenaría a las llamas? El admirable preceptista latino aparenta ignorar que cada nueve o diez años somos hombres diferentes.

✿ ✿

Muy desacreditada anda hoy, a causa de la creciente marea idealista, la teoría de la influencia mesológica proclamada por Spencer y Taine para la génesis del artista y de la obra genial. Concedo, coincidiendo con el famoso crítico francés, que se postergue algo al individuo en cuanto creación original y específica de la raza; pero la cuestión es harto compleja. Conforme se sabe, el hombre civilizado es el resultado de tres factores: la textura específica cerebral, obra de la *ontogenia;* la educación e instrucción recibidas durante la infancia y mocedad, y, en fin, el medio físico y moral donde transcurrieron los días decisivos de su juventud. Y acaso el primer factor sea el más decisivo.

Citemos un ejemplo, encaminado a explicar en parte, por la teoría del medio físico y moral, la singular fertilidad en santos y místicos que nos ofrece la desolada meseta castellana. Y, concretando más, trasladémonos a Avila, patria de Santa Teresa y teatro de las austeridades de San Juan de la Cruz. Porque en Avila, quizá mejor que en ninguna ciudad castellana, se siente uno en plena Edad Media y se respira esa atmósfera de melancólica desgana del mundo y de la vida, tan propicia a las heroicas abnegaciones, las visiones celestiales y a los arrobos místicos.

Para darnos cuenta de la citada influencia física, hemos procurado muchas veces, en nuestros paseos soliterarios, embebernos en el adusto y severo paisaje contemplado, durante veintisiete años, por la admirable Teresa de Ahumada desde su célebre convento de la Encarnación. El cuadro es altamente sugestivo. Hacia el Sur, coronando un cerro gris amarillento, álzase la ciudad, cuyos muros y baluartes evocan la lucha encarnizada contra la morisma; en el lado Norte descuella apenas cierto monte gris pardo, semejante a sayal de carmelita; sobre las almenas emergen dos campanarios coronados por cigüeñas que, inmóviles sobre sus leñosos nidos, anualmente reparados, semejan esfinges interrogando a lo infinito; al pie del convento, cuya explanada erizan a trechos peñascales rebeldes al arado, brinca gozoso el saltamontes y discurren a su talante las hormigas, que trazan intrincados senderos y bóvedas laberínticas, en la seguridad de que jamás la planta humana destruirá sus deleznables construcciones; en fin, en el cielo añil, implacablemente diáfano, los raudos vencejos parecen trazar caminos ideales, señalando a las religiosas, laceradas por el cilicio y la penitencia, el ansiado "centro de las almas".

En presencia de un cuadro físico tan desolador e inmutable, donde los siglos se deslizan como las gaviotas sobre la onda, tan alejado de los tumultos, inquietudes y refinamientos de la civilización, ¿qué resta sino sumergirse en el pasado, elevar el espíritu a lo supraterreno y soñar, por acción de contraste, con un paisaje divino rebosante de inexhausta dulzura y habitado por santos, ángeles y serafines?

Pero no nos dejemos alucinar por el paisaje. La sugestión del medio moral supera con mucho a la del medio físico. Con leves diferencias, el medio material de las austeras ciudades castellanas es el mismo que en la Edad Media. Y santos, místicos y videntes han desaparecido. Es que la tolerancia y la crítica han mitigado, cuando no destruído, la fe robusta que encendía a nuestros antepasados. Muy pocos podrían repetir hoy, sin sentirse algo insinceros, la espiritual expresión de Santa Teresa: "Sólo Dios basta." No. Repitamos una vez más: cada ser humano es una nueva creación, modificada y orientada por el ambiente espiritual.

✪ ✪

Escudriñando las autobiografías, y mejor aún las interesantes entrevistas celebradas por los reporteros con artistas, cómicos y dramaturgos a la moda, descúbrese casi siempre hipocresía, presunción y orgullo desaforados. Tiples, danzarinas o artistas sicalípticas declaran, ingenua y modestamente, que su ideal supremo fué siempre la quietud y el recato del hogar y la austera virtud de la madre de familia. Con leves variantes, expresan lo mismo literatos, hombres de ciencia y políticos eminentes; casi todos truncaron su carrera y malograron su destino, ya por falta inicial de recursos, ya por imposición irresistible del medio social. Lo que equivale a decir: si en el oficio a que las pícaras circunstancias me condenaron soy un águila, ¿a qué grado de excelsitud me habría remontado siguiendo libremente mi vocación?

✪ ✪

Con algunas honrosas excepciones, los músicos, harto reminiscentes, que hoy triunfan en la escena, poseen el funesto privilegio de entristecer a los viejos. Nuestros más caros recuerdos — los de la divina edad en que éramos una promesa — están parcialmente enhebrados en las líneas del pentagrama. No extrañará, pues, que al escuchar una romanza o un preludio, harto similares a otros escuchados durante nuestra juventud, resuene dolorosamente la caja de los recuerdos moceriles, tiñéndose con los arreboles del anochecer. Para cada frase musical, evocadora de un episodio regocijado, hay mil que repercuten en el corazón como el eco

apagado de un amor sin esperanza o el de alguna noble aspiración malograda. Y, sin querer, nuestros párpados se humedecen a causa del contraste desgarrador entre la postracción actual y la triunfadora lozanía
del pasado.

Dios mío, ¿por qué no serán más originales nuestros músicos?

☼ ☼

Quimérico parece, como ya expresó el viejo Horacio, pretender agradar a todos. Habría que escribir un
libro para cada lector, y hasta para cada época de la
evolución mental de éste. Como el proyectil, cada obra
sólo puede herir de lleno un corazón.

☼ ☼

Al hojear un libro nuevo echamos de ver en seguida,
si dominamos el asunto, las obras que el autor ha dejado de leer. Y si entre las olvidadas se encuentra alguna de las nuestras, la mortificación del amor propio
ensombrece nuestra crítica.

Seamos piadosos y comprensivos y juzguemos al autor por su haber positivo; es decir, por lo que aporta,
y no por lo que ignora. Si hubiera explorado hasta
apurarlo cuanto concierne al tema escogido, ¿se habría
decidido a escribir? ¡Cuántas cosas se han expresado
bien por ignorar que siglos antes otros las habían expresado incompleta o mediocremente!

☼ ☼

Lo que diferencia al primer golpe de vista el novelista moderno del antiguo es la manera de tratar el
paisaje. Con pocas excepciones (Cervantes es una de
ellas), los grandes artistas y literatos de la Antigüedad y del Renacimiento sólo dibujaban y describían al
hombre. El fondo no les interesaba. Sus protagonistas
son seres abstractos, esquemáticos, comparables a esas
plantas dibujadas por los naturalistas, las cuales mues-

tran las raíces libres y arrancadas del terreno (1).

☼ ☼

Con plausible sinceridad decía Teofrasto, en un banquete, al ser requerido a exponer su opinión: "Callo, porque de lo que sé fuera inoportuno hablar, y de lo que fuera oportuno no sé nada." He aquí el grave inconveniente de la extremada especialización. ¡Cuántos hombres de arte o de ciencia conocemos que, por ausencia de cultura general, desempeñan desairado papel en las tertulias!...

☼ ☼

Todos los grandes oradores son escritores; pero no todos los buenos escritores son oradores. Si la elocuencia escrita es estática, la elocuencia hablada es dinámica. La primera aseméjase al cuadro del pintor, donde, como se sabe, el tiempo constituye factor indiferente, por lo menos para el público; mientras que la pieza oratoria remeda la imagen cinematográfica, donde el tiempo entra como condición esencial y decisiva. Estas semejanzas, harto adivinables, adquieren singular relieve cuando, por capricho o causa accidental, la película gira despaciosamente. Lo dinámico deriva hacia lo estático, y la fotografía animada se transforma en serie descosida de imágenes discontinuas. He aquí por qué los conferenciantes premiosos nos parecen escritores ciegos que dictan sus pensamientos.

☼ ☼

_____

(1) Recuérdese, entre muchos, a Quevedo. Durante el viaje de su buscón Pablos a Madrid no habla siquiera del paso del Jarama. Del Madrid monumental no dice palabra. Puesto el protagonista en la ruta de Segovia, sólo nombra a *Cerecedilla* (no Cercedilla) y el puerto, omitiendo pormenores. Llegado a Segovia, el buscón no hace la menor alusión al alcázar, al acueducto ni al río Eresma. Parece volar en aeroplano, a 6.000 metros. Costumbre de la época, que hoy deploramos, porque hemos adquirido el sentido geográfico y monumental de que carecieron nuestros escritores de la Edad de Oro. En cambio, los retratos físicos y morales de sus personajes son estupendos y de una audacia pictórica jamás igualada.

Notorio es que las reacciones sentimentales de los apologistas van desacordes, como variados son sus pasiones e intereses. Así, cuando desaparece un literato ilustre, surgen, por lo menos, cuatro grupos de panegiristas:

1.º Los que elogian al muerto sin ninguna mira tendenciosa. Por fortuna, y en honra de la especie, constituyen la inmensa mayoría.

2.º Los que, después de alzarlo en las nubes, procuran molestar o rebajar, por carambola, a sus competidores actuales.

3.º Los que, después de haberle consagrado en vida el más prudente e higiénico de los silencios, lo censuran, cobarde y acerbamente, sacando a plaza sus trapos limpios o sucios, a fin de autobombearse y vengarse, de pasada, del desvío del público hacia los imponderables talentos del crítico. Estos cometen el sacrilegio de hacer trampolín de un ataúd.

4.º Los que realzan, con entusiasmo fingido, virtudes muy estimables del genial difunto, pero totalmente extrañas a la literatura y al arte. Plagian, sin saberlo, la anécdota atribuída a cierto literato, quien, preguntado por el valor científico del químico Luna, contestó: "Es un excelente padre de familia."

☼ ☼

Con matices que van desde la suave ironía hasta el cruel sarcasmo, casi todos somos algo murmuradores. La primacía corresponde, empero, a los artistas, literatos y músicos. (El mal es tan antiguo y tan repetidamente notado, que ya el viejo Horacio hablaba de la envidia de poetas y músicos.) Quedar indemne, siendo del oficio, de los poco piadosos comentarios de una peña donde abundan los devotos de las musas, es más dificultoso que escapar ileso de una jaula de tigres famélicos.

Por fortuna, existen consoladoras excepciones; y yo podría citar hasta dos docenas de artistas y literatos que se sienten felices al encomiar a sus congéneres, aunque no pertenezcan a la misma promoción y cofradía. Son venerables reliquias de la edad de oro, conservadas como arquetipos de lo que nuestra especie habría podido ser si el diablo, a hurtadillas de Dios, no hubiera puesto sus garras en el barro humano.

✿ ✿

Si quieres dejar algo fuerte, justo y loable, ten la bizarría de escribir como si ningún contemporáneo te hubiera de leer.

✿ ✿

El cultivo intenso de la ciencia y del arte es difícilmente compatible con la misión educadora del honrado padre de familia. Cuando se cultivan los hijos, difícilmente se cultivan las ideas, y recíprocamente.

✿ ✿

Nunca está uno más despierto, oportuno y ocurrente que cuando, paseando por el Retiro, pronuncia un discurso bajo los árboles. En cuanto hay público, hay coacción, y, en consecuencia, la máquina pensante patina y desbarra. Es que en la peroración pública nos objetivamos; nuestra atención se bifurca perdiendo su concentración y continuidad, porque mira alternativamente al teatro y al actor.

Sin embargo, hay oradores que tienen el singular privilegio de ignorar o menospreciar el escenario, y éstos son los mejores.

✿ ✿

Cuando tropiezo con hombres de talento, adversarios de los modernos progresos industriales, políticos y sociales, y nostálgicos de la sencillez arcaica y de la ignorancia primitivas, me acuerdo de esas madres empeñadas en que sus hijos continúen siendo muñecos de carne a fin de acaparar indefinidamente sus caricias.

✿ ✿

Como hay hombres consagrados de por vida a la defensa de una sola verdad, hay otros votados a un solo error.

✿ ✿

Leamos y meditemos para no polarizarnos. La conmoción cerebral debida a la aportación diaria de especies científicas o artísticas, aseméjase a la agitación del agua madre de una solución salina: estorba la cristalización definitiva de las ideas y la petrificación de la máquina pensante.

✿ ✿

Ciertos oradores políticos de la clase de abogados evocan a esas piadosas pianolas de café, las cuales parecen funcionar espontáneamente, cuando, según es sabido, todo depende de la moneda arrojada al buzón por un cliente filarmónico. Importa, pues, antes de juzgar a los sedicentes *sembradores de ideas,* enterarse de si algún particular opulento, *trust* o grupo financiero ha sembrado algo en sus bolsillos.

✿ ✿

Muchas veces he pensado si el mal no está puesto en el Universo como un tema de trabajo y un incentivo a nuestra curiosidad.

✿ ✿

"Seamos un poema vivo", oímos a sabios y educadores venerables. Y, en efecto, fascinados por el ascendiente del maestro, todos procuramos, cuál más, cuál menos, responder a tan nobles exhortaciones ensayando nuestras fuerzas en la epopeya de la literatura o de la ciencia. Por fortuna, el demonio de la herencia y del atavismo, y más a menudo las sugestiones de Pluto y de Mercurio, intervienen y tuercen la vocación, y en lo mejor de la sublime romanza "salimos por peteneras". Y perdóneseme lo vulgarísimo y chabacano de la expresión.

✿ ✿

Cuando leo en los tratados de estética y de retórica

sabias clasificaciones de los géneros literarios y artísticos, rememoro, sin querer, mis solitarios paseos primaverales por el Jardín Botánico. Encuéntranse allí cuadros de plantas perfectamente deslindados, en cada uno de los cuales se alza una vara portadora de nombre latino. Mas llegado el florido mayo, las especies de un cuadro asaltan sin miramiento las nacidas de otro, como vengándose del clasificador; hasta el humilde *gramen* del sendero y el vulgarísimo *diente de león*, de amarillas flores, irrumpen en los macizos; en fin, no faltan plantas trepadoras que atacan audazmente los doctos letreros, envolviéndolos con su irreverente hojarasca. Es la Naturaleza fecunda, espontánea y variada, que protesta contra la tiranía de la discontinuidad encasillada y combate briosa en pro de la continuidad y la libertad.

¤ ¤

De cada vez me inspiran las cuartillas más supersticioso terror. Hubo un tiempo en que se ennegrecían rápidamente salpicadas de frases arrogantes y de juicios atolondrados. Hoy, por el contrario, permanecen ante mí largo rato inmaculadas. Cerrados los ojos, aparecen en la fantasía cual blancos *glaciares* refrigerantes de mis entusiasmos.

¿De qué voy a escribir? Cuanto bulle en mi mente es inactual; a nadie interesa. Ciertos recuerdos demasiado íntimos acaso interesaran demasiado; mas por eso mismo fuera indiscreto referirlos. Narrar sucesos y *episodios regocijantes no cuadra bien a quien peina canas.* Sólo Cervantes y unos pocos genios como él alcanzaron la dicha suprema de cultivar el humorismo en plena senectud. Un joven puede decirlo todo: tiempo habrá de rectificar ofuscaciones, errores o ligerezas. Un viejo debe aspirar a ser grave y definitivo, pues le faltará tiempo para redactar su fe de erratas.

Si las fuerzas no flaquean demasiado, lo más cómodo y socialmente loable para el anciano es continuar y desarrollar la obra iniciada en la juventud. Y si se considera débil y agotado para la función creadora, escriba sus recuerdos, contando a sus discípulos, para ejemplar enseñanza, cómo realizó la ardua empresa que le condujo al éxito y a la fama (1).

☼ ☼

Procuremos agradar e instruir; nunca asombrar.

☼ ☼

Encerrarnos, por exquisitos y refinados, en la consabida *torre de marfil*, puede conducirnos a la lúgubre soledad de la *torre del silencio* (2).

☼ ☼

La realidad desborda de toda frase harto concisa, como licor escanciado en minúscula copa. "Lo bueno, si breve, dos veces bueno", es sentencia de Gracián sólo aplicable a ciertas materias relativamente sencillas.

☼ ☼

Lo último que se nos ocurre es la idea más sencilla y la expresión más natural. Al inaugurar un estudio nos enfrentamos con un bosque de pensamientos; sólo a fuerza de lima, de segregación y síntesis columbramos las semillas.

☼ ☼

Desconfiemos de las improvisaciones. Obra del inconsciente, constituyen algo así como la descarga no inhibida del automatismo cerebral. En ellas las ideas suelen seguir la dirección de la menor resistencia, substrayéndose, por lo común, a la alquitara de la lógica y a la turquesa de la forma sobria y expresiva.

☼ ☼

---

(1)   Con este espíritu está escrito el libro *Recuerdos de mi vida,* ilustrado con *numerosos grabados* (1923). Quizá incurrí en pecado de confusión; pretendí ser ameno y anecdótico y al propio tiempo historiador imparcial de mis trabajos. Dudo haberlo conseguido.

(2)   Sabido es que así son llamadas las torres donde los *parsis* de la India abandonan los cadáveres para carnaza de cuervos.

El mejor estilo sería el absolutamente impersonal. Estoy por decir que sería preferible carecer de él. Desgraciadamente, y dejando aparte el imperio de la moda, cada cabeza es un mundo nuevo comparable a un continente o isla remota, que encierran fauna y flora un tanto desemejantes. Por eso, ni hablamos del mismo modo ni acertamos siempre a comprendernos.

✿ ✿

Preferible será siempre ser personal en las ideas a serlo exclusivamente en el estilo. Porque las ideas quedan y el estilo envejece. Como la moda.

✿ ✿

Una antifeminista.—Hay escritoras que, como Jorge Sand, reflejan en cada libro las ideas y sentimientos del amante de un día.

Una feminista.—Pero son infinitamente más numerosos los literatos, filósofos y políticos que reflejan en sus actos y escritos los histerismos y caprichos de sus mujeres o queridas.

✿ ✿

En materia de escuelas y procedimientos artísticos, escojamos la diagonal entre las contrapuestas tendencias. Que así como en el ir y venir de la marea hay algo constante, el nivel medio del mar, en el ir y venir de las modas artísticas existe también una constante: lo aprobado secularmente por el juicio de las personas de buen gusto.

✿ ✿

Hay literatos tan violentos e injustos que ni siquiera logran hacernos dormir. Alborotan tanto que nos desvelan.

✿ ✿

Cuando leo las extravagancias de imaginación y de forma de ciertos poetas noveles, rememoro las sabrosas confidencias epistolares de Zola a su amigo Valabriègue: "Hoy soy conocido; se me teme y se me injuria; estoy clasificado entre los escritores cuyos libros se leen con espanto. He aquí la suprema habilidad."

Ciertas campañas de *Le Matin* y otras menos ruidosas de *Le Figaro* parecen inspiradas en los precedentes sentimientos. Ninguno de nuestros periodistas ignora que Villemessant, el director de este último periódico, solía decir a sus redactores: "Es preciso aturdir al público por algo inesperado."

Mas nosotros, simples e ingenuos lectores, en quienes poetas y noveladores *ultraístas* ensayan, como *in anima vili*, sus audaces experimentos, haremos bien en apartarnos del rebaño de los *aturdidos* por la novedad y la audacia para esperar tranquilos el paso solemne de la nueva cabalgata.

✿ ✿

Favorecemos demasiado, en ocasiones, a un escritor reminiscente calificándole de *plagiario*... ¡No!... ¡Coincide mucho porque lee poco!

✿ ✿

Cultivador de la paradoja, a semejanza de muchos ingenios superiores, Renán afirmaba formalmente "que el arte está destinado a desaparecer". Muchos autores han dicho lo mismo de la forma poética (Malebranche, Fenelón, etc.), olvidándose del encanto del ritmo y de la rima.

¡Qué desvarío!... Para que semejante profecía resultara exacta, fuera preciso que la Naturaleza modificara nuestra organización cerebral, tornándola insensible a la belleza y suprimiendo, por ende, las gratas emociones causadas por la visión de una mujer hermosa, de un paisaje pintoresco, de una excelsa obra de arte y de un acto altruista y heroico. Es más: la civilización misma, sostenida y aguijada principalmente por el culto a la belleza—la verdad científica no es sino la belleza útil—, caería pronto en el marasmo y el estancamiento.

✿ ✿

Quien todo lo manosea, todo lo mancha.

¤ ¤

Casi todos nuestros grandes ingenios han pasado, como el Guadiana, por tres fases: curso a plena luz, eclipse y reaparición. Y lo más triste es que el nuevo alumbramiento ha sido casi siempre obra de justicia y comprensión del Extranjero. ¿Quién no recuerda que Cervantes fué descubierto por los ingleses?

¤ ¤

Conocerás al escritor español modernista en que no cita a ningún ingenio de la precedente generación, y sólo rara vez a los talentos literarios del siglo de oro.

Semejante conducta constituye uno de tantos síntomas de ese anárquico y cerril individualismo, secular estorbo de nuestra unidad espiritual y de la elevación cultural y política de España. ¿Quién se esforzará por crear algo grande al advertir cómo los buenos son menospreciados u olvidados? Tan inveterado y profundo es el mal, que se remonta, por lo menos, a los tiempos de Cervantes, el cual, por caso peregrino, alabó generosamente en el *Quijote* y en su *Viaje al Parnaso* a muchos poetas contemporáneos, de quienes era cordialmente menospreciado.

¡Qué pena da encontrar en *El Criticón*, de Gracián, alusión tácita y despectiva al *Quijote,* y silencios más crueles aún en los libros de Lope de Vega, los Argensolas, Tirso de Molina, Saavedra Fajardo (1) y otros muchos autores coevos o sucesores inmediatos del man-

---

(1) Este no cita a Cervantes, ni a Quevedo, ni a Tirso, ni a Calderón, ni a otros muchos poetas y escritores, en su famosa e injusta *República literaria*. No cabe alegar que no pudo conocerlos, pues el libro del iracundo murciano se publicó en 1655, y la primera edición del *Quijote* fué impresa, por Cuesta, en 1605. Algunas obras de Quevedo datan de 1621. Y aunque no de todas, de bastantes escritos de Calderón (1636, 1640, etc.) tuvo acaso noticia, y todavía más, de las de Tirso, que inició sus creaciones literarias y teatrales en 1620, con la *Villana de Vallecas*, y no cesó de escribir hasta 1638.

co inmortal!... Se ve que no son de hoy las pandillas
literarias.

☿   ☿

¡Oh, los inmutables cánones estéticos de los retóricos!... Acaso no varíen mucho en los preceptistas clásicos; pero sí en el mundo de los lectores y escritores...
Sin insistir en esta verdad trivial, contentémonos con
citar un solo ejemplo: *El solitario del monte salvaje,*
de D'Alincourt, novelista que encantó a nuestras madres
y abuelas y arrulló nuestra niñez (fué seguramente la
primera novela que yo leí), produjo millones a su autor
y 50.000 duros al traductor español. ¿Habrá hoy lector
capaz de complacerse con semejante ñoñez?

☿   ☿

Tiemblo cada vez que un pintor español trabaja para
la exportación. Desde Fortuny (que no extremó demasiado la nota antiespañola), hasta Zuloaga, pasando por
una serie lamentable de guisanderos de *españoladas,*
nuestros artistas transpirenaicos no han hecho sino des-
acreditar a su Patria por un bajo afán de lucro, fo-
mentando la odiosa leyenda de una España yerma y
trágica, donde sólo florecen, como cardos en estepa,
inquisidores, toreros, bandidos, chulos y danzarinas.
Con una obstinación sólo comparable a su inconsciencia (o a su cuquería), estos pintores de pandereta hacen cuanto pueden por ocultar o soslayar la fecunda
labor de una falange de estudiosos—y también de con-
cienzudos escritores y artistas—, noblemente empeñados en borrar la visión deprimente de un pueblo de
opereta, y exagerar las cumbres del Pirineo espiritual
que nos separa de Europa.

☿   ☿

A propósito de lo cual, permítaseme un desahogo y
una confidencia.

Durante mi infancia y adolescencia deploré, muchas
veces, la férrea voluntad paterna contraria a mi pa-

sión por el arte de Velázquez. Mas hoy, al observar
con asombro cómo, fascinados por las modas absurdas,
importadas del Extranjero, pintan muchos de nuestros
jóvenes artistas, alégrome de haber virado oportunamente. Porque, subyugado por los excelsos modelos del
realismo clásico español y por el imperativo de un patriotismo fogoso y constructor, habría candorosamente
trasladado al lienzo las inefables bellezas de nuestro
paisaje; el misterioso encanto de nuestros templos; las
patriarcales y pintorescas costumbres de nuestras al-
deas; la efigie de nuestros eximios pensadores, sabios
y artistas; la redentora actividad de laboratorios, campos y fábricas...; en fin, cuanto representa germen y
promesa de una España magna, culta y respetada. Para
lograr lo cual habría procurado, obstinada y briosamente, aunar en lo posible la espiritualidad con la verdad; la exactitud del matiz, con la justeza del dibujo;
el conocimiento de la teoría de las bellas artes (con-
signada en los libros clásicos de Brücke y Helmholz),
con los hechizos y virtuosidades de la técnica...

Pero suponiendo que mi destreza hubiera correspon-
dido a mis buenos deseos, habría fracasado rotunda-
mente. Doy por seguro que mi *manera* pictórica habría sido tachada de abominablemente *académica, clásica y realista*. En su furor dogmático, los nuevos definidores (que son precisamente críticos de acarreo o
pintores frustrados) me habrían relegado, en calidad
de portero o de guardián, al hermético lazareto donde
hoy languidecen, silenciados o escarnecidos, todos los
sólidos prestigios de la pintura española y extranjera.
¡Quién se acuerda hoy del gran Pradilla, que fué, con
Moreno Carbonero y algunos otros, el mago de nuestros dibujantes y coloristas! (1).

✿ ✿

(1)   Acerca de las singulares aberraciones del juicio de nuestros críticos de arte, me ha comunicado cierto pintor sensato dos
secretos a voces. Casi todos los devotos de los Picassos, de los
Ceuzane, del *fauvisme*, del *arte viviente*, sobornan a sus censores

El mejor libro sería, precisamente, aquel que las circunstancias o el medio social impidieron escribir. ¡Qué admirable y originalísima biblioteca, así en lo filosófico como en lo literario, atesoraría nuestra Patria reuniendo los libros que nuestros ingenios clásicos y aun contemporáneos no osaron lanzar a la publicidad!

☼ ☼

Mientras nuestro cerebro sea un arcano, el Universo, reflejo de su estructura, será también un misterio.

☼ ☼

El paradojista y excéntrico Oscar Wilde asegura "que la Naturaleza imita al arte". He aquí un aforismo que se diría inventado por modistos, peinadoras y jardineros. ¿No sería más exacto afirmar que si, en ciertos dominios muy limitados, la Naturaleza parece imitar al arte, es encillamente porque el arte comenzó por imitar a la Naturaleza?

☼ ☼

Todas las presuntuosas síntesis filosóficas, esos magníficos alcázares de la imaginación constructiva, han sido defendidos por entendimientos dogmáticos, dotados de profundo sentido poético (Descartes, Leibnitz, Hegel, Krause, Hartmann, Bergson). No queda, a los modernos pensadores, ni aun el consuelo de explanar un sistema nuevo, coherente y suntuosamente decora-

---

con suculentos obsequios, y, además, han inventado la treta socorrida de la *venta simulada*, dándose la pícara casualidad de que el consabido cartelito de *vendido* se ostenta al pie de los más paradójicos mamarrachos. A lo que se añade el *bluff* interesado de los audaces mercaderes y el *panurgismo* senil de ministros que, ignorando en absoluto los principios más elementales de la pintura, adquieren para los Museos, por consejo de algunos *vivos,* las mistificaciones y borrones más horrorosos. (En esto coincido plenamente con la autoridad indiscutible de Camilo Mauclair.) Naturalmente, el público culto e inteligente ha dejado de comprar cuadros, ateniéndose exclusivamente a los artistas que han permanecido indemnes de la infección del modernismo o vanguardismo.

do. Y se acaba por excusar y hasta compadecer a quienes, pudiendo escribir libros de filosofía trascendental, se limitan a exponer, modestamente, la historia del pensamiento humano y la crítica de sus extravíos. Decididamente, la época de la filosofía dogmática ha pasado. O mucho me equivoco, o la filosofía del porvenir se reducirá, conforme pensaba Spencer, durante la época darwiniana, a una síntesis luminosa de las magnas teorías científicas (1).

✿ ✿

Nietzsche, tan encomiado por muchos de nuestros literatos, fué un Atila teórico, que escribía con el refinamiento y sutileza de un ateniense.

—¿No le asusta a usted pensar—me decía un admirador suyo—lo que habría sido de Europa si este genio ultraaristocrático y ultraindividualista hubiera dispuesto de los soldados de César, de Aníbal o de Napoleón?

—Dispénseme usted—le contesté—. En mi sentir, no habría ocurrido nada. Su primera salida quijotesca le habría conducido a una casa de salud. Porque los verdaderos héroes de la voluntad dispusieron de un cerebro muy firme, poco emocionable y limpio de mesianismos y de odios filosóficos y raciales.

✿ ✿

Aunque sea humillante para nuestro orgullo, ello es que, salvo excepciones, nuestros más constantes admiradores (y hasta impugnadores) son personas que no se han tomado la molestia de leernos.

✿ ✿

Quienes extrañan la insinceridad de la Historia, ¿escribirían la propia franca e ingenuamente? De ordi-

---

(1)   Indicio de este viaje del pensamiento contemporáneo es el hecho de que los modernos filósofos, abandonando apriorismos y dogmatismos, se apoyan cada vez más en los datos y teorías luminosas de las ciencias naturales (astronomía, matemáticas, física, química y biología), sin olvidar las enseñanzas de la Historia.

nario, toda autobiografía se reduce a una colección de
nenúfares recogidos en charca pestilente.

☼ ☼

A propósito de lo cual importa notar la escasez de
confesiones sinceras y de honradas autobiografías. La
de Rousseau no me inspira gran confianza, y la tan conocida de Casanova, aunque contenga relatos veraces,
adolece del afán de pintarse el autor cual tenorio irresistible. Sus andanzas en España nos ofrecen verdaderas españoladas, absolutamente inverosímiles, como ha
notado un periodista español (1).

El juicio se agrava en cuanto tocamos el tema de
las autobiografías de mujeres. Jorge Sand es una ególa-
tra henchida de hipocresía y presunción. En sus voluminosas memorias apenas habla de sí, sino de sus antepasados (el mariscal de Sajonia, etc.), el donjuanismo
paterno, y prescinde casi por completo de su pobre marido y de sus innumerables aventuras amorosas (Musset, Sandeau, P. Lerroux, Pagello, etc.). Todos sus
amantes parecen meros encuentros fugaces de salón,
por quienes no sintió sino somera curiosidad intelectual.

Sólo conozco una autobiografía femenina sincera, la
de Isadora Duncan, precioso documento revelador de
una sexualidad fogosa, tiránica y un poco salvaje. Y
esta franqueza, servida con el hechizo del arte, da a las
confesiones de Isadora encanto irresistible.

¡Ah! Si las grandes escritoras, descartando reservas
y gazmoñerías, nos relataran francamente sus triunfos
y decepciones amorosas, ¡qué contribución más interesante aportarían a la psicología de la mujer culta! Por
desgracia, la artista pecadora se atiene, casi siempre,

_____

(1)   En favor de la relativa veracidad de Casanova habla, sin
embargo, la circunstancia de haber éste vivido en el siglo más re-
lajado y corrompido de la Edad Moderna. Consúltense, a este
respecto, los escritores italianos del siglo XVIII y el relato mesu-
rado y concienzudo del moderno crítico francés H. Taine (Voyage
en Italie, 3.ª ed., 1866).

al precepto griego *oculta tu vida;* es decir, tu mala vida. No la reprendamos por eso. Una sinceridad excesiva podría enajenarle el cariño de sus hijos, que, para la mujer, representa muchísimo más que el amor del esposo y la veneración a sus progenitores.

☼ ☼

Se ha dicho muchas veces que el animal humano es esencialmente trágico.

Donde más resalta esta cualidad (bien conocida de los dramaturgos y novelistas) es en las películas de largo *metraje*. Reparad cómo las angustiosas persecuciones de los inocentes protagonistas duran semanas (películas de serie), mientras el epitalamio final no pasa de algunos segundos. Decididamente, nos aburre el espectáculo de la felicidad, como si en el curso de la vida real no fuera acontecimiento rarísimo y extraordinario.

☼ ☼

¿Qué es un libro nuevo para un crítico? En la mayoría de los casos, *un vistoso pedestal para exhibirse.* Se dan críticos, sin embargo, que estudian la obra de un novicio con piadosa y austera objetividad, como estudia el naturalista, al microscopio, un lepidóptero.

☼ ☼

Mucho se equivocaba De Maistre cuando escribía que la música está sujeta a la moda, y no la pintura. "Los cuadros de Rafael — decía — serán siempre un encanto para la posteridad" (1).

A quienes estiman que el finísimo detalle, el acabado del clarobscuro, y los primores del color y del dibujo, pasmo de la vista, son incompatibles con la repro-

―――――――――

(1)   Para la época en que floreció, Rafael fué un artista egregio, aunque no exento de defectos. Las rojas entonaciones de sus desnudos y el énfasis de la musculatura, a lo Miguel Angel, son tachas que afean sus cuadros. En realidad, Rafael triunfó, sobre todo, en la expresión del dolor, la sorpresa o la beatitud, etc.

ducción del carácter y del alma del modelo, yo les preguntaría: "Cuando os miráis al espejo y contempláis
ese trasunto portentoso de la vida mental, tan prolijamente fiel que llega a lo microscópico, ¿perdéis acaso el
alma y el carácter?" Sospecho que los pintores de bocetos brillantes trabajan aprisa para cobrar a menudo.

☼　☼

En el sucesivo naufragio de las reputaciones literarias, ¿qué autores flotarán al fin? Poquísimos. Acaso
los que acertaron a crear tipos humanos universales
sobria y artísticamente dibujados, y, sobre todo, los
anecdóticos y costumbristas. Animal curioso por excelencia, el hombre ansiará siempre bucear la vida íntima, sentir las efusiones pasionales, las preocupaciones
religiosas y políticas y, en fin, las costumbres y pensamientos de sus antepasados.

☼　☼

Clasificación de leñador.—Cuando veo en los libros
de nuestros jóvenes intelectuales — entre los cuales,
justo es reconocerlo, hay capacidades notabilísimas—
distribuir desenfadadamente literatos, políticos y artistas por capas o generaciones (*la generación del 69, la
del 98,* etc.) (1), evoco sin querer la imagen de un botánico loco que, al explorar un bosque, adoptara por
norma taxonómica la edad de los árboles, clasificándolos en jóvenes, maduros y viejos, prescindiendo de
los perennes y seguros criterios de especie, familia y
género, basados en la morfología y estructura de tallos, hojas y flores y en el todavía más expresivo de
los frutos.

☼　☼

Tomamos a menudo como profundos pensadores a

_____

(1)   En libro reciente, el original escritor Giménez Caballero,
disecador implacable de nuestros desastres, cuenta hasta trece
noventa y ochos. Triste profecía. Porque si Dios no lo remedia,
la serie irá continuando.

quienes, según se cuenta del francés Cousin, no fueron sino retóricos estupendos e imaginaciones acaloradas.

¤ ¤

El pesimismo sistemático de ciertos escritores, más que actitud crítica derrotista, acusa deficiencia digestiva o insuficiencia hepática.

¤ ¤

¡Cuán escasos los libros de texto redactados para los discípulos! ¡Cuánta pedantería! Al escribir, nos colocamos inconscientemente en la presidencia de una Academia o en el sitial de la cátedra, en vez de sentirnos sentados en los duros bancos del aula, oyendo al profesor que brega heroicamente por inculcarnos una doctrina abstrusa.

¤ ¤

No os alarméis de las sangrientas excentricidades de ciertos escritores humoristas. Imitan las bromas macabras de un M. Twain, de un Camí o las farsas truculentas de Maupassant, el cual decía a un amigo: "He comido carne de mujer; es exquisita; volveré a probarla." Esta especie de humorismo lúgubre, hoy chocante, cuenta en Grecia con precursor ilustre. Nada menos que el filósofo Bión, el cual, viéndose denigrado, contaba seriamente: "Mi padre fué liberto y se limpiaba las narices con el codo. Era Boristenita y no tenía rostro, sino en él un letrero esculpido con la marca de su aspérisimo dueño. Mi madre era una del lupanar, como correspondía a tal hombre. Habiendo mi padre cometido no sé qué cosa contra los banqueros, fué vendida su casa con todos nosotros", etc. (1). ¿Quién no ve aquí el germen de la graciosa y fingida autobiografía de Mark Twain *(Narraciones humorísticas)*?

¤ ¤

Seamos indulgentes con la excesiva curiosidad senti-

---

(1)   *Diógenes Laercio*. Traducción de José Ortiz, 1887.

mental de los escritores. El novelista y el dramaturgo necesitan, sobre todo, documentarse en vivo. Sin correr aventuras y devaneos exploradores, ¿cómo podrían desentrañar la íntima y contradictoria psicología de la mujer, eterna protagonista de toda producción literaria popular y atrayente? Empero, tales escarceos por los peligrosos dominios de Afrodita deben cesar temprano, para que no disminuya la capacidad creadora ni caigan el ánimo y la voluntad en la molicie y la infecundidad.

☼ ☼

La severa autocrítica y la justicia benévola hacia la obra de los demás—amigos o enemigos—constituyen el signo de la capacidad mental superior. Goethe, encarnación de la serenidad olímpica genial, encomia o excusa, a veces, hasta a literatos mordaces, como Voltaire, que era casi su antípoda artístico y filosófico. (Véanse las *Conversaciones con Goethe*, de Eckermann.)

☼ ☼

Menester es escribir con profunda sinceridad para emocionar y convencer. Comparto en esto la opinión del ilustre Carlyle. Vaya un ejemplo conocido:

En sus *Recuerdos de infancia y juventud*, alcanza Renán la cumbre de lo sublime. Con estilo inimitable relata la tragedia emocionante de una fe que se desmorona al choque del análisis. Algo y aun mucho de este entusiasmo contagioso se conserva todavía en la *Vida de Jesús*. Mas, al darnos cuenta de las luchas y andanzas de los apóstoles, el cuadro pierde colorido y encanto. Es que, a despecho de la magia del estilo, vislúmbrase ya al frío erudito, al escoliasta y al orientalista. Y la atención errabunda hace caer el libro de las manos.

☼ ☼

La pretensión a la absoluta consecuencia o a la infalibilidad doctrinal denota escasa lectura *(hombre de un solo libro,* que decían los antiguos) o un cerebro de estructura harto elemental.

A este propósito, no sería temeridad afirmar que, en la mayoría de las cabezas normales, continuamente removidas por las ráfagas del pensamiento, álzanse castillos roqueros, defendidos por la tradición y casi inexpugnables a los asaltos de la lógica. Y lo peor es que las ideas y sentimientos, en aquéllos bloqueados, hacen a menudo irrupción en los dominios serenos de la realidad. Tales intempestivas infiltraciones nos hacen caer en embarazosas contradicciones o en exposiciones nebulosas.

Con este motivo recuerdo las loables franqueza y honradez de Montaigne, que confesaba sus dudas e inconsecuencias, achacables, según él, al humor del momento, y, en nuestro sentir, a los efectos de la reflexión giratoria y caudalosa erudición. Preciso es reconocerlo: nuestras ideas actuales dependen, con frecuencia, de las diarias contrariedades y decepciones sufridas, y más a menudo todavía de la sugestión tiránica de los últimos libros y amigos consultados.

Dedúcese de lo expuesto que no es piadoso exigir a los grandes escritores y pensadores una absoluta e imposible consecuencia. Todo lo más, debemos desear que la contraofensiva de la tradición y de los dogmas impuestos en la juventud no sea tan frecuente y arrolladora que desbarate la arquitectura de la obra actual, mermando sobremanera su firmeza y objetivismo.

CAPITULO X

SOBRE POLÍTICA, LA GUERRA, CUESTIONES SOCIALES, ETC.

Nada más fácil que diferenciar en el orden político un inglés de un español. El primero cree que su primordial deber es mantener el Estado; mientras que el segundo cree que el Estado debe mantenerle a él.

✿ ✿

Las naciones mejor alimentadas no sólo producen los mejores soldados, sino las más altas genialidades.

✿ ✿

Con alguna excepción, en los países civilizados de grandes árboles abundan los hombres grandes y los grandes hombres.

Los pueblos fácilmente derrotados son poco leídos, y casi siempre calumniados.

✿ ✿

¿No es monstruosamente ilógico y suicida que un pueblo débil, rodeado de poderosas naciones, abogue por el derecho de la fuerza, en lugar de proclamar la fuerza del derecho? Pues semejante absurdo se ha defendido en España, afortunadamente, no por todas las clases sociales, sino por las que, sin duda por ironía, se proclaman acérrimas defensoras del espíritu cristiano.

✿ ✿

Estimo que en la manoseada frase de Hobbes "el hombre es lobo para el hombre", se calumnia un poco al lobo. Ambos poseen el instinto de matar; pero el lobo devora para saciar el hambre, y no para satisfacer sus ansias de dominio. Además, el "hermano lobo", como decía San Francisco, no se degrada hasta el punto de formular una cínica teoría para justificar sus crímenes (1).

✡ ✡

No creeré en nuestra decantada tolerancia religiosa (y no me refiero solamente a España) mientras no vea que los templos sirven, por turno cordial y pacífico, para las preces y ceremonias de católicos, protestantes, musulmanes, judíos, teósofos y espiritistas.

✡ ✡

A la manera de las plantas son los hombres: vegetan en paz mientras viven apartados; mas en cuanto constituyen bosque y, por tanto, se apiñan demasiado, luchan encarnizadamente por la luz, el aire, el agua y la tierra. No sin razón se ha podido afirmar que la moralidad de una ciudad está en razón inversa del número de sus habitantes.

✡ ✡

Nada hay como viajar por el Extranjero para conocer a fondo el propio país. A veces, la verdad salta a los ojos al reparar en minúsculo detalle. Vaya un ejemplo:

En mis correrías por los Estados Unidos e Inglaterra he advertido las siguientes particularidades reveladoras de algunos de nuestros defectos capitales:

1.º Las casas carecen, por lo común, de balcones exhibidores de damiselas ociosas; 2.º, faltan o son rarísimos los cafés donde nosotros gastamos el tiempo en divagar y murmurar; 3.º, a la vista de un ente estra-

---

(1) No se olvide que muchos de estos pensamientos se escribieron durante la monstruosa guerra europea. Algunos traducen estados emotivos violentos, hoy trasnochados y casi olvidados.

falario o de un fútil accidente de carruaje, los transeúntes no forman corros; 4.º, y, en fin, los estudiantes y demás gente moza marchan de prisa, sin entretenerse en mirar, piropear ni perseguir a las mujeres.

✿ ✿

Llamar *parásitos* a los explotadores de la política es frase de dudosa exactitud y, además, mortificante para muchos humildes representantes zoológicos. La mayoría de los parásitos animales tratan a sus víctimas con miramientos casi piadosos. Para no ser demasiado onerosos o harto nocivos al huésped, se han atrofiado, según dijimos más atrás, sacrificando abnegadamente órganos tan importantes como las mandíbulas, los ojos, el ganglio cerebroide, las patas y, a veces, hasta el intestino. En cambio, el parásito político ha conservado, cuando no fortalecido, todos sus instrumentos de nutrición, expoliación y dominio, esto es, sus garras, sus dientes, su lengua, su estómago y sus malas pasiones. Recuérdese a este propósito la tenia y demás parásitos intestinales.

✿ ✿

Los males inveterados de España, señalados en parte por Malladas, Macías Picavea, Costa, Ortega Gasset, Grandmontaigne, Unamuno, Maeztu, *Azorín*, Sáinz y Rodríguez, Giménez Caballero y otros, obedecen, a mi ver, a tres condiciones principales: 1.ª, a que cada institución o clase social se estima como un fin y no como un medio, creciendo viciosa e hipertróficamente a expensas del Estado; 2.ª, a que, salvo contadas excepciones, nadie ocupa su puesto: los altos cargos políticos, militares y administrativos se adjudican a gentes sin adecuada preparación, con tal de pertenecer al partido imperante, por donde adviene su rápido desprestigio; 3.ª, a que, cualesquiera que sean los fracasos e inmoralidades de los poderosos, jamás se les inflige ninguna sanción, ni aun la del ostracismo. Sólo en la desventurada España, según se ha repetido hasta la saciedad, se da la monstruosa paradoja de galardonar con ascensos las derrotas, imprevisiones e insensateces de los próceres de la política o de la milicia.

✿   ✿

Diversos naturalistas, singularmente Deperet (1), han hecho notar que la desaparición rápida de los grandes reptiles y batracios de la era secundaria, y de los colosales mamíferos de la terciaria, se debió principalmente a su progresivo aumento de corpulencia. Es indudable que en estos titanes del mundo zoológico se produjo, conforme acreditan sus sendos esqueletos, extraña inarmonía o defecto de correlación orgánica: los músculos, las patas, la cola, el hocico, los colmillos, etcétera, crecieron enormemente, convidando a los organismos inferiores, siempre avizores de los descuidos de la alta vida, con extensísimas superficies de ataque; mientras que el cerebro, centro supremo de unificación y defensa individual, achicóse extraordinariamente.

Tal ocurre, y ha ocurrido siempre, con los grandes Imperios. Caen y se desagregan siempre, no sólo por estar mal gobernados, sino también por alcanzar excesiva magnitud. Así se derrumbó el formidable Imperio romano. Destruído el Senado, poderoso cerebro de la República hasta la muerte de César, y reducido por emperadores absolutos, frecuentemente odiosos o imbéciles, a exigua e inconsciente medula espinal, se derrumbó en cuanto fué simultáneamente atacado por diversos puntos de sus dilatadas e indefensas fronteras. Así ha caído Rusia, devorada por microbios interiores y exteriores; así ha quedado postrada y disgregada Austria-Hungría, no obstante sus esfuerzos heroicos por organizar un centro rector y administrativo admirablemente adecuado a la extensión del territorio. Así se descompondrán, al fin, la China y hasta los Estados Unidos, una vez saciada su ambición imperialista con

---

(1)   *Les transformations du Monde animal*, 1916.

la explotación y dominio de Iberoamérica (1). De donde se infiere que sólo ofrecen garantía de relativa estabilidad las modestas nacionalidades ajenas al peligroso imperialismo, y en donde un Gobierno sensato y nada ambicioso guarda proporción con el organismo gobernable. La pequeñez distrae o atenúa el ansia de dominio, como la exigüidad de las especies zoológicas actuales previene los peligros de extinción, fatales a los monstruos vetebrados de la época secundaria.

✿ ✿

La extensión territorial mediante casamientos reales o por conquistas de naciones civilizadas ricas y lejanas, procura un esplendor y poderío efímeros, máxime cuando la nación conquistadora es pobre, inculta, intolerante, refractaria a la ciencia y a la industria originales.

Tal fué el caso trágico de España, que midió ingenuamente su grandeza, no por la pobre mentalidad de sus clases directoras, ancladas en tradiciones medievales e incapaces de comprender la soberana importancia de las ciencias naturales, de las invenciones industriales, del comercio, etc., sino por la postiza y adventicia agregación geográfica de extraños países.

✿ ✿

Dos cosas excelentes tuvo España: santos y soldados. Los santos han desaparecido definitivamente, y los

---

(1) Por excepción, la nación inglesa, siempre atenta a las lecciones de la Historia, parece haberse preocupado seriamente de la estabilidad de su vastísimo Imperio. En primer lugar, a fin de evitar el grave inconveniente de la extensión desmedida de sus fronteras, ha creado insuperable marina y ha concedido plena autonomía a sus colonias, y, en segundo lugar, en vez de simplificar excesivamente su sistema nervioso central, encarnándolo en un rey absoluto, ha robustecido por cada día su cerebro rector, simbolizado por la doble Cámara de representantes, casi siempre escogidos entre los más esclarecidos patriotas.

Esto se escribía en 1922. Hoy, a causa de conflictos económicos crecientes creados por la postguerra, tanto Inglaterra como los Estados Unidos pasan por trances difíciles. De ellos se salvarán merced a la admirable prudencia política de la raza anglosajona.

soldados, según marchan las cosas, están a punto de acabarse y de acabarnos.

☼ ☼

Difícil es el arte de tratar a los hombres. El *homo sapiens*—vamos al decir—es un mamífero salvaje, cruel y egoísta; tiene, empero, algunos buenos momentos en que se olvida de sí mismo. Aprovechémoslos para domarle, instruirle y persuadirle.

☼ ☼

En política, todo necio es peligroso mientras no demuestre con hechos su inocuidad.

☼ ☼

Casi todos los males de pueblos e individuos dimanan de no haber sabido ser prudentes y enérgicos durante un momento histórico, que no volverá jamás.

☼ ☼

Miro con simpatía las justas reivindicaciones del socialismo contra la burguesía; mas al reflexionar sobre las consecuencias del triunfo de las ideas de Marx y de Lasalle, asáltanme algunas dudas y no pocos recelos.

Aplicado el consabido rasero nivelador, ¿no correrá peligro el cultivo intenso de la ciencia, de la filosofía, del arte y hasta de la invención industrial, causa inmediata de la prosperidad y exceso de población de Europa? (1).

☼ ☼

(1)   El caso de Rusia, donde los sabios han sido asesinados o viven en la miseria, ha confirmado estos temores. Expresados hace once años, se han convertido en profecías. El pueblo, salvo excepciones, considera a los intelectuales, los científicos e inventores (los seres más heroicamente trabajadores que existen) como una casta despreciable de burgueses o de acólitos a sueldo de la burguesía. Y los dictadores del proletariado, para atenuar la miseria espantosa de la nación, han tenido que tolerar al Kaulak, y establecer nuevamente la propiedad privada. En cuanto a los sabios, parece que las cosas han variado algo. Por ejemplo: Pavlow ha podido reintegrarse a su laboratorio y continuar sus magníficos experimentos sobre los reflejos y alguno que otro más.

Cuando, conforme a la aspiración del proletariado, todos tengan obligación de trabajar, ¿se trabajará lo suficiente para evitar la penuria y el hambre generales?

Sabios doctores tienen las Iglesias socialista y comunista que nos tranquilizan, garantizándonos el advenimiento de una nueva edad de oro. Está bien. Pero ¿serán ellos quienes dirijan? ¿La gobernación del Estado no parará en manos de los peores? ¿Podrá evitarse que, desaparecidos o aflojados los grandes resortes de la invención y del progreso, caiga la sociedad nueva en el marasmo y la mediocridad, reproduciendo ese lamentable estacionamiento de los insectos comunistas (abejas, hormigas y termitos), creado y mantenido hace millones de años, es decir, desde el período carbonífero o poco después?

Y si tales vaticinios se cumplen, ¿valdrá la pena de vivir?

☼ ☼

La lucha milenaria entre el microbio y el hombre se reduce a esta sencilla cuestión: ¿quién domestica a quién?

☼ ☼

¡Felicísimo país el nuestro, en donde la casaca ministerial, la toga y el blasón no delinquen jamás!... (1).

☼ ☼

Hallo natural que los traviesos vividores de la política—en España son legión—se cobijen bajo la sombra de los políticos austeros, porque, además de saciar sus apetitos, pasan a los ojos del vulgo por personas decentes.

☼ ☼

A la hora de discutir, la posición más fuerte es la del escéptico; pero a la de obrar, la más firme es la del creyente. Una sociedad bien organizada debe ser diri-

(1) Por fin, parece que la holgazanería secular de la nobleza histórica recibirá rudo golpe con la incautación de los latifundios.

gida por escépticos tolerantes y patriotas, y defendida, a ser posible, por fanáticos irreductibles. ¿Qué se diría de un piloto que al luchar con la borrasca abandonara el timón y se encomendara a los dioses? (*).

☿ ☿

Se ha dicho hartas veces que el negocio es el dinero de los demás. De igual modo podría afirmarse que el poder y la felicidad son el infortunio y la angustia del prójimo.

☿ ☿

No sé por qué, cuando oigo el tópico manido de la "*alianza entre el altar y el trono*", me acuerdo del previsor *paguro*, que lleva montada una *actinia*. Esta le avisa del peligro, mientras que el crustáceo paga su vigilancia con los despojos del festín.

☿ ☿

Aunque sea insistiendo en tema tratado más atrás, reproduzcamos una frase del insigne Cávia, quien afirmaba "que los políticos españoles adelantan en su carrera a fuerza de fracasos, como los militares a fuerza de recibir heridas".

Exacto y desconsolador. Porque si las derrotas se premian como los triunfos, ¿quién será tan bobo que se exponga a los heroicos sacrificios y a las supremas abnegaciones? El que sólo se propone luchar es siempre vencido por quien se propone vencer a todo trance.

¿No sería bueno seguir aquí la conducta de Inglaterra, que "de vez en cuando fusila un almirante"—según frase de Voltaire—para estimular a los demás? (1).

☿ ☿

Hay que reconocer, triste y sinceramente, que la grande epopeya nacional, es decir, el conjunto de aquellas

---

(1)   Aludía Voltaire al fusilamiento del almirante Byng, a quien se inculpaba por no haberse acercado suficientemente al enemigo.

altísimas hazañas llevadas a cabo por España en pro de sus vitales intereses, tuvieron remate con el glorioso reinado de los Reyes Católicos y su continuador Cisneros (1). Después, nuestras empresas guerreras fueron empeños egoístas y ambiciosos de la Casa de Austria, que explotó a nuestro país—vivero en el siglo XVI de aguerridos soldados — como dócil instrumento de sus locos ensueños imperialistas. Las incesantes, inmotivadas y agotadoras intromisiones de España en la política europea—lo ha expresado muy bien Cristóbal de Reyna—no arrancaron jamás de la entraña nacional ni tradujeron nunca los íntimos anhelos de la raza.

Se ha construído así una *superhistoria* que es a la verdadera Historia lo que el bordado a un uniforme. Y en las paradas y desfiles—nuestros historiógrafos están siempre en parada—sólo se ven las cruces y entorchados.

¡Y luego, qué de hipérboles y de injusticias en los libros de texto! ¡Parecen redactados expresamente para que, juzgándonos heroicos, insuperables e invencibles, nos arrojemos ciegos a las más locas aventuras!...

Vaya un ejemplo escogido entre mil: Fiado en nuestros insinceros manuales de Historia, estaba yo a los diecisiete años persuadido de que la batalla de Pavía fué ganada exclusivamente por los españoles. Mas la maldita curiosidad me llevó ulteriormente a estudiar en detalle los épicos episodios del célebre combate, y me encontré con estas dos sorpresas desagradables: primera, que D'Avalos, marqués de Pescara, generalísimo de nuestros tercios, era italiano, aunque de abolengo español; segunda, que el principal contingente de las fuerzas imperiales que lucharon contra los 30.000 fran-

_____

(1)   De ese juicio general, hecho ya por Campomanes y proclamado después por Clemencín, Ferrer del Río, Cánovas, Costa, etcétera, escapan, sin embargo, algunas pocas felices iniciativas, debidas a soberanos más connaturalizados que Carlos V con las aspiraciones de España; por ejemplo, algunos reyes de la Casa de Borbón (Fernando VI y Carlos III).

ceses de Francisco I estaba formado por 12.000 alemanes (los españoles apenas pasaban de 6.000), amén de
los mercenarios italianos. Preciso es reconocer que los
españoles se batieron como leones; con sus certeros
mosquetes derribaron la flor de la nobleza francesa;
cautivaron al *rey caballero,* y dieron además pruebas
memorables de desinterés sufragando de su peculio las
pagas atrasadas de los tudescos. Pero, ¿por qué no se
consigna también, explícita y lealmente, el decisivo concurso de los landsquenetes de Jorge de Frundsberg? (1).

Desengañémonos; los mejores tónicos de la voluntad
son la verdad y la justicia. Ni es lícito olvidar que si
un hombre o un pueblo se consideran, por sugestión
literaria, constitucionalmente fuertes, resulta muy difícil constreñirlos a esforzarse para serlo realmente.

✿ ✿

Aunque sea insistiendo un poco en el mismo tema,
más de una vez nos hemos preguntado: ¿Cómo enseñar patriotismo? ¿Cómo conocernos y conocer a los
demás? ¿De qué modo sacar a nuestros políticos de esa
inmunda charca en que se agitan y se entredevoran
movidos por mezquinos egoísmos?

Arduo es el empeño, pero urgentísimo, en estos cala-
mitosos tiempos de nacionalismos e imperialismos exa-
cerbados y de bancarrotas de pueblos. Para nosotros,
uno de los remedios—lo hemos dicho ya—es proclamar
la verdad, por molesta que sea, exponiendo ruda y francamente, no sólo en los libros, sino hasta en las paredes de las aulas y de los paraninfos, con sus excelencias y méritos, los defectos y fracasos de la raza, aun-

_____

(1)   Fastenrath *(La Walhalla,* etc.), alemán entusiasta de
España, reaccionando vivamente contra el olvido o injusticia de
nuestros historiadores (Sandoval, Vera, Zúñiga, etc), adjudica
casi exclusivamente la victoria de Pavía a los mercenarios alemanes, mandado por Jorge de Frundsberg. Son muchos también
los amigos de España que, en otro orden de actividades, nos re-
prenden con justicia defectos que empañan nuestras mejores cualidades.

que suframos el dolor de coincidir con las denigrantes apreciaciones de los Buckle, Tiknor, Haebler, Bunge, madame D'Aulnoy, Montesquieu, Macaulay, Hume, Voltaire, Gustave Lebon, Schulten, etc.

¤ ¤

A este propósito es altamente significativo lo que afirma Lebon respecto de España en su libro sobre la *Civilización árabe* (1884). "Para todo cuanto excede de la capacidad vulgar, España necesita recurrir al Extranjero. Extranjeros dirigen las fábricas, construyen los caminos de hierro, conducen las locomotoras... La nación española—añade—posee las apariencias externas de la civilización; pero sólo las apariencias, porque la ignorancia es casi tan general como en la Edad Media..." (¡Y se refiere principalmente a Cataluña, la región más industrial de España!)

El cuadro es sombrío y algo injusto, pero—doloroso es reconocerlo—fundamentalmente exacto.

Naturalmente, desde 1884 la nación ha progresado en todos los órdenes de la actividad social. Pero, ¿a qué espíritu reflexivo escapará que en lo substancial, es decir, en la carencia de inventivas y de iniciativas industriales originales, nos encontramos casi estacionados?

Minas, ferrocarriles, teléfonos, radiotelegrafía, constituyen negocios organizados y dirigidos por especialistas extranjeros; bastantes técnicos de nuestras fábricas nacieron en Bélgica, Francia, Inglaterra o Alemania; máquinas complicadas de todo linaje, singularmente cuantas suponen ingenio creador y pericia cinemática (máquinas de coser y de escribir, telares modernos, microscopios y telescopios, generadores de energía hidroeléctrica, aparatos de radio, automóviles, productos químicos y farmacéuticos (1), construcción de loco-

---

(1) Sólo la exportación de capital por productos químicos y medicamentosos la cifraba en más de 1.000 millones uno de nuestros químicos más ilustres.

motoras y de grandes cañones, de aeroplanos, etc.), de allende el Pirineo o de América nos llegan. ¡Qué más!... Hasta en las traducciones de libros de ciencia y en las obras literarias geniales, pasto habitual de nuestros intelectuales y de nuestros artistas, somos tributarios del Extranjero (1). ¡A qué seguir!...

Deber sagrado e inexcusable de nuestros maestros es pintar con vivos colores a sus discípulos este bochornoso atraso intelectual, promoviendo en ellos, aparte la emoción patriótica más viva, la conciencia angustiosa de nuestra inferioridad nacional y persuadiéndoles de que esas *apariencias de pueblo civilizado* de que nos hablaba crudamente el antihispanista doctor Lebon significan, más que progreso real, vergonzosa servidumbre.

✡ ✡

Una de las desdichas de nuestro país consiste, como se ha dicho hartas veces, en que el interés individual ignora el interés colectivo.

✡ ✡

Sólo existen tres caminos honestos para alcanzar merecida celebridad: 1.º, crear riqueza; 2.º, pintar o expresar bien las cosas; 3.º, esclarecerlas.

Esta última labor es la más loable y urgente. Resume todas las otras. Cada ley natural desentrañada equivale a enriquecer nuestro conocimiento del Cosmos, crear nuevos focos de vida feliz y próspera y mitigar, en lo posible, la desventura de vegetar sobre el suelo más árido de Europa.

✡ ✡

Es muy difícil encontrar general codicioso, ministro venal o magistrado prevaricador capaces de aguardar un año para ostentar el fruto de sus claudicaciones. Y

---

(1)   No sólo en Hispano-América, sino en la misma España, es corriente la venta de libros castellanos clásicos *editados en París*. Esto constituye un despojo que nuestros editores debieran evitar a todo trance.

así se desacreditan por la posta. A bien que en la amnésica España ello importa poco. Poseemos en el mar Cantábrico un Jordán purificador donde nuestros políticos revalidan su averiada virtud y abrillantan sus blasones. A los tres o cuatro meses de vacaciones todos regresan limpios de cuerpo y alma. Y a intrigar nuevamente, de espaldas al sagrado interés de España. No faltan, sin embargo, numerosas excepciones. (Esto se decía en 192...)

☼ ☼

En el Estado democrático todas las libertades son sagradas, menos una: la negación de la libertad. Y todos los derechos, legítimos, menos éste: la deformación mental de los futuros ciudadanos. Respetemos como algo sacrosanto los preciosos gérmenes de la raza. Porque ellos no son nuestros, sino de Dios.

☼ ☼

Los débiles sucumben, no por ser débiles, sino por ignorar que lo son. Lo mismo les sucede a las naciones.

☼ ☼

Llegado el duro trance de la guerra, nuestros quijotes políticos parecen tomar como valor actual la energía bélica del pasado, sin considerar que el mundo ha cambiado en torno nuestro, que los débiles de ayer se han hecho todopoderosos y que los héroes de la raza no abandonarán sus sepulcros para combatir por nosotros.

¡Oh, venerada Clío, de cuántos desastres evitables eres causa!

☼ ☼

La mitad de nuestros infortunios guerreros se explican recordando este dicho de Gracián: "Los españoles son valientes, pero tardos."

Quizá en todo el siglo xix no hemos tenido sino un caudillo dinámico: Martínez Campos. Quizá podrían acompañarle Espartero y Prim. Y aquí prescindo de sus ideas políticas.

☼ ☼

Decía Talleyrand: "Quien no ha vivido en el siglo XVIII no ha conocido la alegría de vivir." Invirtiendo la frase del ministro napoleónico, cabría declarar: "Quienes no han vivido en el siglo XX, es decir, en la época del esfuerzo exasperado, de los placeres refinados y agotadores y, en fin, de la más cruenta y horrenda guerra que vieron los siglos, ha ignorado toda la lacerante melancolía del vivir."

Y haber conocido la guerra es haber escudriñado el fondo feroz de la humana especie (1).

✿ ✿

Contemplaba Marte tristemente la grey humana desde lo alto del Empíreo, y pensaba que, a despecho de su incontrastable poder destructivo, no había logrado todavía ensangrentar sino el haz de la tierra y la superficie del mar. Sintiéndose un poco humillado, pidió consejo a la sabia Minerva, y después de algunas instructivas lecciones consagradas a inspirar a los hombres la invención de máquinas de incomparable potencia aniquiladora, los dioses de la guerra sonrieron satisfechos. Y no tardó el feroz Mavorte en advertir con gozo siniestro las águilas humanas salpicar de sangre las nubes, y los tiburones de hierro enrojecer las profundidades del mar.

✿ ✿

En nuestras grandes crisis históricas no han faltado nunca españoles esclarecidos capaces de prever y evitar el desastre inminente. Mas, para nuestra desventura, quienes tuvieron previsión carecieron de autoridad, y quienes gozaron de autoridad carecieron de previsión. Y algunos previsores callaron por cobardía.

✿ ✿

_____

(1) Hoy (1932) se habla mucho de la próxima conflagración, de la guerra química y bacteriológica, etc. Todo es posible. Malos indicios son las discusiones diplomáticas en torno a los armamentos, la aparición de las dictaduras, la formación de alianzas, los recelos y desconfianzas internacionales, las maniobras militares de Francia y Alemania, etc., etc.

España es el país clásico de los precursores. En ciencia, en filosofía, en industria, en arte militar, etc., hemos tenido atisbos, vislumbres a veces geniales; pero nuestros sabios, salvo tal cual excepción, carecieron del tesón y perseverancia indispensables para la ejecución y perfeccionamiento de la obra imaginada.

✿ ✿

Predicadores a distancia. — Nuestros regeneradores, sin excluir al admirable Costa, aspiraron siempre a apoyarse en la amorfa masa neutra, como si la neutralidad sistemática no implicara necesariamente sordidez económica, indiferencia política e incapacidad para el sacrificio. Condición *sine qua non* de la eficacia de un fermento es su íntima incorporación a la substancia fermentescible. Conviene a veces humillarse un poco y convivir con los políticos de oficio, a fin de ver hasta qué punto se les puede trasfundir una conciencia patriótica y en qué medida consentirían la lima, ya que no la avulsión radical, de uñas y dientes, clavados en las entrañas del país.

Todo regenerador que aspire seriamente a la eficiencia debe, pues, convertirse en elemento simbiósico, algo así como el hongo y el alga de los líquenes, y no perder de vista jamás que las acciones a distancia son tan absurdas en física como en política. En suma; hay que ingresar y actuar en un partido para desintoxicar en lo posible a los dirigentes.

✿ ✿

La ley de la contrarreacción compensadora rige lo mismo los individuos que los pueblos. La disciplinada y dócil Alemania fué cuna siempre de grandes revolucionarios religiosos, filosóficos y políticos; mientras que España, nación ferozmente individualista e indisciplinada, fué semillero inagotable de complacientes validos y de sumisos aduladores de la Iglesia, de la Realeza y de la Plutocracia.

✿ ✿

Si nuestros políticos del 98 hubieran viajado y conocido un poco la geografía política y la psicología de los pueblos, ¿habríamos perdido las colonias? ¿Por qué no las han perdido Holanda, ni Francia, ni Italia, ni Portugal?

✿ ✿

A propósito de Portugal, decía Echegaray "que es un país de aficionados". Este dicho, que recuerda el de Alcibíades, para quien la ruina de las naciones se debe a los semisabios, es harto más aplicable, por desgracia, a España.

Sobre haber contado nuestra vecina en el campo de las ciencias con hombres superiores a los nuestros (recuérdese al matemático Núñez, a Vasco de Gama, a Magallanes, etc.), Portugal, consciente de su debilidad política, ha sabido conservar sus colonias, no ha caído jamás en el delirio de grandezas, se ha inhibido de la cuestión de Tánger (posible origen de graves complicaciones con Francia e Inglaterra), y ha tenido el fino instinto de escoger las más provechosas amistades internacionales.

✿ ✿

Existe un artificio lógico que revela gráficamente el valor moral e ideológico de un pueblo. Consiste en imaginar lo que ganara o perdiera el mundo si, ejerciendo aquél irresistible hegemonía, hubiera impuesto inexorablemente a los demás religión, leyes, costumbres y preocupaciones.

Aplicado a España este criterio, es fuerza reconocer, aunque nos duela en el alma confesarlo, que nuestra intervención en la política europea, salvo algunos casos de legítima e inexcusable defensa, constituyó una rémora de la civilización. El triste dicho de los extranjeros: "¿Qué le debe Europa a España?" encierra un fondo de verdad. Parece indudable que si Felipe II consigue sojuzgar a Inglaterra, Francia, Italia y los Países Bajos, y enfeudar en sus imbéciles descendientes tan extensos y ricos dominios, se habría retrasado la emancipación del espíritu europeo, y el nombre de España, harto vilipendiado hoy por los extranjeros (1), habría sido eternamente maldecido.

¤   ¤

Hay dos métodos clásicos de acordar las libertades públicas: el uno, comparable al servicio de los restaurantes de ferrocarril, consiste en proporcionar el alimento tasado cuantitativa y cualitativamente; el segundo, análogo al servicio de los buenos hoteles, consiste en dejar al arbitrio de cada comensal, y sin restricción ninguna, la elección de la cantidad y calidad de los platos.

Por desgracia, este último método sólo es aplicable a las personas o a las sociedades bien educadas y que tienen la costumbre de comer bien y regularmente.

¤   ¤

Vistos a distancia y al través de nuestros prejuicios, todos los grandes reformadores religiosos y políticos se nos antojan algo enfáticos y hasta un poco farsantes. Recuerdan al director de orquesta que, contemplado desde lejos, semeja, a juzgar por sus gestos y contorsiones, un sacamuelas pregonando específicos. Pero acerquémonos al medio histórico en que vivieron los personajes, oigamos la melodía fascinadora e, *ipso facto*, los farsantes se convierten en apóstoles y los papanatas en catecúmenos.

¤   ¤

El hegelianismo, con su doctrina de la identidad de *lo real* y de *lo ideal*, santificadora de todas las atrocida-

---

(1)   Esta ojeriza se ha patentizado hasta en las novelas, donde con harta frecuencia, cuando hay que personificar a un estafador, a un asesino o a un fanático, se escoge un español. Citemos como ejemplo típico la conocida novela *Les Don Juan*, de Prévost, donde el único ladrón es un tanguista español llamado Genaz. (Por lo visto, Prévost ignora que los tanguistas que vemos en España son casi todos extranjeros, y que el nombre de Genaz (extremeño adinerado) no es español.)

des de la Historia, ¿ha contribuído, conforme sostiene Lugano (1), a desatar la catástrofe europea? Es muy posible, ya que los desaprensivos teorizantes del pangermanismo fueron en su mayoría secuaces de la doctrina de la inmanencia, como lo eran también en Italia los germanófilos vergonzantes Croce y Gentile.

Creo, sin embargo, que la filosofía y la ciencia, incluyendo los brutales postulados del darwinismo, han sido, a lo sumo, causas predisponentes de la actual hecatombe. Han actuado como el calor, por ejemplo, en las expediciones de las hormigas esclavistas, provocando la descarga de profundos y milenarios instintos. Ni es lícito tampoco olvidar, como motivos segundos de la agresión alemana, la plena conciencia de la culminación de la propia fuerza y la persuasión íntima de la debilidad militar de los aliados.

✿ ✿

Jamás ha existido nación fuerte que no haya abusado de su fuerza.

✿ ✿

¿Puede el hombre, que fué siempre un animal depredador y guerrero (véanse las escenas de nuestros remotos antecesores de las cuevas de Cogul y de Alpera y la psicología actual de los salvajes), adoctrinado, domado y dulcificado por el Evangelio y el Derecho, abandonar de pronto sus milenarias tendencias sanguinarias y expoliadoras? ¿No será el instinto guerrero una tendencia fatal e irreductible del *homo sapiens?*

Semejante pregunta equivale a esta otra: ¿Puede el tigre, feroz devorador de presas vivas, inclusive humanas, convertirse de repente en dócil y sumiso animal vegetariano, contrariando así, además de la anatomía y fisiología de su aparato digestivo, instintos irrefrenables adquiridos durante millones de años? El fisiólogo Houssay ha convertido en carnívoras a las gallinas y

---

(1) E. LUGANO: *Idealismo filosofico e realismo político.* Bologna, 1920. Nicola Zanichelli, editore.

modificado un tanto sus órganos vegetativos; pero hasta ahora nadie ha logrado el experimento recíproco, es decir, la transformación de un águila en gallinácea.

✡ ✡

Desgraciadamente, cada guerra constituye la causa determinante de nuevas guerras. ¿Quién no prevé, para dentro de quince o veinte años, otro choque formidable *entre Alemania y Francia?* ¿Qué nación obligada a firmar la paz, antes por agotamiento y cansancio que por devoción a la justicia, no considera cual territorios irredentos todos los adjudicados al vencedor? ¿Quién será tan ingenuo que confíe en la acción pacificadora de la anodina, paralítica e incompleta *Sociedad de las Naciones,* si cada una de éstas se siente profundamente imperialista y ha crecido precisamente por la secular expoliación de los débiles? La única, harto discutible ventaja aportada por la civilización, el cristianismo y el socialismo, consiste, no en la supresión de los conflictos bélicos, sino en el retardo del eterno ritmo de paz y de guerra. Digo *discutible* porque la fase de paz o de reposo representa simplemente una preparación más eficiente y metódica para otro choque infinitamente más aniquilador y catastrófico que todos los precedentes (1).

Con lo cual no pretendemos excluir en absoluto la posibilidad de un futuro cambio de los instintos humanos. Acaso la ciencia, que tanto ha contribuído al arte

_____

(1)   Ideas algo semejantes fueron expuestas, con escándalo de liberales candorosos y socialistas angelicales, en 1915 (año I, número 3, del semanario *España).* Por cierto que, dicho sea de pasada, socialistas y republicanos me gratificaron, a guisa de reprimenda, con el vulgar dicharacho: "zapatero a tus zapatos". Por desdicha, las profecías de este modesto augur están hoy, en 1922, cumpliéndose o a punto de cumplirse. No me envanezco del acierto. ¡Es tan sencillo afirmar, apoyado en la Historia, que el hombre continuará siendo lo que ha sido! Tampoco me arrepiento de haber estampado la criticada frase "el hombre es el último animal de presa aparecido". Sólo las naciones débiles practican el pacifismo, *hasta que llegan a ser fuertes.*

de matar, acabe por convertir al hombre en animal laborioso, solidario y apacible.

¡Mas tan bello ideal brilla tan lejano!...

✿ ✿

Faltó a Alemania en las horas decisivas de la anteguerra, como nos faltó a nosotros a raíz del desastre del 98, una cabeza fuerte, clarividente e intrépida, con autoridad bastante para moderar las ambiciones de la Corona y contrarrestar la presión insensata e imprudente de la grey militar. ¡Ah!; si Alemania hubiera contado entonces con un nuevo Bismarck (1), y la po-

---

(1)   Quienes atribuyen a los principios políticos de Bismarck, mantenidos y desarrollados por sus sucesores, la monstruosa guerra de 1914, parécenme víctimas de ilusión o de apasionamiento. Estimaba demasiado el "Canciller de hierro" su obra suprema de la *unidad alemana*, para comprometerla estúpidamente en una aventura bélica contra cuatro grandes potencias. Los que, después de leer y admirar sus *Pensamientos y recuerdos*, tenemos presente su insuperable cordura para negociar una paz blanca con Austria, a pesar de la victoria de Koeniggraetz y de la actitud obstinadamente contraria de su soberano y de los orgullosos generales, decididos a aplastar a Austria y a procurarse la necia y aparatosa satisfacción de una entrada triunfal en Viena (lo que hubiera provocado automáticamente la alianza austrofrancesa o la austrorrusa) ; los que recordamos su afán constante por atraerse a ultranza la amistad de Rusia, desinteresándose de todo conflicto en los Balcanes; los que admiramos el alto espíritu de previsión que resplandece en esta contestación a Rusia: "que precisaba conservar la amistad entre las grandes monarquías, pues más tenían que perder *enfrente de la revolución* que ganar luchando entre sí"; los que sabemos que en cuantos *casus belli* se le ofrecieron, desde 1870, declaraba que el interés supremo de Alemania, una vez unificada y remediada la *injuria temporis*, era mantener la paz en todas las naciones, incluso con las pequeñas (recuérdese la conducta del canciller en el episodio de las Carolinas, y su actitud enfrente del general Boulanger), abrigamos la certidumbre de que, de haber vivido en 1914, habría sido, por amor a Alemania, entusiasta y decidido pacifista, o habría tratado de limitar a todo trance la extensión de la catástrofe. Esto no obsta para que lamentemos la falsificación del telegrama de Ems y su propósito deliberado de humillar a Francia. ¡Pero qué político realista no ha sido un poco Maquiavelo! El mejor de nuestros reyes, *Fernando el Católico*, tan alabado por el secreta-

bre España con la energía de un Prim o de un Cánovas... (1).

✿ ✿

La consecuencia práctica de estos errores, sobre todo
de la ilusión pangermanista, ha sido consolidar y exaltar la hegemonía de la raza anglosajona, y singularmente de Norteamérica, que, en la balanza de la política mundial, queda sin contrapeso. De hoy en adelante, como la raza eslava o la tudesca no restauren rápidamente sus fuerzas, el planeta tiene un amo: los Estados Unidos.

✿ ✿

La creciente esterilidad voluntaria de la clase media
y de la moderna burguesía en Francia y en los Estados Unidos obedece, según se ha dicho mil veces, a
móviles egoístas. Enfrente de este fenómeno lamenta-

rio Florentino, y entre nosotros por Zurita, Quevedo y Gracián
y muchos sinceros ortodoxos, no reparó en usar hábilmente las
artes del disimulo y la prudencia, no incompatibles con previsora
energía. Sabido es que se atrevió hasta con el Papa, al cual ame-
nazó con separar de su obediencia los reinos de Castilla y de
Aragón. Es notable su carta al virrey de Nápoles, a quien repren-
de por no haber ahorcado al *cursor* del Pontífice. ¡Esto es sentir la majestad de la realeza y los intereses de su Patria! Muy
al revés de soberanos posteriores, hechos de pastaflora, con toda
su fama de enérgicos, que arruinaron a la nación en las luchas estériles de la contrarreforma por el loco y no confesado empeño
de conservar Estados lejanos, cuya pérdida era inevitable.

(1)   No estoy muy seguro de que Cánovas, no obstante haber sido la autoridad y el carácter más firme de la Restauración
y de la Regencia, hubiera conseguido mantener a raya a los militares y acallar la vocinglería de periódicos y patrioteros. Mis dudas se apoyan en el hecho de que Cánovas, a despecho de sus
grandes inteligencia y cultura, había viajado poco y debía de conocer muy imperfectamente el incontrastable poderío de los Estados Unidos. Sólo un político de altura lo conocía (Canalejas),
pero no quiso publicar sus juicios, temeroso acaso de herir, sin
provecho, la conciencia popular y el orgullo de las instituciones
militares. Además, de Cánovas es la frase: "hasta el último hombre y la última peseta". Ni abona su previsión el haber rechaza-
do altivamente los buenos oficios del Presidente Cleveland, que
ofreció en abril de 1896 interponer su influencia para pacificar
a Cuba.

ble, consuela la extremada fecundidad del campesino.
Es que para el pobre, el hijo constituye futuro recurso; para el plutócrata, un medio de ostentación, y para
el burócrata y pequeño rentista, un sacrificio. Regular
la densidad de población, como aconsejan Galton y su
profeta L. Darwin, mediante la *Eugenesia* positiva y
negativa, fuera muy conveniente; pero en la práctica,
los medios preconizados son hoy por hoy difícilmente
aplicables.

✿   ✿

El feminismo exagerado u *hominismo,* como decía el
malogrado Gómez Ocaña, conduce a un círculo vicio-
so. Cuantos más derechos políticos y facilidad para el
trabajo extradoméstico se otorguen a la mujer, más
se apartarán los hombres del matrimonio; y cuantos
menos matrimonios, más invasora y exigente se mostrará la mujer, atormentada por el abandono, el sobretrabajo agotante y la imposibilidad de satisfacer,
decorosa y legalmente, sus íntimas y sacrosantas aspiraciones a la maternidad. Y aunque las uniones lega-
les no desciendan, el niño mal atendido y el marido
mal cuidado antes presagian la degradación de la raza
que la elevación de su moral y de su capacidad pro-
ductiva. Lejos, pues, de resolverse el conflicto, se enco-
nará de día en día (1).

✿   ✿

Entre el pequeño propietario rural, elemento básico
y conservador de toda nacionalidad, y el proletario de
la ciudad, existirán siempre, a despecho de predicaciones socialistas, comunistas y sindicalistas, antagonis-

---

(1)   Un ruso me contaba que, a causa de la libertad sexual
casi absoluta y de la legalidad del aborto, muchas madres abandonan sus hijos y rechazan el embarazo. "Para mí—añadía—es
más fácil y barato trabajar en fetos o embriones humanos que en
embriones de gato o de ratón." No puede exigirse a la mujer,
desatendida y mal alimentada, el santo sacrificio de la maternidad
y la crianza del hijo. Recordemos que ni aun en Lacedemonia, en
cuyas leyes debió inspirarse Platón para escribir su *República,* se

mos más irreductibles que entre el aristócrata y el pordiosero.

✡ ✡

¡La utopía de la igualdad!... He aquí un bello ensueño, contra el cual pugnan solamente dos parvos enemigos: el Universo entero y la evolución de la vida. Repitiendo un lugar común, bien cabe afirmar que en la inmensidad del espacio no brillan dos astros equiparables en masa, composición química, fase evolutiva, etc.; en nuestro miserable planeta jamás se descubren dos paisajes, dos rocas, dos plantas o dos animales absolutamente semejantes. Y concretándonos al hombre, ¿qué divergencias cuantitativas y cualitativas nos ofrece en las complexiones, la configuración exterior e interior, las capacidades mentales y digestivas, las aspiraciones e ideales, amén de las taras físicas y morales?

Si los defensores de la igualdad económica y política alcanzaran el ansiado triunfo, éste sería necesariamente efímero (1). La dalla niveladora, actuando en la pradera social, abatiría las plantas más ingentes, diferenciadas y robustas; mientras que prevalecerían por compensación las hierbas más rastreras y nocivas. ¿Hasta cuándo? Hasta que, llegadas las auras primaverales, renacieran triunfantes las bellas flores segadas por la inconsciencia.

✡ ✡

Actos y convicciones suelen estar en pugna perpetua.
¿Quién no ha conocido materialistas y darwinistas, amantes de la libertad; espiritualistas de toda laya, fa-

---

implantó la comunidad de mujeres. Véase Jardé, *La formación del pueblo griego*, 1926. Por lo demás, los libros de Herodoto, Aristóteles *(Política)*, Platón, Jenofonte, Plutarco, etc., permiten formar juicio del caso extraordinario y casi monstruoso de Lacedemonia, en donde el sentimiento del deber y la sumisión al Estado regulaban la vida entera de los ciudadanos.

(1)   Cuando escribíamos esto no había empezado aún la terrible tragedia rusa con la inevitable inversión de jerarquías.

náticos defensores del despotismo; socialistas y comunistas, convencidos de su democracia, y — citando un caso reciente—católicos sinceros, idólatras de la protestante Alemania y justificadores del martirio de Bélgica? Y, abandonando el campo de la política y convirtiendo la atención a los filósofos, moralistas y estéticos, ¿hay cosa más curiosa y risible que un Rousseau, apasionado secuaz de los impulsos naturales, arrojar su hijos a la Inclusa; un Schopenhauer, defensor del suicidio, huyendo desesperadamente del cólera; unos idealistas como Berkeley y Fichte, negadores de la realidad del mundo exterior, comportarse en la mesa, en la tertulia y en la cátedra, como si los manjares, los amigos y los discípulos no fueran meras proyecciones del *yo;* y, en fin, a Ruskin, adorador ferviente de la seductora belleza del paisaje y flagelador implacable de fábricas y caminos de hierro, viajar guapamente en ferrocarril?

❀ ❀

Me apena la frase fanfarronamente hiperbólica, atribuída a nuestros mayores, de "que el sol no se ponía jamás en los dominios de España"; porque el desdén o el menosprecio del Extranjero podrían contestarnos (en realidad se nos ha dicho ya) que, por compensación bochornosa y denigrante, jamás alboreó el sol de la ciencia en nuestros cerebros.

❀ ❀

La energía potencial tiende a convertirse en actual. He aquí un principio tan valedero en termodinámica como en política. Todo órgano propende a ejercer su función específica. Confiar, pues, en mantener indefinidamente sumisas y pacíficas escuadras y ejércitos poderosos es como esperar que el río, canalizado y enfrenado por esclusas, pero acrecido bruscamente por la tormenta, no rebase su cauce, asolando vegas e inundando poblados.

❀ ❀

Mil veces se ha dicho que los pueblos se aborrecen porque no se conocen. Tal aserción paréceme hoy un poco aventurada después de la formidable catástrofe europea. Porque jamás el libro, el periódico, el ferrocarril, el telégrafo, el teléfono, los Congresos internacionales, la interdependencia bancaria, fabril y comercial, el dominio de los idiomas, etc., habían laborado tanto en pro de esa recíproca comprensión. Ante semejantes inesperados efectos, que juzgarían increíbles Kant, Lamartine y otros egregios defensores de la paz universal (1), dan casi tentaciones de invertir la máxima vulgar, expresando: "Los pueblos se aborrecen cuanto más se conocen."

✿ ✿

Todo cuanto desgaste las energías acumuladas en la mujer (sobretrabajo industrial, preocupaciones políticas, etc), producirá tarde o temprano la degeneración de la raza. Ese relativo reposo físico e intelectual de que goza la esposa en el hogar representa el dote fisiológico de la especie.

✿ ✿

Cuando dos parlamentarios hábiles indígnanse y contienden acremente, no te alarmes demasiado. Son dos maestros de esgrima que se baten para el público y hacen como que se hieren.

✿ ✿

Para muchos, la libertad es el derecho de ser egoístas. Olvidan que sólo hay un egoísmo santo: el de la

---

(1)   De Lamartine, y después de él numerosos autores, creyeron de buena fe que el acrecentamiento de las comunicaciones entre las naciones europeas acabaría por imposibilitar la guerra. Desgraciadamente, la solidaridad e intimidad internacionales han servido solamente para discernir el punto flaco de la armadura material y espiritual del enemigo, a fin de clavar en él la espada del imperialismo. En cuanto a la rapidez y profusión de las comunicaciones, se ha aprovechado para invadir más pronta y eficazmente al descuidado adversario.

nación o de la raza, atemperado, claro está, por el respeto y la justicia al extranjero.

✿ ✿

Se califica, a mi ver con mucha exageración, al idioma natal de *alma de la raza,* significando que es algo consubstancial a la nacionalidad y por cuya conservación cada pueblo, y aun cada región, deben luchar y sacrificar hasta sus más sagrados intereses. El hecho de hablar lengua diferente ha venido a ser—no siempre—un pretexto invocado por el odio.

¡Qué lamentable ceguera! Cuantas lenguas se hablan en el mundo son imposiciones tiránicas de vencedores ha tiempo desaparecidos. Nuestro último idioma—porque de los remotos no quedan ni rastros—representa, pues, la marca infamante estampada en nuestra mente por amo altivo que no se dignó aprender una lengua bárbara. Con lo cual no pretendemos negar las aportaciones específicas con que cada nación, según su genio, ha enriquecido el idioma del conquistador (1).

Lo que verdaderamente diferencia a los pueblos y regiones es, aparte el ambiente físico, el carácter, la subordinación al Estado, las tendencias, costumbres y aptitudes y las virtudes familiares y sociales. Por algo la Naturaleza, eminentemente conservadora de toda adquisición útil, no creyó conveniente hacer hereditarios los símbolos verbales.

✿ ✿

Y a propósito de la deplorable pluralidad idiomática,

---

(1)   Los hiperbólicos encomiadores de la virtualidad de lenguas y dialectos vernáculos, como causas de separación, olvidan que Suiza, donde se habla el alemán, el francés y el italiano, no siente el menor conato de disgregación, y que las naciones americanas de habla inglesa o española viven independientes entre sí y de la metrópoli. Lo mismo ocurre con Irlanda. Perdida la arcaica lengua y adoptado el inglés, vive casi independiente. Mas a qué multiplicar ejemplos harto conocidos. En puridad, lo que mantiene unidos o separados a los pueblos es el interés colectivo, y no el culto platónico de la raza y de la lengua.

se me ocurre un cuentecillo: Dos bravos exploradores
científicos internáronse en profundísima caverna, que
abordaron por bocas diferentes. Antes de aclarar el
misterio del antro, uno de ellos cayó en tierra; del
golpe se apagó la linterna, y, al levantarse, advirtió con
terror que había perdido el pedernal, el eslabón y la
yesca. La obscuridad era absoluta, y todo paso hacia
adelante, peligrosísimo. Al otro explorador, que tan-
teaba a gatas en dirección contraria, le advino otro
accidente: perdió la linterna, aunque conservando la
yesca y el pedernal. Errando entrambos en las tinieblas, y lanzando desgarradores lamentos, acabaron al
fin por encontrarse.

—Poseo una linterna—exclamó uno.

—He perdido la antorcha, pero me queda el pedernal,
la yesca y el eslabón—contestó el otro.

Entonces, al advertir que hablaban idiomas diferentes, concibieron un designio diabólico. Y ansiosos de
recabar para su patria la gloria exclusiva del descubrimiento, pugnaron por arrebatarse recíprocamente la
linterna y los bártulos de encender. Trabada la absurda refriega, despeñáronse en horrenda sima, donde,
¡ironía de la suerte!, murieron abrazados.

Y en tanto, el enigma atormentador de la caverna
siguió sin descifrar (léase Universo), gracias al orgullo
y al odio insensato de los exploradores obstinados en
hablar lenguas diferentes.

❀ ❀

El analfabeto será siempre explotado por los caciques de abajo o por los de arriba. A quien *le estorba lo
negro* le estorba también la libertad.

❀ ❀

La pobreza y la ignorancia van siempre de la mano.
Por eso el problema cultural de España no se resolverá plenamente hasta que desaparezca o se atenúe la
pobreza rural mediante leyes agrarias niveladoras, y

hasta que el sobrante de población de los pueblos de
la meseta central no sea absorbido mediante el fomento
de industrias útiles, centrales o periféricas, que nos re-
diman en lo posible de la vergonzosa dependencia del
Extranjero.

✿ ✿

Quien no tiene en el ánimo, con vivos colores pin-
tada, la imagen material y espiritual de España, podrá
quizá ser un buen soldado, pero jamás un buen patriota.

✿ ✿

Ciertas instituciones o clases sociales piden reformas
en nombre de móviles tan elevados como la justicia, la
cultura superior, la moralidad, la eficacia técnica, etc.
No os seduzcan tan bellas palabras. Mirad un poco al
trasluz y reconoceréis que, en la mayoría de los casos,
lo que realmente persiguen aquéllas es acrecentar sus
emolumentos o conservar sus privilegios.

✿ ✿

El gran pecado original de la raza humana es no
haber nacido perfecta e impecable, conforme relata el
Génesis. Por lo contrario, la Ciencia, implacablemente
destructora de mitos, nos dice que hemos llegado a
nuestra fase actual después de larga y dolorosa serie
de tanteos, luchas y perfeccionamientos, y a partir de
los más bajos representantes de la vida. Y acaso cada
especie animal intercalada en nuestro árbol genealógico
nos ha legado algo de sus peores instintos.

✿ ✿

Entre los muchos impulsos incongruentes o de dudosa utilidad, citemos: el irresistible instinto guerrero;
la tendencia a la holganza; el gusto insano por lo trágico y lo truculento en la ficción, quizá por no ser
posible siempre satisfacerlo en la vida real; la esperanza en la fortuna, resto atávico acaso del viejo cazador
de bisontes y ciervos; la esclavitud, más o menos hipó-

crita, impuesta a la mujer; el odio al extranjero; la
tendencia a la explotación económica del débil, del tonto o del desvalido; el culto a lo maravilloso; la aversión
a la lógica científica; el afán de creer para ahorrarnos
de pensar; la emotividad inhibidora en los trances difíciles, precisamente cuando más necesarias fueran la
serenidad y la perspicacia, y, en fin, el terror a la
muerte, no obstante las predicaciones consoladoras de
la religión y de la filosofía, que nos la pintan cual gloriosa alborada de vida perdurable.

✿ ✿

Decía J. Ortega Gasset, que todo propósito racional
de reforma política debe partir del previo reconocimien-
to de nuestra inferioridad.

De acuerdo con la observación del eminente y cultí-
simo escritor, vengo sosteniendo casi lo mismo, aunque predicando en desierto, desde 1898. En mi sentir,
todo político excesivamente optimista es un apático,
un inconsciente y, por de contado, un mal patriota.
Hay que sentir la obscuridad para apreciar la luz; pero
no como el feto que fía el alumbramiento a la providencia orgánica de la madre, sino como la semilla enterrada, que saca de sí misma, es decir, de su *albumen*
y cotiledones, la energía necesaria para organizar un
tallo capaz de aflorar la tierra y de conquistar un puesto al sol.

✿ ✿

Nuestra Península y sus perdidas colonias pueden
compararse a un barril, cuyas duelas, sacadas de tron-
cos diversos, sólo se mantuvieron antaño unidas por la
coacción de los aros insertos a martillo y por la hin-
chazón excéntrica de la madera, embebida en el vino
generoso del ideal.

Mas, ¡ay!, el licor tonificante fué derramado sucesivamente por bodegueros torpes, que no cuidaron tampoco de reemplazar los oxidados cercos. Y actualmente, el tonel se agrieta por todas partes y cada duela
amenaza con marcharse por su lado.

¿De qué esencia espiritual llenaremos el averiado barril nacional para evitar su total disgregación? He aquí el arduo, el pavoroso problema de España.

¿Anexiones territoriales? ¡A buena hora!... El planeta se lo han repartido naciones infinitamente más previsoras, ricas y poderosas que nosotros.

Para mí—lo he repetido hasta la saciedad—sólo resta a España un ideal accesible: fomentar por sí misma la riqueza de su suelo y crear a todo trance ciencia e industria originales para prestigio, aumento y prosperidad de la raza.

☼ ☼

¿Por qué han desaparecido los iberistas de Portugal y España? Porque ante el creciente e incontrastable poderío de las grandes naciones, la federación de ambos Estados penisulares, sin hacernos sensiblemente más fuertes, nos impondría la nefasta solidaridad de seculares errores políticos y económicos. Y harto tiene cada pueblo con los suyos.

Además, los garrafales nuestros (sobre todo la guerra absurda con los Estados Unidos) destruyeron en la nación hermana hasta la menor veleidad de aproximación hacia España. Hoy no existen iberistas ni aquí ni en Lusitania.

☼ ☼

Hay tres clases de políticos: los que enaltecen la Patria, los que la sirven y los que la explotan.

☼ ☼

La Prensa agita a menudo el proyecto de los *ministerios técnicos*. Ello me recuerda la humorada de Renán, para quien el mejor Gobierno fuera el constituído por los *inmortales* del Instituto de Francia. Con perdón del insigne escritor, recelo que a esas lumbreras del saber, cuando empuñaran el timón del Estado, habría de ocurrirles con frecuencia lo que se cuenta de Laplace. Encargado por Napoleón de estudiar el modo de reemplazar industrialmente el azúcar y el índigo,

entonces importados del Extranjero, envió distraída-
mente al primer cónsul una doctísima memoria acerca
de... las *fases de la Luna.*

✿ ✿

Así como nuestro organismo, después de una pugna
heroica de cuarenta años contra los microbios, acaba,
desmoralizado, por luchar consigo mismo *(cáncer, calcu-
losis, degeneraciones,* invasión de los órganos nobles por
la *trama conectiva,* etc.), también los pueblos suelen,
luego de terminar una guerra exterior, extenuante y
agotadora, preparar su convalecencia con una guerra
social.

✿ ✿

¿Para qué luchan los hombres? Para adquirir, en
caso de triunfo, un pedazo de tierra donde ser prematuramente enterrados, lejos de los suyos.

✿ ✿

En el desconsolador fenómeno de la guerra, lo que
más me asombra y entristece es ver cómo toda una
nación se siente instantáneamente indignada contra el
Extranjero, y dispuesta al sacrificio de la vida, ante el
lacónico telegrama de movilización dictado por un obeso y gotoso diplomático sentado frente a un *bock* de
cerveza y resuelto denodadamente a morir... centenario y opulento.

✿ ✿

Aunque sea repitiendo un tópico harto manoseado,
considero como una de tantas causas de nuestros infortunios políticos la inestabilidad de los gobernantes
españoles. Porque si duraran solamente un par de lustros, acabarían por servir eficazmente al país, ya que
a muchos de ellos les sobran talento, cultura y buenas
intenciones.

El primer año, naturalmente, gobernarían para la
familia, los deudos y los amigos; el segundo, para el
distrito y la región, y el tercero y restantes, para la
nación entera. Mas como la vida ministerial es fuga-

císima, nuestros consejeros, salvo honrosas excepciones, persuadidos de su rápida caída, o no pasan de la primera fase o barajan las operaciones de las tres; con que ni sus aciertos hallan justicia ni sus debilidades olvido.

✵ ✵

Seamos indulgentes con quienes, forzados de la necesidad, cambian a menudo de casaca. ¡El estómago no delinque!...

✵ ✵

Cuando asisto a empeñada polémica en torno al feminismo, advierto que unos defienden al *hombre* contra la *mujer*, otros a la *mujer* contra el *hombre;* pero ninguno a la *familia* y a la *raza*, de que hembra y varón son simples células integrantes. No se cae en la cuenta de que para la prosperidad de un pueblo la mujer y el varón aislados equivalen casi a cero.

✵ ✵

Hay un patriotismo infecundo y vano: el orientado hacia el pasado; otro, fuerte y activo: el orientado hacia el porvenir. Entre preparar un germen y dorar un esqueleto, ¿quién dudará?

✵ ✵

Preocupación primaria del Estado debe ser procurar el ocio a los jóvenes inteligentes y patriotas. Aludo al ocio noble, tan codiciado por los sabios griegos. El lema debe ser, no el ocio por el ocio, privilegio de los ricos, sino el ocio para la instrucción, que no debe escatimarse a ningún pobre apasionado del estudio.

✵ ✵

Juan Español.—El porvenir de España está en América.

Timón.—Pienso más bien que allí está nuestro pasado...; un pasado de glorias deslumbrante, pero también de imprevisiones, desaciertos y egoísmos.

Juan Español.—¡Bah!... Mientras se hable nuestra

lengua, nexo espiritual de la raza y vehículo del comercio...

Timón.—Convendrá usted conmigo en que, constituyendo la emigración española (formada de braceros y horteras y no de intelectuales) una fracción despreciable de la formidable irrupción de italianos, ingleses, rusos, alemanes, polacos, franceses, yanquis, servios, etcétera, el citado vehículo verbal corre riesgo de quedar harto averiado. Y si hoy que en la Argentina y Chile se habla todavía nuestro idioma, apenas comerciamos espiritual y materialmente, ¿qué intercambio de ideas y mercancías lograremos establecer cuando la inmensa mayoría de los habitantes de los susodichos países lleven apellidos extranjeros y posean cultura, tendencias y gustos diferentes de los nuestros? ¿Cuál será entonces su lengua y su espíritu? ¿No parece probable que, en vez de ser ellos los que se aproximen a nosotros, seamos nosotros quienes tengamos necesidad de aproximarnos a ellos, a fin de regenerar la rancia solera nacional con el fermento renovador de una cultura superior?

☼ ☼

Dice el ingenioso Ganivet que "los españoles son capaces de descubrir un continente (1), pero no de encon-

_____

(1) Olvidamos demasiado que América fué descubierta por Colón. Desdichadamente, Europa nos lo recuerda... y hasta nos lo echa en cara. Como no olvida tampoco la desconfianza, a mi juicio excesiva, en las aptitudes de la raza de un Carlos V, al encargar al portugués Magallanes la magna empresa de dar la vuelta al mundo. Pobre fué nuestra mentalidad; pero no tanto como creyeron los reyes de la Casa de Austria. Cuando más que, en la época heroica, sobró valor para las más épicas empresas. Ello lo reconocen los extranjeros, singularmente Maucaulay, que compara, a mi juicio poco imparcialmente, la conquista inglesa de la India con la española de América. Porque nuestros temerarios antepasados conquistaron Estados sólidamente organizados, esencialmente guerreros e intrépidos hasta el heroísmo, mientras que Inglaterra luchó con una raza pacífica, reblandecida por una religión conformista, dividida por la odiosa ley de castas y carente casi en absoluto de espíritu bélico.

trar un microbio". Por desgracia, lo contrario es la verdad. Nuestra postración política, científica e industrial dimana de que hemos carecido de genios descubridores de continentes. En cambio, desde hace veinticinco años o más existen algunos pacienzudos rebuscadores de islotes artísticos, literarios y científicos.

✡   ✡

Una nación compuesta de ciudadanos cultos, laboriosos y hábiles, puede ser imbécil en su acción exterior, y, recíprocamente, poseer habitantes rudos y miserables y ser perspicaz, fuerte y heroica en sus conflictos guerreros.

✡   ✡

Después de rechazar el dicho despectivo de cierto político inglés, es fuerza confesar que existen naciones vivaces que progresan incesantemente, y naciones estacionarias o atrasadas y casi ajenas a las crecientes inquietudes de la vida moderna. Lo mismo ha sucedido, según afirman los paleontólogos, en la evolución de las especies. Algunas aparecen, en capas de la corteza terrestre, representadas por tipos sucesivamente más diferenciados y perfectos; mientras que otras (recuérdense, entre los invertebrados, a las *língulas*, muchos *moluscos gasterópodos*, las *libélulas*, el *escorpión*, la *araña licosa*, etc.) apenas han sufrido variación desde los más bajos estratos de los terrenos primitivos.

Explica el transformismo tan singular estabilidad por la ausencia de variación suficiente en el medio, ausencia que permitió, al través de las edades, una exquisita equilibración entre las condiciones exteriores e intraorgánicas. ¿No habría sucedido algo de esto en las naciones zagueras y singularmente en nuestra España? Su bochornoso atraso o sus lentos e indecisos adelantos, ¿sería temerario achacarlos, por lo menos en parte, a la intolerancia extremada, a la endeblez del movimiento renacentista y, sobre todo, a la falta de hondas conmociones filosóficas y políticas? Porque la verdad es que no hemos tenido nunca movimientos profundamente renovadores. ¿Cabe sostener formalmente que la llamada *Revolución de Septiembre* constituyó verdadera revolución, quiero decir, una intensa conmoción espiritual, con ideario nuevo y procedimientos modernos de gobierno?

✡   ✡

Sabido es que en Australia los conejos constituyen plaga asoladora para la agricultura.

Aterrado ante sus crecientes estragos, solicitó el Gobierno de dicha Colonia del sabio benemérito Pasteur un remedio heroico contra el mal. Y el ilustre bacteriólogo envió amablemente a Australia una comisión científica, cuyo cometido debía ser la producción, en los conejos, de una infección mortal extraordinariamente contagiosa (microbio del *cólera de las gallinas*).

Mas a la llegada de los sabios franceses, una parte *de la opinión reaccionó vivamente contra la resolución* del Gobierno. El cual, coaccionado por los fabricantes de setos metálicos y por los arrendatarios de las tierras (temerosos del aumento del canon anual), prohibió terminantemente las inoculaciones, después de asesorarse con el dictamen de inevitable comisión.

En resumen: el invento de Pasteur fué juzgado por una comisión ¡*técnica!*, cuyo presidente era un fabricante de telas metálicas (único medio de defensa aplicado hasta entonces contra los conejos), varios arrendatarios de tierras y algunos cazadores del prolífico roedor.

Y los bacteriólogos franceses, ante el adverso veredicto, tornáronse a su país, cabizbajos y corridos, con sus caldos de cultivo absolutamente intactos.

Sugiéreme este suceso, eminentemente representativo, lo ocurrido en España con todos los proyectos de leyes fiscales y tributarias: los de la tasa de productos alimenticios, de exportación de arroz y aceite, los propuestos contra los beneficios extraordinarios de la guerra, la ocultación de la propiedad, la limitación de latifundios, reliquias de un feudalismo vergonzoso, etcétera, etc. ¿Quiénes son los que, en definitiva, informan sobre las medidas reclamadas urgentemente por la opinión? Pues justamente los consejeros o representantes de empresas que tienen el mayor interés en echarlas a pique. ¡Y el pobre pueblo sin enterarse!...

☼ ☼

—¿Por qué no se ha casado usted?—le preguntaba yo, algo indiscretamente, a cierto caballero yanqui, culto, sesentón, dueño de inmensa fortuna y habitador de maravillosa *villa* rodeada de regio parque.

—Porque las jóvenes americanas — contestó — han perdido definitivamente su sexo. Ya no son las hembras de antaño, sino una especie epicena que adopta formas diversas, desde el virago, pasando por la pedante, la sufragista, la agente electoral y confesional, la antiviviseccionista, etc., hasta la tirana del hogar, en donde, para alivio del marido, reside lo menos posible. Ellas se reúnen en sus clubs y restaurantes; viajan solas o acompañadas de quien les place, y regresan al *home* cuando les viene en gana. Suponemos piadosamente que no abusan de su libertad; pero esto no pasa de mera conjetura, que no resiste al cálculo de probabilidades. Claro es que, por fortuna, existen *todavía* mujeres cabales, sobre todo en el campo y en las poblaciones del Oeste.

Por cuyos motivos—continuó con una franqueza inesperada por lo cruda—he resuelto el problema sexual pasando mis veladas en casa de cierta ex artista encantadora y espiritual, cultivadora de la música, de que me confieso ferviente aficionado. Ella se contenta con ser femenina y no feminista. Para ella conservo mis riquezas. Si hubiera tenido la fortuna de nacer en España, Francia o Italia, ha tiempo estuviera casado (1).

❋ ❋

La tendencia a la unificación de los sexos, notada por *Azorín* como consecuencia de la guerra europea, si honra a la plasticidad de adaptación y a los talentos latentes en la mujer moderna, resultaría, a poco que se extremara, funesta para la raza. Lo que no quiere decir que mujeres inteligentes, convenientemente educadas, no puedan emular y aun superar la obra de los varones. Pero ¿será conveniente para la especie?

❋ ❋

El día que la Ciencia se puso al servicio de los tiranos o de las oligarquías, inventando para ellos instrumentos bélicos costosísimos, inaccesibles a la penuria de las masas, quedó en principio abolida la libertad individual y de asociación. Agradezcamos la poca que tenemos, no a nuestra fuerza, casi nula por inorgánica, sino al ilogismo piadoso de las clase directoras, las cuales—dígase lo que se quiera—se hacen cada vez más humanas y solícitas con todos los desheredados de la fortuna y de la Naturaleza.

❋ ❋

Se ha dicho muchas veces, y sobre ello insistió Desmoulins en un libro célebre, que la prosperidad de la raza anglosajona depende de su individualismo.

No; lo que constituye la grandeza de Inglaterra es la solidaridad social y el amor de la Patria grande, servido fervorosamente por una ciencia, una industria, un comercio, una política y un ejército que se esfuer-

---

(1)   Esta conversación, rigurosamente histórica (callo, naturalmente, los nombres de los protagonistas), debiera detener un poco a nuestras exageradas feministas. Claro es que mi interlocutor ensombrece demasiado la pintura de la hembra americana; hay un dato, sin embargo, muy significativo: la población de los Estados Unidos es de cada vez menos fecunda; su crecimiento se efectúa, sobre todo, gracias a la emigración europea.

zan por superarse continuamente. Y por encima de todo
resplandece el admirable sistema de educación física y
patriótica empleado desde la infancia.

Cada inglés, dentro y fuera de su país, se considera
consubstancial con Inglaterra y paladín obligado de la
misma ante los extraños; mientras que la mayoría de
los españoles cultos se sienten más o menos desliga-
dos del *alma mater*, y aprovechan la primera ocasión
para desdeñarla o rebajarla ante el Extranjero. El
mal es antiguo. Del mismo habló ya Larra con ironía
acerada.

☼ ☼

Cada época ha tenido uno o varios errores útiles, fo-
mentadores de la tranquilidad laboriosa y del engran-
decimiento de los pueblos. Estos decaen y se desinte-
gran a menudo por obstinarse en mantener añejas fic-
ciones políticas, cuando, modificadas las circunstancias,
se impone el empleo de otros errores pragmáticos.

☼ ☼

Ciertos estadistas son como los *chauffeurs:* cuantos
más desperfectos causan en el vehículo del Estado, más
tanto por ciento cobran.

☼ ☼

Dice el maestro Ortega Gasset que la *Historia de
España* ofrece dos fases: de agregación y desagrega-
ción. Es cierto. Séame lícito, empero, sospechar que ni
aun en la gloriosa época de los Reyes Católicos y de
Carlos V formó nuestro país un organismo perfectamente *integrado, es decir, dotado de sistema nervioso
exquisitamente unificado.* Lo impidió no sólo el feroz e
imprevisor individualismo de la raza hispana, notado
por muchos, sino muy especialmente la fatalidad geográfica y meteorológica (1), causa eficiente de la incom-

_____

(1)   "La Iberia—dice Strabón (*Geografía*, tomo I)—, en la
mayor parte de su extensión, es apenas habitable. No se encuentran casi por todo el territorio más que montañas, bosques y lla-
nos de suelo pobre y ligero, regados por lluvias irregulares y escasas. La región septentrional..., a causa de su aspereza y situación

prensión y despego entre regiones apartadas y con ambiente físico y espiritual divergente. La anhelada unidad se nos impuso siempre por la fuerza, y frecuentemente fué la marca infamante estampada a fuego por el Extranjero. Ciertamente, nuestras regiones aparecen hoy trabadas, aunque muy laxamente; pero si reflexionamos un poco, advertiremos en seguida que las comarcas más ricas, gracias a su generoso régimen de lluvias, proximidad al mar y a Francia, aceptan la unidad nacional, no por solidaridad cordial con la extensa y poco poblada meseta central, sino por el interés de conservar el mercado interior y mantener el ubérrimo privilegio de aranceles casi prohibitivos, aunque no exclusivos.

¤ ¤

Séame lícito insistir en un lugar común, que en mí adquiere carácter de manía: que la carroza de la civilización española no puede marchar casi exclusivamente, como hasta hoy, apoyada solamente en las doradas ruedas de la literatura y del arte. Para triunfar en las pacíficas contiendas de la vida internacional y evitar tumbos y caídas, es fuerza añadirle las dos sólidas ruedas de la ciencia y de la industria originales. Por no haber,

———————

a lo largo del Océano, está absolutamente privada de comunicaciones con las demás regiones... Sólo la parte meridional, situada cerca de las columnas de Hércules, es rica y fértil." Pero lo que prueba que la *política hidráulica* preconizada por Costa era ya necesaria hace más de dos mil años, es la comparación de los pobres contingentes de soldados opuestos por celtíberos y lusitanos a los invasores romanos, en comparación con las masas formidables de galos que salieron al encuentro de César. Sólo del Centro y Norte de las Galias, Vercingetórix llegó a reunir 240.000 infantes y 8.000 caballos; sumando los 170.000 soldados de la guarnición de Alesia, sitiada por César, y cerca de la cual se libró la batalla decisiva, hacen un efectivo de 410.000 guerreros. En cambio, los numantinos, en número de 6.000 hombres, lucharon heroicamente contra 60.000 legionarios de Escipión. Estas cifras prueban la densidad enorme de la población de las Galias y la fertilidad maravillosa de su suelo. (Véanse los *Comentarios de César* y las noticias de otros historiadores, entre ellos Plutarco: *Vidas paralelas*.)

sino de tarde en tarde, sentido esta verdad trivial, nuestra cultura actual constituye, salvo excepciones consoladoras, remedo servil de la extranjera.

✡ ✡

El gran Costa resumía los remedios, el renacimiento de España, en *Despensa y Escuela*. Exacto. Importa, sin embargo, no olvidar, como nota acertadamente Senador, que la *despensa* es lo primero.

Una requisitoria personal emprendida por mí en los pueblos (yo me he criado en ellos) sobre la etiología del analfabetismo, me ha persuadido de que sólo los labriegos pobres, obligados a utilizar los hijos en las penosas faenas agrícolas o pastoriles, descuidan la enseñanza de sus hijos. En cuanto a las niñas, harto hacen con servir de niñeras a sus hermanitos, casi siempre numerosos, y ocuparse, en ausencia de los padres atareados, de los quehaceres domésticos.

Desengañémonos; el primer problema a resolver en España es procurar al campesino un mediano pasar para que pueda prescindir del trabajo prematuro de su prole.

✡ ✡

La comodona manía de viajar de noche y en coche-cama es la causa de la ignorancia geográfica de nuestros políticos. El hombre de Estado, digno de este nombre, debe viajar de día, agarrado a las ventanillas, a fin de apreciar *de visu* la fecundidad de las tierras, la densidad de población y cuantía e importancia de los centros fabriles.

✡ ✡

Si los individuos olvidan los beneficios recibidos, las naciones sufren una amnesia absoluta. Por algo dijo un estadista que la gratitud no era una virtud política. Las pruebas desbordan de las páginas de la Historia. Por ejemplo: Austria, en 1772, contribuyó egoístamente al reparto de Polonia, a pesar de que noventa años antes esta nación salvó a Viena, cercada por los turcos, de una destrucción segura. Y en este mismo siglo, ¿no hemos visto a Bulgaria combatir contra Rusia, no obstante deberle su independencia?

❁ ❁

Afirma con razón Salaverría que en España comemos demasiado (los que pueden comer). En efecto, yo he pasado casi hambre en Inglatera y en los Estados Unidos. La razón es obvia; los meridionales nos alimentamos de pan y legumbres, y los anglosajones de carne, que es como si dijéramos de vida concentrada. Por eso, apenas prueban el pan.

Si no existieran algunas excepciones, debidas a causas diferentes, yo proclamaría que la capacidad agresiva de un pueblo está en razón directa de la carne devorada.

❁ ❁

El hombre preferirá siempre el robo heroico al pacifismo conciliador. No nos engañe la paz actual. Es que todas las naciones de presa necesitan reparar sus fuerzas, agotadas en la catástrofe mundial. Mientras tanto, los ex combatientes irán olvidándose de la horrenda carnicería, y se dará tiempo a que aparezcan generaciones nuevas ignorantes de las desgarradoras torturas de heridas y mutilaciones.

❁ ❁

Nuestro ideal patriótico. — Para terminar con estas observaciones, harto machaconas y sabidas, vaya un consejo: Seamos algo pesimistas, pero con un pesimismo comprensivo y crítico. Y en todo caso, jamás consintamos en que descienda desde el cerebro a las manos. Sólo por el trabajo alcanzará nuestra Patria su pleno florecimiento. Hay que combatir en muchos frentes a la vez. Urge refundir la España gloriosa, pero incompleta e incoherente, legada por nuestros mayores.

Esculpamos entre todos una Minerva española, fuerte por la espada, pero más fuerte por su saber, su prosperidad y su prudencia. Toca a los artistas y poetas modelar el divino rostro y bordar el espléndido manto; sabios avezados a todas las disciplinas deben formar su espíritu, abriéndolo, con visión original, a la comprensión de la Naturaleza; inventores geniales y obreros diestros fabricarán su armas, forjarán su escudo y labrarán sus preseas. Y cuando la divina Palas, modelada entre todos y convertida en ser vivo por un milagro del amor colectivo, salga refulgente del taller y desafíe las miradas de los extraños, estemos seguros de que será saludada con respeto y simpatía. Y aquel sol que no se ponía en nuestros dominios, aunque sí con harta frecuencia en nuestras almas, dorará todavía, con resplandores de gloria, el numen de la raza.

¿Ensueños? Quizá, pero nadie vive y trabaja sin ideales.

CAPITULO XI

Los excesivamente preocupados del alma acaban por no creer en el cuerpo... ¡ni en la higiene!

✿ ✿

El ideal del español de buena parte de la clase media es jubilarse tras breves años de trabajo, y, si es posible, antes de trabajar.

✿ ✿

Hay hombres que se pasan la juventud, a la manera de las pulgas, picando en las mujeres; mas, llegada a la vejez, la mujer se venga, picando en sus bolsillos.

✿ ✿

El anillo de Giges.—¿Quieres ser invisible para los hombres? Sé pobre.—¿Quieres serlo para las mujeres? Sé viejo (*).

✿ ✿

Los rayos X.—De ellos se sirven maravillosamente las jóvenes heroicas que cargan con viejos carcamales. Gracias a dichas penetrantes radiaciones, sólo ven en el averiado cónyuge la imagen de las cosas que detienen dichos rayos: el oro, los diamantes y el esqueleto.

El cual no les causa pavor, por anunciar próxima y sabrosa viudez.

¤ ¤

El tiempo, gran destructor de la vida, es también inexorable apagador de los más firmes sentimientos. Por esto me asombro del dolor de los maridos que, después de diez años de ausencia, hallan a la esposa en brazos de un amante. En el último acto del drama, es lógico que las butacas vacías sean ocupadas por quienes no tomaron billete.

¤ ¤

Continúa la moda inexplicable de la teosofía y del espiritismo. Pena da pensar que, en los absurdos de la moderna brujería, hayan caído hombres de ciencia como Crookes y Richet, y filósofos como Krause y W. James.

Yo confieso, un poco avergonzado, mi irreductible escepticismo. Y me fundo, aparte ciertas razones serias (comprobación de la superchería de los *mediums* e imposibilidad de demostrar la identidad de los aparecidos), en los siguientes frívolos motivos: En ninguna de las invocaciones de ultratumba publicadas en libros y revistas espiritistas he encontrado una suegra duende turbando la felicidad de su yerno, ni un espectro de poeta chirle infernando, con bromas pesadas, la vida de sus críticos (1).

¤ ¤

Discutíase un poco en broma sobre cuál había sido el rey más antipático y estulto de España. Casi todos proclamaron prototipo de necedad coronada a Fernando VII.

—¡Alto ahí!—gritó un contertulio hasta entonces callado—. ¿Cabe, en justicia, calificar de tonto a un rey que fué popularísimo, fusiló a cuantos liberales le estorbaron (14.000), se casó con cuatro mujeres y enviudó de tres? ¿Es que no implica gran habilidad el ha-

_____

(1)   Consúltese mi libro en vías de redacción: *El Hipnotismo, Espiritismo y Metapsíquica.*

ber resuelto sucesivamente el difícil problema de la *tetragamia*, que detuvo a todo un Schopenhauer, aterrado ante la perspectiva de cuatro suegras?

✿ ✿

La mujer es el cebo con que la Naturaleza atrae al hombre, a fin de asegurar la permanencia de la especie. El pez listo sabe morder la carne sin sacudir el anzuelo, para que el pescador no pierda la paciencia y continúe alargándole la caña (*).

✿ ✿

El médico y el microbio.—El *microbio:* Eres un ingrato. Me combates sañudamente, cuando, gracias a mí, vives y prosperas.

Médico: Me acreditan tus derrotas y no tus victorias.

Microbio: Pero cobras las dos. Además, cuando a fuerza de inventar vacunas y sueros específicos, etcétera, consigas exterminarme, ¿de qué vivirás?

Médico: ¡Bah!... Me quedarán todavía las víctimas de la ambición, de la envidia, del odio, de la miseria, de la gula, de la vejez, del amor y las iniquidades horrendas de la guerra.

✿ ✿

—Careces de gusto artístico—le decía un soltero empedernido a cierto casado, harto más sensible a los dones de Pluto que a los hechizos de la belleza femenil.

—Estás equivocado. Precisamente adoro las estatuas y singularmente la Venus de Milo.

—¿Por qué?

—Porque además de ser muda es incapaz de registrar mis bolsillos.

✿ ✿

No conozco sino tres especies zoológicas que hayan conseguido procurarse el alimento sin esfuerzo muscular o nervioso: el polípero (1), el aristócrata y el burgués hereditario.

✿ ✿

La revolución anarquista me hace el efecto de una insurrección de bedeles empeñados en substituir a los catedráticos para actuar sin rector, sin decanos... y sin alumnos.

✿ ✿

El doctor y el bacilo de Koch.—En uno de mis ensueños asisto a la sabia conferencia de cierto médico que gana al año 25.000 duros tratando tísicos. Naturalmente, la lección versa *sobre la lucha social contra la tuberculosis.* El público escucha ansioso y tosiendo; y sorprendo cerca de mí las caras espiritadas y céreas de algunos *salvados.* Y la voz del conferenciante adquiere acentos de indignación contra el nefasto bacilo de Koch. Entre tanto, creo percibir cerca de mí extraños y sordos rumores: parten de la laringe de un ex tísico. Los rumores se acentúan, adquieren voz articulada y, al fin, se condensan en este reproche:

—¡Ingrato!...

Y algo avergonzado, por ser del oficio, me pregunto: ¿Este sabio galeno, ansía acabar de veras con la tisis... o con sus rivales de especialidad?

✿ ✿

Del álbum de un naturalista misógino.—La mujer tiene algo de pájaro: se adorna con plumas, habla cual cotorra y posee la ligereza del aire. Y con ser semejante al ave, es el mayor enemigo de la ornitología. Gracias a sus caprichos, dentro de un siglo no quedará en América, Asia y Africa ningún pájaro con vistosa y policroma librea (2).

✿ ✿

(1)   Según Gravier, el pólipo constructor de arrecifes es alimentado por algas incluídas en sus tejidos.
(2)   Claro es que esto se escribió hace muchos años. Hoy priva la boina o el casquete y la ondulación permanente.

Decía Gracián "que la mujer ejecuta primero y después piensa". Para ser justo y equitativo debió el adusto pensador aragonés haber extendido esta observación a los varones.

Mis excursiones al través de la fauna humana me han revelado que existen realmente cuatro variedades mentales del *homo sapiens*. Unos reflexionan primero y obran después; otros obran primero y después cavilan; otros obran sin pensar antes ni después, y, en fin, los hay que ni obran ni piensan. ¡Y son los más felices!

✿ ✿

Un reputado neurólogo reprochaba amistosamente a un colega el vicio suicida del alcohol.

—Ambos —respondió el incorregible dipsómano— cumplimos nuestra misión fabricando ciencia experimental: tú has venido al mundo para esclarecer la fisiología del cerebro, y yo para determinar la cantidad de alcohol que puede soportar.

✿ ✿

Según el dicho vulgar, "el vino es la leche de los viejos". Mejor sería modificar la frase diciendo: "que la leche debe ser el vino de los viejos". Por algo el niño y el anciano mastican y balbucean entre encías.

✿ ✿

Si el cielo es un lugar donde no se trabaja (visión puramente intuitiva de las perfecciones divinas), la beatitud eterna parece poco deseable. Durante la vida terrenal, la relativa felicidad que nos es dispensada asóciase indisolublemente a la conciencia del esfuerzo fecundo y a la de nuestro poder sobre los hombres y las cosas.

✿ ✿

Del álbum de un misógino.—La mujer es la píldora amarga que la Naturaleza y el arte se han complacido en dorar para que el hombre la trague más fácilmente (*).

✿ ✿

Del mismo.—La mujer nos da el opio, como el cirujano el cloroformo, para dividirnos (*).

✿ ✿

Una solterona cartilagínea, malhumorada, y representante de la *Sociedad protectora de animales,* denostó acremente a un profesor de Fisiología por practicar vivisecciones en gatos.

—Las hago en animales—contestó el fisiólogo amostazado—porque las leyes no permiten todavía efectuarlas en marimachos.

✿ ✿

¡Oh, los industriales españoles!—Lamentábase cierto opulento fabricante de tejidos de Barcelona, delante del que esto escribe, de la imposibilidad de distinguir en los géneros extranjeros los hilos de lana de los de seda y de algodón.

—Está usted mal informado — le contesté—. Semejante distinción es cosa llana recurriendo al microscopio.

—Si ello fuera cierto, usted, en vez de ser un pobre catedrático, sería millonario.

—Continúa usted equivocándose. Si la Ciencia condujera a la fortuna, usted no tendría dos pesetas... (1).

✿ ✿

Pero no es sólo en Cataluña donde la industria na-

---

(1) Rigurosamente histórico. La ignorancia supina del aludido fabricante no le impidió llegar a ser personaje influyente, acaparador de millones, senador y presidente de no sé cuántas sociedades financieras. Pero esto pasaba en 1889. Hoy reconozco con gusto que dicho estado de cosas ha cambiado mucho en la culta Barcelona, donde por cada día se concede en los negocios industriales mayor colaboración al elemento técnico y científico.

cional, atenida principalmente a viejas recetas importadas (1), ignoraba hace cuarenta años hasta las nocio-
nes científicas más rudimentarias. Vaya una anécdota
absolutamente exacta:

Dos amigos recalamos hace muchos lustros en cierta
fonda provinciana, famosa por la industria de mue-
bles. Esperando la hora de cenar, nos decidimos a descansar en flamantes mecedoras.

¡Oh decepción! Al primer columpio, las sillas se en-
cabritaron girando en vuelta de campana. Excusado es
decir que los infortunados ocupantes cayeron en tierra, panza arriba, adoptando, mal de su grado, la más
grotesca de las posturas.

Al oír nuestros gritos entró el fondista, diciéndonos
filosóficamente y a guisa de consuelo: —¡Qué quieren
ustedes!... ¡Esta atrasada industria nacional!...

Ayudónos piadoso a levantarnos y, cepillando el polvo de nuestras espaldas, examinamos la extraña configuración de las mecedoras. No sin asombro advertimos que el ignorante industrial, en vez de incurvar el
borde inferior de las mismas en forma de parábola, lo
había doblado en riguroso semicírculo, es decir, en rueda de carro. Sólo, pues, un acróbata consumado podía
mantener el equilibrio sobre semejantes artefactos.

Al día siguiente visité al fabricante, haciéndole ver,
con la mayor humildad posible, que las cómodas mecedoras de Viena, imitadas por él, adolecían del defecto
de dibujar no un arco de círculo, sino una parábola, y
que a esta especial forma de curva se debe precisamente la estabilidad del mueble.

—¡Bah!—me contestó el rutinario sillero, que, naturalmente, no había oído hablar de secciones cónicas—.
Déjeme usted en paz con sus parábolas y sus círcu-

---

(1)   Patentes extranjeras caducadas, me confesaba con dolor
el catalán de más talento que he conocido y que por discreción
callo, porque vive.

los... Lo que debe hacer usted es aprender a sentarse
con modos...

✿ ✿

Cuenta el príncipe Borghese que al cruzar la China
eu automóvil, muchos aldeanos, sorprendidos por el extraño artilugio, le decían con aire socarrón:

—¡Ca! ¡A nosotros no se nos engaña fácilmente!
¡Ese coche lleva el caballo dentro!...

Lo mismo afirman muchos científicos al discurrir sobre la vida. En vez de estudiar modesta y pacientemente el intrincadísimo mecanismo de la máquina orgánica
y prescindir de hipótesis aventuradas y prematuras, se
adelantan y exclaman, discurriendo a lo chinesco:

—Eso es cosa del *principio vital*, que cada animal
lleva dentro.—Y se quedan tan satisfechos, como si, inventando una palabra, hubieran esclarecido el enigma
de los enigmas.

✿ ✿

No creeré en la emancipación política de la mujer
mientras no la vea emanciparse primero de la tiranía
del modisto.

✿ ✿

La ley del *balance compensador* rige todas las manifestaciones de la vida. Al modo de esos insectos y
crustáceos perfectamente adaptados a las tinieblas, que
han perdido sus ojos y alargado desmesuradamente sus
antenas, las mujeres y los hombres que han renuncia-
do al amor han ampliado el estómago, afinado el pa-
ladar y elaborado una almohadilla protectora de panículo adiposo.

✿ ✿

El loro de Ducazcal.—Cuéntase que durante las re-
vueltas revolucionarias del 69, el famoso Ducazcal, que
asaltó con otros muchos el Palacio Real, se adjudicó o
compró — esto no lo puntualiza la Historia — un loro
muy locuaz.

Instalada en casa del fogoso liberal, el ave parlan-
china entonaba de continuo la cantinela cortesana:
"¡Viva Alfonso XII!" Mas como esta frase le sonaba
a chacota, Ducazcal contestaba airado: "¡Vaya usted
al cuerno!"...

Andando el tiempo, el simpático madrileño cambió
de casaca, tornándose ferviente alfonsino. Por consecuencia, puso empeño en enseñar nuevamente al loro
la vieja cantinela. Pero el ave, que había cambiado
también de disco, contestaba impasible: "¡Vaya usted
al cuerno!".

Si la conciencia recriminara a muchos de nuestros
políticos como el célebre loro de Ducazcal, la vida se
les haría insoportable. Por fortuna, la voz interior ha
enronquecido de tanto acusar, y el cerebro, definitivamente acorchado, ha perdido la sensibilidad y la memoria.

¤   ¤

La vanidad de la gloria.—Un literato ilustre, ansioso
de popularidad, contemplaba embelesado su retrato de
tamaño natural en el escaparate de un fotógrafo, cuando acertó a entrar en el portal un grupo de estudiantes y modistas. Uno de los jóvenes miró el retrato, y
sin recordar al original, exclamó: —Pero, ¿quién será
este imbécil?

¤   ¤

Sorprendido por un amigo, cierto grave, maduro y
estirado catedrático de Estética, en la primera fila de
butacas de un *Teatro de Variedades*, adelantóse a la curiosidad del compañero exclamando:

—¡Qué quiere usted!... Sigo consecuente con mis estudios sobre la belleza. Y como Dios la ha concedido
exclusivamente a la juventud, véome obligado, a mi
pesar, a tomar notas junto a las buenas mozas.

¤   ¤

—Dime—decía un toro encerrado en el toril a cierto
manso amigo—, ¿por qué me desinfectan los cuernos

y no desinfectan las espadas? Esto implica irritante
falta de equidad.

—¡Bah!—contestóle el manso—, no te apures. En
cuanto despanzurres un penco cesará la desigualdad
antiséptica y podrás propinar al torero una cornada
mortal. El ganadero, los médicos, los aficionados, los
periodistas y hasta tus hermanos de dehesa te lo agra-
decerán. Y tu busto disecado, se ostentará glorioso en
la casa de algún ministro o de algún magnate tauró-
filos.

¤ ¤

Los definidores supremos del pudor femenino resi-
den en París, como el definidor inapelable de la moral
tiene su sede en Roma. Caso de conflicto grave entre
ambos definidores, ¿quién vencerá? Ni que decir tiene:
el modisto.

¤ ¤

Me complace mucho que el pobre mamífero humano
goce del privilegio de la inmortalidad del alma, y me
complacería más si los teólogos y filósofos no lo prodi-
garan demasiado. Ya el ilustre cardenal Mercier, si no
falla mi memoria, ponía algunos reparos a esta injusta
generalización, que abarca desde el hombre de la edad
de piedra (el *pithecanthropus erectus* y el hombre-
mono de Moustier, etc), hasta los imbéciles y los monstruos de la Era actual.

Pero no argumentemos teóricamente y escojamos un
caso vulgar, un *documento humano,* como ahora se dice:

Me sirve una criada pueblerina; no sabe leer ni apenas hablar; cuenta por los dedos; la loza se rompe a
menudo en su manos de plantígrado; su físico es el
de un gorila degenerado. Pues a pesar de tales prendas, el cura de la Parroquia asegura que mi fámula
posee un alma inmortal. Consideremos despacio la gra-
vísima trascendencia de tal aserto.

Pasarán miles de siglos; se achicarán las cordilleras; desaparecerán o se amenguarán las cascadas; al

hombre actual habrá sucedido otro animal de presa infinitamente más pérfido y fiero. Quizás el *superhombre rubio* de Nietzsche.

¡Sin embargo, el espíritu de mi zafia criada flotará, terne que terne, en los espacios siderales o donde sea!

Correrán algunos centenares de miles de años más. La ley de la *eutropia* se cumplirá inexorablemente. El Sol se apagará, después de navegar por el espacio, como una linterna roja de cada vez más obscura. Extendidas las nieves polares por casi todo el planeta, el superhombre, macilento y descolorido como un ratón blanco, vegetará miserablemente en urbes subterráneas iluminadas por la electricidad o por el radio o cualquier otro medio hoy inadivinable.

¡Y el alma de mi criada continuará errando por el infinito!

Saturno y Cloto harán sonar conjuntamente la hora suprema, cortando definitivamente el hilo de la vida. El planeta, despojado de nubes y de mares, se habrá convertido en inmenso cadáver yerto y negro. Ha tiempo desaparecieron los yacimientos de hulla; los ríos, congelados, dejaron de fluir. Y con la fúnebre inmovilidad de la costra terrestre pereció también el último superhombre, después de morder, con supremo gesto de angustia, la postrera píldora de albúmina, fécula y azúcar sintéticos.

¡Y el alma de mi fámula seguirá imperturbable, contemplando quizá desde el Empíreo, con su intelecto de ostra, el aterrador espectáculo!

Transcurren todavía algunas miriadas de siglos. En un momento horrendamente trágico, y conforme pronostican Arrhenius y otros astrónomos, un astro negro, animado de velocidad vertiginosa, hará carambola con el Sol, que, volatilizado por el choque, se convertirá primero en nebulosa, y después en estrella, origen a su vez de nuevos planetas, irrevocablemente condenados a la destrucción. Y vuelta a empezar... hasta la eternidad.

¡Pues con todo eso, el espíritu cerril de mi analfa-
beta perdurará eternamente, impávido ante los cata-
clismos planetarios! Y con ella todos los salvajes de
la Polinesia, los *negritos* de Filipinas, los *pigmeos* africanos hallados por Stanley en selvas impenetrables, y
los indígenas de los bosques del Brasil, que apenas pueden hablar y carecen de ideas religiosas y hasta de su-
persticiones (1).

☼   ☼

Tan bien o mejor que los callos profesionales, denun-
cian el propio oficio, según es harto sabido, el léxico, los
giros del lenguaje y, sobre todo, las comparaciones habituales. He aquí un caso típico de esta identificación
verbal ocurrido en Valencia allá por el año 1884.

En una pequeña habitación, orientada al Mediodía,
había yo instalado modesto laboratorio micrográfico. Pa-
sábame las inacabables veladas invernales en probatu-
ras de tintorería histológica y explorando obstinadamente con el microscopio cortes orgánicos. De cuando
en cuando sacrificaba una rana o un cobaya, víctimas
propiciatorias de la ciencia.

En el balcón de enfrente, un hombre, que lo mismo
podía ser un empleado que un modesto burgués, me

---

(1)   Quien lo dude puede consultar la obra tan conocida de
nuestro Azara y la muy reciente del abate Tapie: *En las selvas
vírgenes del Brasil*. Este benemérito sacerdote confiesa que los indígenas del Brasil carecen de todo sentimiento religioso y no tienen la menor noción de Dios ni del alma. En cuanto a Azara, ob-
servador concienzudo y sin prejuicios, que pasó veinte años de
su vida en el Paraguay y territorios limítrofes, nos dice de muchas naciones salvajes: Los *guanas*... no conocen juegos, danzas,
ni canciones, ni instrumentos de música..., ni recompensas, ni cas-
tigos, ni religión, ni leyes obligatorias... Los *nalicuegas*... viven
en cavernas: ambos sexos andan desnudos y no adoran ningún
Dios. (F. de Azara: *Viajes por la América meridional*, tomo II.)
Todos estos indígenas, desprovistos de vida espiritual, ¿son producto de degeneración o son tipos de hombres primitivos? De
ser cierta esta última hipótesis, sería forzoso aceptar que la religión, la autoridad y las leyes aparecieron en tiempos relativamente recientes, acaso en la fase agrícola de la Humanidad.

espiaba con extraña terquedad. Indudablemente sentía
ardiente curiosidad por averiguar lo que yo traía entre
manos. ¿Era yo un relojero, un arreglador de máquinas de coser, un grabador, un tintorero o simplemente
un loco? Imposible adivinarlo.

Al fin, cierto día, cediendo a su vivísimo deseo de
conocer al estrafalario vecino, tomó heroica resolución.
Con pretexto de vecindad y de ofrecerme sus buenos
oficios, me visitó; paseó sus ojos acuciosos por los chi-
rimbolos de mi mesa, y al ver el microscopio rogóme
encarecidamente le permitiese mirar por el singular
canuto metálico.

Algo sorprendido de la audaz demanda, dudé sobre
la especie de preparación micrográfica que debía mostrarle, para que ésta no le resultase incomprensible enigma y cohonestar de paso, a sus ojos, la extravagancia
de mis aficiones. Al cabo, escogí un corte de riñón, preparación llamativa, inyectada con carmín, donde se
veían, además de elegantes surtidores vasculares, soberbios pelotones glomerulares (glomérulos de Malpi-
gio), semejantes a frutos pendientes de un árbol y, mejor aún, a nidos de pájaros fantásticos.

Miró un rato el bueno de mi vecino; apartó después
el ojo del misterioso instrumento, que debió quizá de
tomar por un kaleidoscopio, y, sin mostrar demasiado
asombro, exclamó:

—¡Vaya bonito dibujo para un corte de chaleco!...

Con esta comparación mi visitante se clasificó exac-
tísimamente. En efecto, según rezaba su tarjeta, tratá-
base de un sastre...

☿   ☿

Ha bastado una moda ingenuamente atrevida para
poner de relieve cierta verdad, harto sabida de pintores, escultores y médicos: que la belleza corporal de la
mujer, deformada por la civilización urbana, constituye, en la inmensa mayoría de los casos, una ilusión o
una estafa.

La abolición radical del corsé (que ha venido a agravar la estética femenina), junto con la valerosa y casi total exhibición de las extremidades, sólo podrían producir efectos afrodisíacos y matrimoniales, destruyendo previamente, conforme proponía para otros fines el poeta Marinetti, todos los modelos clásicos de belleza femenina atesorados en los Museos de Europa, desde las eurítmicas Venus de Milo y de Médicis hasta los opulentos desnudos del Ticiano y de Rubens, sin olvidar la imponderable *Maja desnuda* de nuestro Goya.

Pero lo más curioso es que la mencionada moda se ha impuesto precisamente después de la gran guerra, para animar a los escasos jóvenes solteros escapados milagrosamente del sangriento estrago (1) o de sus consecuencias económicas.

✿ ✿

Se ha dicho muchas veces que el hombre es libre como el pájaro en su jaula; pero ha debido añadirse que esta jaula se ensancha con el dinero que se tiene. ¿Somos millonarios? Pues tenemos por jaula el mundo y saltaremos a nuestro capricho desde París a Pekín. ¿Somos moderadamente ricos? Nuestra jaula podrá ser Europa, y brincaremos sin dificultad desde Cádiz a Estocolmo. En cambio, el pobre tiene por jaula su ciudad o su aldea, y su libertad se reduce a la posibilidad de saltar del taller a la taberna o del hospital al presidio.

Queda todavía a los humildes el inestimable recurso de cultivar el arte o la ciencia, cuyos hechizos tienen la virtud de dorar y alargar los barrotes de la jaula y de hacer llevadero, y hasta agradable, el irredimible cautiverio (*).

✿ ✿

---

(1)   De acuerdo con el doctor Juarros, que ha escrito sobre este asunto luminosos artículos, opino que el semidesnudo de hoy es menos provocativo que el recato de las mujeres totalmente vestidas o de las enigmáticas *tapadas* de antaño. En esto, como en todo, el misterio atrae y la franca exhibición desencanta.

Paseaban juntos dos geómetras, joven y de buen humor el uno, anciano y fúnebre el otro.

De repente topan con una buena moza, y exclama el regocijado discípulo:

—He aquí un magnífico tratado de *geometría esférica.*

—Acaso tengas razón; pero a mi edad, las mujeres se han convertido en bonitas estampas; han perdido definitivamente la tercera dimensión...

✿ ✿

Consejos de un solterón recalcitrante.—"Desengáñate: el matrimonio constituye carga insoportable. Si te casas con mujer hermosa, corres riesgo de que salga ñoña o imbécil. ¿Eres dócil y paciente?, sufrirás un marimacho. ¿Buscas novia huérfana y rica?, pues topas con tantos padres como confesores, y con tantas suegras como parientes y amigas. ¿Te sale recatada y casera?, te aburre; ¿coqueta y callejera?, te da celos. ¿La escoges elegante?, te arruina; ¿madura?, no sale de la iglesia. ¿Es locuaz", habla para lucirse; ¿es tonta?, habla para probar que no lo es. ¿Alardea de culta?, te humilla; ¿peca de ignorante?, te avergüenza. ¿Te abandona?, lo pasas mal; ¿te acompaña?, lo pasas peor. ¿Es fecunda?, te empobrece; ¿estéril?, la desprecias. Si se muere, la lloras, y si reincides en maridar, la lloras todavía más. En conclusión: únicamente el *soltero* puede trazarse en la vida una trayectoria noble y cultivar, sin trabas ni desazones, un ideal superior."

Transcurrieron los años, y vinieron los achaques de la vejez. Y un día supe que el irreductible solterón se había casado con su cocinera, un adefesio cincuentón, legañoso, zafio y gruñón.

✿ ✿

Difícilmente adivinarán los aficionados a la higiene cuáles son los hombres más longevos de España.

De seguro *contestarán,* fiando en los datos del *Insti-*

tuto Geográfico y Estadístico: los sacerdotes, los nobles, los ministros, los burgueses, los profesores... ¡Nada de eso! ¡Los generales!...

¡Ahí es nada los años que sumaron en su tiempo el conde de Cheste (noventa años), el marqués de Novaliches (noventa), el marqués de La Habana (ochenta), y más recientemente—y Dios les conceda los días de Matusalén—los casi inmortales marqueses de Estella, de Tenerife y otros muchos príncipes de la milicia!

¡Quién lo había de pensar! Ellos, los héroes de la guerra, convertidos en insuperables maestros de higiene práctica!... (1).

☼   ☼

En las orillas del Orinoco los indios se saludan matinalmente con esta pregunta: ¿Qué tal los mosquitos?

En España, emporio de la frívola palabrería, las escasas gentes atareadas debieran saludarse con esta interrogación: ¿Qué tal los *latosos* y pedigüeños?

☼   ☼

Cierto cínico fundaba su desdén hacia la mujer en la breve duración de sus encantos. —Es una estafa—decía—. Repare usted: primero se nos presenta como un "ángel de amor"; conviértese después en opulenta ama de cría; pasa luego a ser ama de llaves, y, llegada la fase de suegra, transfórmase en alcaparrón en vinagre (*).

Pero lo más grave es que, según las estadísticas, la anciana, irrevocablemente abandonada de las Gracias y de Minerva, vive bastantes años más que el hombre. Y en vez de librarnos de ella, es ella quien se libra de nosotros.

☼   ☼

---

(1)   Hoy este frívolo comentario ha perdido su fuerza. Los veteranos nombrados han sucumbido ya.

Anhelan artistas, literatos, políticos y científicos la fama o, por lo menos, un poco de halagadora notoriedad, y en cuanto éstas llegan se hacen insoportables. He aquí algunos dudosos privilegios del hombre célebre:

1.º Aunque sea pobre se convertirá en obligado cajero de todo paisano, más o menos auténtico, menesteroso, cesante o a quien falten casualmente cinco duros para regresar a su pueblo.

2.º Gastará coche, aunque carezca de fortuna, a fin de evitar el chismorreo del tranvía y, por tanto, indiscretos cuchicheos, empalagosas curiosidades y tabarras abrumadoras.

3.º Se costeará de su peculio un secretario particular para contestar a las cartas y telegramas de admiradores más o menos sinceros, so pena de pasar plaza de grosero y descortés.

4.º Mal que le pese, figurará como obligado número del programa de cuantos festejos u homenajes se celebren en pro de alguna vanidad recién encaramada al retablo.

5.º Desoyendo protestas de su estómago, aceptará sumiso cuantos banquetes y cuchipandas se le ofrezcan por los eternos brujuleadores de pretextos para descansar del cocido familiar y comer copiosa y opíparamente. Además, exteriorizará su gratitud pronunciando brindis chabacanos y de circunstancias, aunque la intempestiva congestión cefálica promueva la consabida rebelión intestinal. Por donde resultará que de cuantos sibaritas se reúnan para comer, él será el único que no coma.

6.º Escribirá de balde para todos los periódicos que lo soliciten, y dará su opinión sobre cualquier tema de actualidad, aunque lo ignore, exponiéndose, por tanto, a justificados rapapolvos.

7.º Se someterá pacientemente a las entrevistas de

los malos reporteros (1), juzgándose dichoso si, al leer en el periódico las propias declaraciones, no encuentra, además de las ligerezas que se le hayan escapado (piadosamente subrayadas), algunas morcillas intragables fabricadas *ad hoc* por el interrogador.

8.º Acogerá con evangélica humildad las deformaciones físicas, morales y hasta profesionales con que tengan a bien obsequiarle los señores caricaturistas, sin que, en justa reciprocidad, le sea lícito deformarles a ellos el *físico* con un poco de cirugía de urgencia.

9.º A toda hora, y aunque apremien las ocupaciones, recibirá con agrado a los "fotógrafos al magnesio" (fotografías duras, con perspectiva falseada, con ojos asustados de las "revistas gráficas"); y se considerará extremadamente honrado al contemplarse, días después, hecho un adefesio, en compañía de cupletistas, maletas o estafadores. *Item* más: deberá quedar encantado de las leyendas, casi siempre absurdas, escritas al pie de los fotograbados.

10. *No asistirá al teatro como no sea para presenciar dramas espeluznantes o tragedias desgarradoras*, porque las celebridades no tienen derecho a la alegría y al esparcimiento. Evitará, pues, la comedia, los sainetes y las *variétés*. Y, por de contado, los *bares* y los cafés.

11. Firmará instancias colectivas o mensajes de admiración en favor de personas de méritos positivos o dudosos, pero siempre desconocidas.

12. Formulará juicios temerarios acerca de la excelencia de periódicos o de literatos jamás leídos por él, ya por falta de tiempo, ya por sobra de malhumor.

13. Si, buscando soledad y esparcimiento, se atreve a veranear, aceptará humilde las comilonas y jiras organizadas en su honor. Y como todo sobresaliente en

---

(1) Fuera injusto olvidar que hay reporteros excelentes que saben velar discretamente, bajo una forma impecable, todas las confidencias peligrosas, escapadas a la ingenuidad o a la confianza del interrogado.

algo, sólo por serlo está obligado a la omnisciencia, pronunciará en el casino luminosos discursos sobre los problemas locales—por ejemplo, sobre la desaparición creciente de la sardina—, no obstante ignorarlos por completo. Y la ajetreada celebridad, fugitiva de la Corte para descansar y distraerse, reconocerá con tristeza que ha tenido que trabajar y distraer a los demás.

En suma, nuestra lumbrera habrá averiguado, aunque tarde, algo muy importante: que, en ciertas naciones, nombradía y libertad son cosas incompatibles; que el tiempo es la propiedad menos respetada, y que los monjes que escribieron en la austeridad y recogimiento de sus celdas fueron dos veces sabios.

¤ ¤

"Quien no se desmanda, manda". He aquí un aserto que suele resultar cierto cuando se trata de la madre de familia, pero que falla a menudo en política, donde casi siempre mandan los desmandados.

¤ ¤

¿Qué sería el hombre descrito por el mono? Probablemente un caso deplorable de degeneración, caracterizada por las manías contagiosas de hablar, de pensar y de creer.

¤ ¤

Funesta influencia del ambiente.—Cierto benemérito profesor ganó una cátedra en un Instituto de las Provincias Vascongadas. Y a los pocos años nos sorprendió con la extraña tesis de que la lengua éuscara era nada menos que la empleada por Jehová, y, por consiguiente, la madre del hebreo, del sánscrito, del griego y del latín (1).

Ante tan singular opinión, basada en los inconscien-

_____

(1) Es curioso que lo mismo ocurre en muchas regiones europeas, por ejemplo en la baja Bretaña (Francia), etc. El estudioso Cejador se creó una situación moral insostenible entre los lingüistas (incluyendo a los vascongados) por sostener la tesis de

tes ardides metodológicos usados por los filólogos angelicales, yo tuve la audacia de preguntarle: —Si usted,
de cuya ciencia no dudo, hubiera regentado su primera
clase en Granada y frecuentado el Sacromonte, ¿no
habría acaso atribuído al *caló* el carácter de lengua primitiva, fuente y origen de todas las demás?

¤ ¤

El hombre y la tenia, o el orgullo antropocéntrico:
El hombre.—Soy el objeto predilecto de la Creación y
el centro de cuanto existe. Para mi sustento y regalo
fueron formados el vegetal y el animal. El cielo, insondable abismo sembrado de nebulosas y estrellas cen-
telleantes, fué fabricado para saciar la sed de infinito
de mi alma y rendir al sublime Arquitecto el culto
que le es debido. Y el supremo Hacedor fué tan generoso que me otorgó imperio absoluto sobre animales
y plantas, desde el elefante al perro y desde el árbol
al hongo.

La tænia solium.—Paréceme, querido huésped, que
te desvaneces un poco. Si te consideras rey de la Creación, ¿qué seré yo que me alimento de ti y mando en
tus entrañas? Te envaneces de ser *centro* de todo, pero
yo soy centro de tu centro. Alardeas de penetración
intelectual, y ni siquiera sospechas que yo me alojo
en tu cuerpo y te exploto como la larva de mosca al
muladar. Haces bien en ensalzar al Creador, pero en
mi boca se justifica el elogio mejor que en la tuya.
Desbarras al afirmar que plantas y animales se han
producido para tu regalo: se han creado para el regalo
de todos. Y si yo me permitiera un rasgo de orgullo,
diría que nacieron para que, por ministerio de tus jugos digestivos, se nos proporcionara, no sólo a mí, sino
a la caterva innumerable de microbios intestinales, ra-

que la lengua primitiva fué el éuscaro (véanse los dolorosos *Re-*
cuerdos de mi vida, del sabio profesor), proyectando con tan estrafalaria opinión sombra y olvido inmerecidos sobre sus excelentes trabajos gramaticales, filológicos y lexicográficos.

ción abundante, nutritiva y variada. Bien miradas las cosas, mi condición es harto más envidiable que la tuya: tú trabajas y te afanas para ganar el sustento, mientras que yo, sin el menor esfuerzo, me nutro del *quimo* elaborado por tus glándulas digestivas. El privilegio que tú persigues de vivir sin trabajar me lo ha acordado graciosamente la Providencia desde hace millares de años.

El hombre. — Ignoraba, en efecto, que existieras y fueras capaz de discurrir. Permíteme, sin embargo, afirmar que mi orgullo tiene mejor ejecutoria que el tuyo. Careces de razón y de alma inmortal.

La tenia.—¡Donosa ocurrencia! ¿No estoy acaso provista de células nerviosas, fundamentalmente iguales a las tuyas, como las similares, todavía más complicadas, de mis parientes los *ascárides* y las *sanguijuelas?* Y siendo un hecho demostrado que la concentración y complicación del sistema nervioso se ofrece en la escala animal como una serie ininterrumpida de gradaciones, ¿por dónde cortamos? ¿Cuántas neuronas hay que atesorar para poseer alma y un poco de racionalidad?

¤   ¤

—Tengo una idea—decía un escritor demasiado reminiscente.

—¿De quién?—le atajó un amigo.

¤   ¤

Al seguir al través de la Historia las aberraciones de la Humanidad, justifícase la conocida frase de Wiel: "El mundo es una comedia compuesta por locos y desempeñada por borrachos." Faltóle añadir: "y tolerada piadosamente por el celeste Director de escena, que acaso cifra su beatitud en divertirse con las grotescas contorsiones y gansadas de sus fantoches".

¤   ¤

*Carta de una hormiga esclavista (Polyergus rufes-
cens), escrita durante su viaje por Europa, a la reina
de su hormiguero.*

"Mi queridísima madre: Cumpliendo el encargo que
me diste de explorar secretamente los hormigueros, donde habita el hombre *(Formica ferox* de nuestros naturalistas subterráneos) paso a contarte brevemente mis
impresiones.

Estas hormigas excepcionales, no por lo sabias y cultas, sino por lo voluminosas, viven casi como nosotras,
pero con algunas diferencias esenciales, que dicen poco
en pro de sus instintos y costumbres. En verdad, ha-
bitan colosales hormigueros, que llaman *ciudades,* formados por un dédalo de cámaras familiares y de ave-
nidas y calles comunicantes; pero éstas aparecen llenas
de inmundicias, y las viviendas, por carecer de pisos
subterráneos donde nosotras nos preservamos del calor,
resultan tórridas en verano y glaciales en invierno. En
algunas urbes más cultas, los humanos comienzan a
asear y adoquinar las calles, aunque no con la perfección de nuestro pariente americano (1).

Reconócense diversos tipos de la *Formica ferox:* la
formica agrícola, que remeda a nuestra hermana *Aphenogaster barbara* (empleo la ridícula y pedante nomen-
clatura de los hombres), y sobre todo a las ingeniosas
Attini de Sudamérica (2), que viven de la siembra y
recolección de semillas; la *hormiga lechera,* que, imitando la conducta de muchas hermanas nuestras, se consagra a criar ciertos pulgones monstruosos llamados
vacas, a quienes ordeña diariamente; la *hormiga hor-
tícola,* copiadora servil de nuestro *lasius niger* y de
otras comunidades de himenópteros, y que se alimen-

---

(1)   *P. barbatus,* que adoquina sus nidos con pequeñas pie-
drecitas.
(2)   Admirables hormigas, en cuyos vastos nidos amontonan
la pulpa de ciertas hojas machacadas, donde siembran un hongo
(Rhocites gongyophora, Müller), de cuyos esporos se alimentan.

ta de frutos y hortalizas; la *hormiga azucarera*, entregada a la producción y venta del azúcar, como nuestras primas hermanas las abejas y el *Myrmecocystus melliger*, de Tejas; la *hormiga albañila*, constructora de casas de cal y canto, que plagia escandalosamente a nuestras parientas las abejas *calicodomas;* en fin, no falta una casta bélica especial que, siguiendo nuestras huellas, tiene por exclusiva ocupación la guerra, etc.

A propósito de esta singular profesión, he notado un hecho curioso. En vez de combatir para hacer esclavos útiles, como nosotras, cuya piedad llega hasta el punto de apoderarnos exclusivamente de larvas de diferente raza (con que llegadas éstas a la edad adulta ignoran su condición y nos sirven abnegadas y solícitas), los hombres guerrean ferozmente con los de su misma casta, sin más utilidad que el gusto de exterminarse, hacer y devolver prisioneros hambrientos y mutilados y agotar las provisiones alimenticias de la comunidad. Ahora mismo he presenciado con asombro una conflagración general de casi todos los grandes hormigueros de Europa, cuyo resultado ha sido la muerte de diez millones de obreros y la ruina y desolación espantosas de todas las comunidades humanas. (Esto se escribía en 1919.)

Y a propósito de la guerra, permíteme apuntar cierta extraña contradicción. El *homo sapiens*—como él se complace en calificarse—posee un cuerpo pacífico y un cerebro belicoso. ¿Concíbese una lombriz dotada de instintos guereros? Pero como su cuerpo ha perdido la capacidad de modelar en sí mismo las armas de agresión y defensa, el cerebro se ha encargado de suplir la falta, fabricando mortíferas y variadas máquinas aniquiladoras enormemente dispendiosas que arrincona en los momentos de trabajo. ¡Qué contraste con nosotras, que jamás nos separamos de nuestros formidables garfios mandibulares! ...Tamaña incapacidad manufacturera de instrumentos orgánicos defensivos ha traído gravísimo inconveniente: el de crear una clase social,

sumamente onerosa, de *ociosos armados* a fin de proteger a los *inermes laboriosos*. A pesar de lo cual no
pasa día sin que ocurran expoliaciones y violencias.
¡Cómo extrañar que seres dotados de irresistibles impulsos depredadores encuentren cómodo y expedito, para
matar el hambre, trocar la pesada herramienta del trabajo por el ligero y expedito revólver del atracador!...
    Muy ufanos se muestran los representantes de la
Formica ferox por haber inventado el vuelo (¡valiente
novedad!) algunos millones de años después que los
insectos, reptiles, murciélagos y aves. Pero el tal vuelo
no pasa de ser un expedito procedimiento de suicidio;
deshónranlo además al emplearlo, no para amar en el
azul como nosotras, sino para asesinar a mansalva.
Desconocen, por consiguiente, el sublime vuelo nupcial
de los himenópteros. Mejor harían los aviadores, imitando a nuestras reinas, en cortarse las alas a tiempo
y vivir recogidos en su hogar.
    Vive cada nación combatiéndose encarnizadamente
dentro de sí, en cuanto no tienen extranjeros a quienes
expoliar. Todas las clases sociales, como si dijéramos
nuestros soldados, obreros y reinas, andan a zarpa la
greña. ¡Ahora se descuelgan algunos con imitar el comunismo de las abejas y de las hormigas! ¿Habrá mentecatos? ¡Pues no pretenden instaurar el nuevo régimen, conservando la pluralidad de las *hembras*, la separación de las familias y la plena libertad del amor!...
Nosotras hemos resuelto este pleito hace millones de
años, pero con lógica y previsión, es decir, rechazando
previamente el individualismo corruptor y delegando
en hembra única, nuestra venerada reina, y en algunos
machos escogidos, el cuidado de la reproducción de la
especie. Y no sentimos las *neutras* la nostalgia del amor,
porque sabemos por experiencia que amor, esclavitud
y muerte son la misma cosa (1).

_____

    (1)   No olvide el lector que la *reina* está recluída y absolutamente absorbida por las tareas de la maternidad y que los esca-

Otra costumbre incomprensible me ha chocado sobre manera. La *Formica ferox* se educa en escuelas donde le enseñan a hablar y a comprender un poco el Universo. ¡Estudiar para aprender! ¿Hase visto mayor idiotez?... Sin maestros machacones ni negros catedráticos, nosotras sabemos comunicarnos nuestros deseos y emociones, educar a nuestros hijos y esclavos, orientarnos en terrenos desconocidos, distinguir las plantas y animales nocivos de los útiles, emprender sin titubeos largas expediciones de caza y laborar en paz y coordinadamente en pro de la comunidad. Por embarazosa, vil y falaz, despreciamos la lógica racional, que hemos reemplazado por el excelso método de la *visión directa* o de la *intuición*, perfección intelectual suprema que nos envidian todos los mamíferos, sin excluir el hombre. Fabre, uno de los pocos amigos que tenemos entre los humanos, ha comparado el instinto con el genio.

En resumen, y con esto concluyo mi larga epístola. Nada trascendental ha resuelto la alimaña humana: discute todavía el enigma del conocimiento y del instinto; comienza sólo a deletrear el mecanismo del Cosmos; desconoce la esencia de la vida y, en el orden práctico y jurídico, ni siquiera ha resuelto los apremiantes problemas de la paz social y del mejor régimen político. Y no se diga del enigma de la muerte. Poco deben preocuparle, no obstante las predicaciones de sus apóstoles, cuando todas las colonias más populosas de la *Formica ferox*, apenas sacudido el polvo de las ruinas y desecada la sangre, apréstanse para nuevas guerras, infinitamente más cruentas y exterminadoras. La futura contienda — dicen — se resolverá en plena atmósfera, arrojando sobre pueblos inofensivos balones de microbios y de gases asfixiantes.

No deploremos demasiado tan increíble demencia. En

---

sos *machos* perecen una vez fecundada la reina. En cambio, las obreras pueden vivir muchos años, conforme demostró Lubbock.

los cadáveres humanos hallarán refectorio inagotable muchos insectos de la familia de los *muscidos*, y regalo y deleite las tribus nómadas de hormigas cazadoras (*Myrmecocystus viatitus, Aphenogaster testaceopilosa, Tapinoma erraticum*, etc.).

Y como aquí nada tengo que aprender, antes bien mucho que olvidar, retornaré lo antes posible al hormiguero, nuestra amada patria.

Te abraza efusivamente con sus antenas, *R. y C.*"

✿ ✿

Cierto comediógrafo que solía escribir sus sainetes en lo más recóndito de un café solitario, recibió el día del estreno la más efusiva felicitación de cierto amigo, excelente en el fondo, aunque parlanchín irrestañable.

—Con tanto más gusto te felicito—le dijo—cuanto que me considero algo colaborador de tu comedia.

—¡Tú!... ¿Cómo?

—Con mi silencio.

✿ ✿

—Dime lo que lees y adivinaré lo que piensas.

—Es que no leo casi nunca.

Entonces ya sé quién discurre por ti, y, por consiguiente, lo que piensas.

✿ ✿

No sin razón afirmaba Amiel que el paisaje "es un estado de alma".

Con perdón del sutilísimo psicólogo, paréceme que no sería enteramente disparatado afirmar también "que el paisaje es un estado hepático, cardíaco o estomacal".

¿A qué se reduciría toda la imponente majestad de la *Jungfrau* para un alpinista de corazón angustiado por la fatiga o provisto de un estómago en huelga forzosa?

Desengañémonos; la modalidad emocional artística representa, a menudo, pura resonancia visceral.

✿ ✿

Todos conocemos personas que, orgullosas de su capacidad excepcional, cuando aconsejan se complacen en humillarnos y mortificarnos.

"¡A ti te habría de pasar esto!"—nos dicen, censurando nuestra simplicidad—. "¡Eres tonto de capirote!"

Tan enojosos consejeros sugiérenme un cuentecillo. Escamado cierto sacristán de las sospechosas asiduidades del párroco con la sacristana, hembra lozana y apetecible, decidió jugar sigilosamente a su superior jerárquico endemoniada trastada. Para ello, del dosel del púlpito desenclavó casi del todo cierta paloma de metal hueco, símbolo del Espíritu Santo. Llegó la hora del sermón. Como de costumbre, impetró el orador sagrado la inspiración divina, dirigiendo su mirada, impregnada de unción religiosa, al sagrado símbolo. El ladino acólito tiró entonces de un fino hilo prendido en el pico de la consabida paloma, la cual precipitóse estrepitosamente sobre la calva del predicador. Mas éste, hombre de buen humor, no perdió la serenidad, y después de limpiarse la sangre del cogote, exclamó para sus adentros:

—¡Señor! No me has oído bien; te rogaba que me *iluminaras,* pero no que me atizaras un *linternazo...*

✿ ✿

M.—¿Qué tal ha estado Fulano en su conferencia?

N.—Aburrido: no sabe tanto que logre enseñar, ni tan poco que haga reír.

✿ ✿

Con fanfarronería de Don Juan irresistible decíame cierto marino:

—Yo he saboreado el amor de todas las razas y bajo todos los meridianos y latitudes.

—Si eso es cierto, sospecho que ha saboreado usted también las pócimas de todas las boticas nacionales y exóticas.

✿ ✿

El retórico.—Escribe de modo que la posteridad te elogie, aunque los contemporáneos te desdeñen.

El escritor.—Pero la posteridad no *paga*. Gracias que no *pegue*.

El retórico.—Importa ante todo ser altruísta y noblemente ambicioso. Además, en esa posteridad menospreciada por ti se cuentan tus hijos y nietos. Ellos recibirán la recompensa.

El escritor.—Mas si vegeto en la miseria, ¿podré tener posteridad?

✿ ✿

Para muchos tenorios de teatro, el beso de una *estrella* suele ser tan *catastrófico* como el choque de un astro. Y es que sólo hay tres besos asépticos: el de la madre, el de la esposa y el del niño.

✿ ✿

Ciertas testas formidables son comparables a las tazas de chocolate: que tienen mucho barro y poco fondo, o a las cajas de cerillas llamadas *baúles*, que encierran mucho cartón y poco fósforo (*). (Hoy, a causa de los *encendedores automáticos*, esta chirigota resulta deplorablemente insípida.)

✿ ✿

Jactábase cierto sujeto de poseer un cerebro de 2.000 gramos, no obstante lo cual jamás hizo cosa de provecho. Un día, bromeando con cierto camarada, se le escapó esta frase despectiva:

—¡Tengo más cerebro que tú!

—Dispensa—replicó el compañero—, no tienes más *cerebro*, sino más *neuroglia* (1).

✿ ✿

---

(1)   Tejido conjuntivo intercelular de las células nerviosas. La frase aludida recuerda la de cierto ingenioso escritor que, en ocasión análoga, contestó: "No tienes más cabeza, sino más sombrero."

Nuestros viejos políticos recordarán, sin duda, la frase célebre de Sagasta al comentar la turbia génesis de ciertas Cortes: "Antes deshonradas que nacidas."

Alguna vez he evocado esta conocida frase al visitar en Reinosa el nacimiento del Ebro. También éste está "antes deshonrado que nacido", quiero decir: contaminado en su fuente inicial, primero de convertirse en río caudaloso, por comadres y criadas montañesas. Sepan, pues, logroñeses y zaragozanos, orgullosos de su río simbólico, que gozan del poco envidiable privilegio de tragar los microbios sembrados inconscientemente por zafias lavanderas reinosanas.

☿ ☿

Los excesos peligrosos del higienismo.—En nuestros diarios conflictos con el mundo empleamos a menudo dos tácticas higiénicas antagonistas: 1.ª, chocar intrépidamente con las asperezas y peligros del medio, a fin de endurecernos y acorcharnos; 2.ª, almohadillar o extirpar las espinas de la realidad para preservar nuestras carnes, demasiado tiernas y sensibles.

Un caso representativo de los inconvenientes del segundo procedimiento cuando es aplicado casi exclusivamente, fué mi excelente amigo G. de la C. (1), uno de los entendimientos más lúcidos que he conocido. La siguiente anécdota, rigurosamente exacta, bastará para presentarlo a mis lectores de cuerpo entero:

Habíamos hecho juntos desde Barcelona la inevitable excursión a Montserrat, complicada al final con la obligada y fatigosa ascensión pedestre a la ermita del padre Bartolo. Caída la tarde y llegados a la hospedería conventual, se me ocurrió, antes de cenar, encargar al camarero que nos preparara inmediatamente las camas.

Y cuando confortados los estómagos entramos en

_____

(1) García de la Cruz, profesor de gran ingenio, muerto casi en plena juventud.

nuestro cuarto (una habitación con dos alcobas), paróse G. de repente, examinó su cama recién hecha, frunció el entrecejo, arreboláronse sus mejillas y, presa de una indignación que me llenó de asombro, exclamó con voz estentórea:

—Pero ¿quién le ha autorizado a usted para ordenar al mozo que arreglase mi lecho?

—Perdone usted, pero creí que esa pequeña oficiosidad le sería grata.

—Pues me ha fastidiado usted—(aquí un verbo harto más expresivo)—. Su irreflexión me impone ahora un trabajo abrumador. ¡Y con el sueño que tengo!...

—Sigo no comprendiendo.

Entonces, dándose cuenta de lo falso de su actitud y algo más aplacado, explicóme que para dormir con absoluta comodidad necesitaba, a fuerza de amasar el colchón y de repartir diestramente la lana, fabricarse el molde exacto de su cuerpo; tarea laboriosísima, ejecutada la noche precedente, y que sólo emprendía, estando en casa, una vez o dos a la semana. (Supe, más adelante, que G. no consentía que nadie entrara en su dormitorio.) Para el bueno de G. era, pues, condición inexcusable de un sueño profundo y reparador encajar previa y exactamente en un molde de lana la estatua de su robusto corpachón.

Y así procedía en todo. Alimentábase de acuerdo con las más severas reglas de la fisiología y de la higiene; sus paseos, siempre premeditados, eran precedidos de un concienzudo examen comparativo del termómetro, barómetro, higrómetro y anemómetro; sus coloquios con los amigos sufrían una tasa, regulada por el estado de su espíritu, de su pulmón o de su estómago. Y a pesar, y a causa quizá de tan escrupulosa y prolija reglamentación, y no obstante gozar de complexión robusta, murió joven. Muerte que, dicho sea de pasada, privó a la ciencia española de uno de sus talentos más esclarecidos.

Moraleja: Bueno es moldear las cosas a nuestra sensibilidad; pero es mucho más sano amoldar nuestra sensibilidad a las cosas.

✿ ✿

No hay favores menos agradecidos y más pronto olvidados que los humillantes para nuestra incorregible vanidad intelectual.

Conocedor de mi gran flaqueza — la condescendencia—, cierto contertulio de café, que llamaré B., apurado por el apremiante compromiso de escribir una memoria científica, suplicóme angustiosamente que le prestara alguno de mis trabajillos inéditos (1).

—Precisamente tengo en el telar uno acerca de la *célula* en general. Te lo regalo para salir del paso, con tal de que me des palabra de honor de conservarlo inédito.

B.—Acepto con mil amores.

Llegado el día, leyó la disertación, que satisfizo plenamente a sus superiores jerárquicos.

Transcurrieron algunos años. Después de largo olvido, B. abordóme un día en la calle, diciéndome:

B.—Convendría publicar *nuestra disertación.*

—No hagas tal; recuerda lo convenido.

Pasaron dos lustros más. Vuelvo a toparle casualmente en Madrid, y con encantadora desenvoltura me sorprende con esta noticia:

B.—Ya sabrás que, para no perder la oportunidad y a instancias de los amigos, publiqué hace cuatro años *mi* memoria sobre la *célula.*

—Lo siento en el alma—repliqué—, porque yo, creyéndola inédita, tomé del borrador algunos párrafos para un libro. Y ahora voy a resultar plagiario tuyo.

B.—(Con aire de bondad paternal.) Tranquilízate.

---

(1)   Histórico. Ocurrió en Zaragoza hace cerca de cincuenta años.

No pienso reclamar. ¡Qué diablos!... Para algo somos
buenos amigos...

✿ ✿

Y a propósito de cesión de trabajos a los camaradas,
deseo contar otra anécdota confirmatoria, una vez más,
del aforismo vulgar: *lo mejor es enemigo de lo bueno.*

A punto de terminar mi carrera en Zaragoza, trabé
íntima amistad con cierto ricachón de noble estirpe,
que tuvo la humorada de cursar la carrera de Medicina.

Un día confióme en secreto que aspiraba a tener el
premio de cierta asignatura, cuyo nombre no hace al
caso. Y favoreciéndome con una confianza que nunca
agradeceré bastante, se dignó encargarme la redacción
de la memoria correspondiente, por la cual me ofreció
veinticinco duros.

Fascinóme la fabulosa suma. Hay que tener en cuenta que yo frisaba en los veintiún años, y que a esta
edad no hay quien, ante la perspectiva de tan generosos honorarios, no se crea capaz de poner en seguidi-
llas la *Crítica de la razón pura,* de Kant. Acepté, pues,
encantado el no muy correcto encargo, no sin atajar a
mi amigo con esta candorosa pregunta:

—Pero, ¿cómo ha adivinado usted el tema que debe
salir de la urna?

—Es que yo soy un poco zahorí. Además, mis experimentos hechiceriles los efectúo en el restaurante de
Lac (1), de sobremesa, y bajo la inspiración del cham-
paña.

Calé la sutil estratagema, cosa harto fácil, constán-
dome cuán devoto era de los buenos mostos el aludido
catedrático. Ansioso, pues, de percibir mis cinco doblo-
nes (entonces los había), puse inmediatamente manos
a la obra, para cuya redacción—huelga decirlo—con-
sulté a los autores más en boga.

---

(1)   Una repostería y restaurante muy frecuentado durante
aquella época en Zaragoza.

A los quince días obraban ya en poder de mi acaudalado cliente dos voluminosos manuscritos sobre el tema: uno, atiborrado de datos, estadísticas, minuciosas descripciones y consideraciones críticas presuntuosas; y otro mucho más conciso, pero harto más discreto y verosímil.

—Debe usted escoger este último—osé insinuarle—. El primero detalla demasiado para que el tribunal trague el anzuelo.

—¡No!... Usted olvida que solicita el premio un joven brillantísimo. Opto, pues, sin vacilar por el primer manuscrito.

Conforme yo recelaba, el tribunal, anonadado por aquel chaparrón de datos, cifras y juicios que olían a cien leguas a transcripción y arreglo de algunos textos extranjeros, adjudicó por unanimidad el premio a la enjuta, pobre y sucinta disertación del contrincante desvalido.

Y a guisa de consolación, dicho Jurado despidió a mi defraudado cliente con esta significativas palabras: "El trabajo de usted raya tan alto, que nos consideramos incompetentes para juzgarlo" (1).

✿ ✿

Hay gentes para quienes nada se hace en este mundo sin el pecado original de la recomendación.

Designado — no obstante la endeblez de mis méritos — para pronunciar ante la *Sociedad Real de Londres* la *Croonian Lecture* (1894), momentos antes de partir atajóme un colega de Facultad con esta discretísima y piadosa pregunta:

—Pero ¿qué clase de *influencias* tiene usted en Londres para haber recibido tamaña distinción?

✿ ✿

_____

(1) Histórico. Lo publico porque el protagonista, bonísima persona, murió hace años.

Cierto opositor a cátedras, que se había preparado empollando a conciencia varios textos franceses y alemanes, amén de trabajar asiduamente en el Laboratorio, preguntóme un día:

—Desearía que usted, conocedor de estos lances, me dijera qué me falta para completar mi preparación.

—¿Juega usted a las carambolas?

—¡No!...

—Siento decirle que ha perdido usted el tiempo y la cátedra. Porque cabalmente el presidente del tribunal necesita, para favorecer su digestión, entregarse diariamente, en compañía de un candidato, al noble juego del billar. Y los aspirantes hacen cola (1).

✿ ✿

De las memorias de una coqueta.—El hombre casado es el más paciente y lucrativo de los animales domésticos.

✿ ✿

Propone el sabio fisiólogo Richet, para mejorar la raza humana, el matrimonio entre personas maduras y selectas. Mi felicitación más sincera a las literatas ajamonadas y a las grandes actrices otoñales.

✿ ✿

El indiano.—Grande hombre fué Colón. Sin él no fuera yo millonario. ¡Lástima grande que las encantadoras criollas de cutis ambarino me hayan obsequiado con aquel molesto regalo con que obsequiaron las gaditanas al enamoradizo Alfieri!

El treponema de la sífilis, hablando al paño.—Gracias a Dios que coincido una vez con el hombre, mi suculento huésped. Colón fué, en efecto, genio sin par. A él debe mi casta su actual envidiable prosperidad. Al descubrir un continente habitado por escasos y ru-

---

(1)   Histórico.

dos salvajes, el ilustre genovés nos tendió un puente vivo sobre el Atlántico para que nuestra casta descubriera y explotara cuatro continentes más, poblados de gentes sensuales, por bien alimentadas, y cuyo número se acrece hasta el infinito. ¡Nuestro es el porvenir!...

—Pero ¿y los médicos y bacteriólogos?

—¡Bah! Como los bomberos del cuento, estos señores suelen llegar siempre tarde (1).

¤ ¤

Entre amigos.—Asómbrame tu intrepidez al casarte con viuda de tres maridos.

—Ten presente que se trata de hembra apetecible, rica y que me cuida con maternal ternura... Además, por precaución, dejo ordenado en mi testamento que, si muero joven, la Facultad me haga la autopsia.

¤ ¤

Juzgo poco piadoso, y además injusto, mofarse con ademán aristocrático de las gentes sencillas dotadas de anchos y sonrosados carrillos y de sólida y vigorosa arquitectura. De ellos decía Heine "que eran demasiado estúpidos para estar enfermos", y Larra, que "tenían color sano, como de quien ignora con qué se piensa."

No. Saludemos a estos rudos labriegos con devoción y alegría. Ellos son la solera de la raza. Ciertamente ignoran qué cosa sea el cerebro y hacia qué lado cae el corazón; pero a lo mejor, y sin saber cómo, generan seres excepcionales, que llegan a saberlo y que añaden algo al acervo común de la cultura.

¤ ¤

––––––––––

(1) Todavía hoy, a pesar del *salvarsán*, esta broma no ha perdido actualidad. ¿Y el mercurio? Está un poco desacreditado, aunque no tanto que no se le atribuyan algunos triunfos. Y lo malo es que, a pesar de los continuos desvelos de los patólogos, nuestros hospitales están henchidos de tabéticos y paralíticos generales, víctimas crónicas de la *avariosis*.

No concibo la existencia de galenos espiritistas. Si los hay, ¿no les aterra pensar en la acogida que les harán, llegados al otro mundo, las almas prematuramente desencarnadas?

☼ ☼

Conozco varias literatas doctísimas y de gran talento; pero, de vez en cuando, se tropieza con ingenuas marisabidillas del tenor siguiente:

Deseando manifestar su adhesión a cierto novelista ilustre, escribióle: "También yo, venerable maestro, quiero contribuir al homenaje con mi modesto *óvulo* (por óbolo)." La pobrecilla ignoraba que invitaba a su ídolo nada menos que a una noche de bodas.

☼ ☼

El sabio fisiólogo del Colegio de Francia, Sergio Voronoff, del cual hemos hablado, se ha propuesto, y al parecer ha conseguido, favorecer a los viejos caducos con una especie de *veranillo de San Martín*, injertándoles en la región más adecuada glándulas sexuales de chimpancé. Dicen los bien enterados que los pacientes lucen una paternidad intelectual y fisiológica tanto más grata cuanto más inesperada.

Con razón están emocionados los círculos darwinistas. Ya he oído decir que, probada la analogía química, específica y hormónica entre el antropoide y el hombre, queda *ipso facto* demostrada nuestra ascendencia simiesca.

Convendría, sin embargo, en tan delicado pleito, conocer también la opinión de los monos. Y no me extrañaría que, invocando los mismos argumentos, proclamaran osadamente su incontestable abolengo humano. ¿Quién desciende de quién?

Es preciso ir todavía más lejos. ¿Qué obstáculos nos detienen para injertar glándulas humanas en monos? El Oriente, con sus fabricantes de eunucos, y Roma con sus devotos laboratorios de tenores, nos ofrecerían, al efecto, material fresco abundante, sin contar con los jóvenes europeos que, por amor a la ciencia, se prestarían al cruento sacrificio. ¡Qué diablo!... Esta reciprocidad de trato bien la merecen, el abnegado y sumiso chimpancé o el cinocéfalo, a quienes tantas veces hemos inoculado la sífilis y otras infecciones.

¡Quién sabe si resultaría, a la postre, después de varias generaciones injertadas y remontadas intelectualmente, una raza de monos parlantes no muy inferior a la casta de parlamentarios sonoros, orgullo, ornato y delicia de las naciones constitucionales!

✿ ✿

Extráñame que, bajo la frenética competencia por la novelería pictórica (impresionistas, cubistas, futuristas, dislocacionistas, etc.), no haya surgido todavía una escuela que podríamos bautizar provisionalmente: *olfativista*. Un mal cuadro pintado con tintas portadoras de diversos perfumes resultaría admirablemente evocador. Al público se le haría la boca agua, como al oler *un buen estofado o contemplar fragante y policroma* cabeza femenil. Tales pinturas halagarían el olfato y abrirían el apetito. Y nuestros jurados, a quienes tantos quebraderos de cabeza produce la adjudicación de medallas, verían aliviada su tarea por tres clases de asesores irrecusables: las proxenetas, los perfumistas y los sabuesos.

✿ ✿

El secreto profesional.—Un marido celoso preguntó en una casa *non sancta* si por ventura concurría a ella cierta señora de tales o cuales señas. Y para desentumecer la lengua de la celestina puso en sus manos pecadoras un billete.

Mas la interlocutora, con ademán de dignidad ofendida, respondió:

—Me parece que no; pero aunque las sospechas de usted tuvieran fundamento, sellaría mi boca el *secreto profesional*.

¡Cuántas veces me he acordado de este cuentecillo
de café al ver cómo ciertos políticos, diplomáticos, abogados y médicos se atrincheran detrás del sacrosanto
secreto profesional, sin distinción de circunstancias ni
de casos, y sin percatarse de que su reserva puede en
ocasiones causar la ruina de naciones y familias!

☼ ☼

La fría indiferencia ante el triste espectáculo de la
muerte se patentiza especialísimamente en los vecinos
de la calle de Alcalá (desde la Puerta de este nombre
hasta las Ventas). Diriamente desfilan por ella fúnebres cortejos, y, sin embargo, aquéllos permanecen im-
pasibles. El séquito mortuorio es un espectáculo más,
sólo comparable con el de la salida de la plaza de toros.

En vista de esta resignación filosófica, deploro tener
que retirar un proyecto que, de ser concejal, hubiera
sugerido a nuestro ilustre Municipio: la organización
de un servicio de *aeroplanos mortuorios*. Pero, después
de reflexionar, he caído en la cuenta de la perfecta in-
utilidad del proyecto. Todo se reduciría a un impuesto municipal más, complicado con el alza de los al-
quileres a causa de la peregrina novedad del espectáculo (1).

☼ ☼

El colmo de la hipérbole. — Pasan los catalanes por
sacrificar más a Mercurio que a las Gracias. Pero hay
muchas excepciones. Una de ellas es mi viejo amigo
Pablo Calvell.

Despedían en la estación al travieso Romero Robledo
varios políticos, entre otros el citado Calvell y el diputado Sol y Ortega. Llegado el apretón de manos, el famoso polemista republicano fingió sacar una tarjeta. De
pronto exclamó, contrariado: "¡No llevo ninguna! No
importa... Dada mi popularidad, cuando necesite us-

---

(1)   Conservo esta fúnebre fantasía, aunque reconozco su falta de gusto y de oportunidad.

ted algo de mí le bastará escribir en el sobre: *Sol, en Barcelona*. Y llega la carta."

Entonces, el socarrón de su compañero, molestado por la prosopopeya de Sol y Ortega, reprodujo el mismo ademán y exclamó: "¡Qué casualidad! ¡Tampoco llevo tarjeta!... Afortunadamente soy también un personaje. Si alguna vez me honra escribiéndome, he aquí mis señas: *Pau, Vía Láctea*. ¡Y llega la carta!"

☼ ☼

De los dichos agudos e intencionados de Cánovas, podía escribirse un anecdotario interesantísimo. He aquí algunos:

Censuraban cariñosamente a Cánovas unos correligionarios su excesiva modestia al no solicitar para sí un título de duque o de marqués. "¿Para qué?—respondió—; me basta con hacerlos." Esta misma razón había dado Disraeli muchos años antes, cuando los nobles aludían poco piadosamente a su baja extracción. (Sabido es que Disraeli era descendiente de judíos.)

———

Conocidos son sus dichos despectivos, sangrientos, enderezados a dos correligionarios de quienes estaba descontento.

De uno de ellos, entregado afanosamente a la filosofía alemana, afirmaba con desprecio: "Es un necio adulterado por el estudio." ———

Menos conocido es el siguiente, que debo a las aficiones anecdóticas de Sánchez Moguel:

"Don Fulano (aquí un prócer cuyo nombre callo) me debe un favor enorme, que jamás me agradecerá bastante. Hace veinte años que sé que es tonto de remate y todavía no se lo he dicho a nadie."

☼ ☼

De Cánovas es también este juicio, poco lisonjero:

"O'Donnell era un ídolo de barro. Lo sé, porque hablé muchas veces dentro."

✿ ✿

Un jefe de partido, conversador amenísimo y maestro de la ironía, emparejó con un compañero al salir de una Academia. Dicho colega, enterado de las veleidades de cierta aristócrata harto generosa de sus encantos, le dijo, sonriendo:

—¡Que sea enhorabuena! Ya sé que es usted muy amigo de la duquesa de X, y *más que amigo*...

—Por no singularizarme—contestó intencionadamente el prócer susodicho.

✿ ✿

En nuestra peña de café traíamos a mal traer a cierto tomista defensor acérrimo de Aristóteles y de la Metafísica.

—Desengáñese usted—atajóle un amigo nuestro, bastante zumbón—. La Metafísica es el arte de patalear en las tinieblas.

Excuso expresar si el tomista se pondría furioso ante broma tan irreverente.

✿ ✿

—Para mí—decíame un amigo—sólo merece el elogio de *gran escritor* quien escribe admirablemente sin decir absolutamente nada.

✿ ✿

Esto evoca la definición humorística del orador, dada por Cánovas:

—Pasa por dogma—afirmaba—aquello de: *vir bonus dicendi peritus*, de Catón. ¡Bah!, son tópicos de escuela. El gran orador es el que habla divinamente sin conocer nada del asunto. ¿Qué mérito tiene ser elocuente cuando se diserta sobre materias dominadas y profesadas por oficio?

✿ ✿

La condesa de Campo-Alange poseía un talento maravilloso de conversadora. ¡Lástima que ningún curioso Montecristo haya recogido el florilegio de sus agudezas publicables!

Vaya sólo una muestra: Cierto día recibía en su palacio. Entre los pisaverdes aturdidos que le hacían la corte, hubo uno tan candoroso que trató de embromarla.

Lucía la linajuda dama en el descote precioso adorno de oro y diamantes, que figuraba un mono.

—¿Es, acaso, el retrato de un antepasado?—interrogó el bobalicón admirador.

—No. Fíjese usted bien..., es un espejito.

Como el pisaverde se hallaba precisamente frente y cerca de ella, todo el mundo rió la insidiosa y finísima ocurrencia.

✿ ✿

Amostazado Romero Robledo por la insistencia con que el diputado Santa María de Paredes — excelente profesor y parlamentario — le aludía tratando de molestarle, el pollo antequerano, perdida ya la paciencia y revolviéndose en su asiento, le replicó:

—Agradezco mucho a su señoría la predilección con que me distingue. Y para corresponderle, voy a darle un consejo de viejo luchador: En política hay que ser cantárida y no cerato simple.

✿ ✿

Discutíase en el Ateneo el manoseado tema de la escasa o nula retribución de los maestros de escuela. Todos lamentábamos el infortunio de la sufrida clase, tan traída y llevada en zarzuelas y sainetes, cuando Zahonero se levantó para decir:

—Si no cobran, suya es la culpa, porque en treinta años de labor no han sabido educar una generación que les pague.

✿ ✿

No sé quién disertaba sobre Antropología en la misma culta Corporación. Zahonero pidió la palabra, y tras de exponer algunas consideraciones discretas y pertinentes, exclamó: "Todos aportamos algo al acervo común de la biología. Por mi parte, aporto esta quijada que me han legado los Austrias..."

Risas generales, justificadas por el acentuado prognatismo de su rostro, notablemente parecido al de Felipe IV, pintado por Velázquez.

✿ ✿

Se discutía si la forma poética estaba destinada a desaparecer, cuestión manida, ya debatida muchas veces en el Extranjero. (Recuerdo que Buffon decía de unos versos excelentes: "Son casi tan buenos como una bella prosa".)

—Señores—exclamó Zahonero—, la cuestión está juzgada sin apelación. El verso es infinitamente más popular y natural que la prosa. Y tomando un libro cantó, con música del *Himno de Riego*, larga tirada de endecasílabos espontáneos, tomados de una sola página de un libro de Química (1).

✿ ✿

Cierto fabricante barcelonés, opulento y de gustos refinados, mostraba a sus amigos una quinta magnífica, donde se admiraban bosques, estanques, variedad profusa de flores, frutales, praderas y bichos raros.

Una señorita visitante, embelesada con tanta riqueza de flores y de pájaros raros, dió un grito de asombro, horrorizada al ver correr un salvaje desnudo.

El dueño, que enumeraba morosamente las curiosidades de su finca, advirtió la causa del susto de la púdica doncella, y, sin inmutarse, continuó:

---

(1) Esta broma indignó tanto al autor del libro, que se empeñó en tener un lance de honor con Zahonero. Por fortuna, los amigos intervinieron y aplacaron al susceptible catedrático.

—Y para que nada falte, poseemos también un salvaje auténtico. Véale usted correr por las praderas.

¿Quién era este salvaje? El ingeniosísimo y original doctor Letamendi, que desde hace setenta años lo menos descubrió (no lo sé de seguro, pues desconozco la bibliografía del desnudismo) la acción higiénica y tonificante de los baños de sol, sistema que nuestro doctor designaba: tratamiento por la *energía directa*. Más tarde, en nuestros *Coloquios de Madrid* (1883), no negó la anécdota, conocida en Barcelona muchos años antes (I).

(1)   Lástima que los deudos y herederos de Letamendi, entre los cuales descuella un culto profesor, no hayan coleccionado todos los atisbos geniales, agudezas y apotegmas del gran sabio catalán, aparte de sus libros de texto y notables conferencias, que por cierto embelesaban a Moret, que leyó alguna en el Ateneo.

ÍNDICE